土生阿耿“三戒”文丛

世界之戒

李绍章　著

知识产权出版社
全国百佳图书出版单位

内容提要

《说文解字》道，“戒，警也”。作为一种规则和秩序，“戒”既有规矩遵守之解，也有底线突破之意。各界都有戒规戒律，要守戒或除戒，不能破戒或犯戒。本书对世道、人生、社情、民意等社会领域的诸如世态炎凉、道德下滑、价值扭曲等破戒或犯戒乱象，进行了毫不留情地讽刺和鞭挞；对知世间大道，通人间明理等守戒善举，进行了不惜笔墨地评论和褒扬；对推动社会文明、弘扬博爱精神等除戒期待，进行了煞费苦心的呼吁和呐喊。

责任编辑：崔　玲　　**责任校对**：韩秀天
特邀编辑：杜晓辉　　**责任出版**：卢运霞

图书在版编目（CIP）数据

世界之戒／李绍章著．—北京：知识产权出版社，2013.2
ISBN 978-7-5130-1858-6

Ⅰ．①世…　Ⅱ．①李…　Ⅲ．①品德教育－中国－通俗－读物　Ⅳ．①D648-49

中国版本图书馆 CIP 数据核字（2013）第 014305 号

土生阿耿“三戒”文丛

世界之戒

Shijie Zhi Jie

李绍章　著

出版发行：知识产权出版社
社　址：北京市海淀区马甸南村 1 号　　**邮　编**：100088
网　址：http：//www. ipph. cn　　**邮　箱**：bjb@ cnipr. com
发行电话：010-82000860 转 8101/8102　　**传　真**：010-82005070/82000893
责编电话：010-82000860 转 8121　　**经　销**：各大网络书店、新华书店及相关销售网点
印　刷：知识产权出版社电子制印中心
开　本：880mm×1230mm　1/32　　**印　张**：9
版　次：2013 年 2 月第 1 版　　**印　次**：2013 年 2 月第 1 次印刷
字　数：244 千字　　**定　价**：24.00 元

ISBN 978－7－5130－1858－6/D・1675（4692）

目　录

世道

圈子

一

《新华字典》里，汉字“圈”，有三种读音五个意思。其中，“juan”的阴平，意思是“关闭起来，用栅栏等围起来”，动词属性，多用于禽类；“juan”的去声，则为名词，意思是“养家畜等的栅栏”，所谓“圈，养畜之闲也”（《说文》），如猪圈。可见，“juan”音之“圈”，与禽类、牲畜似乎有着天定缘分，用到人身上时，也多是犯人，要么是文学作品里的“贾人”，如贾宝玉的牢骚：“我只恨天天圈在家里，一点儿做不得主，行动就有人知道，不是这个拦就是那个劝的，能说不能行。虽然有钱，又不由我使。”（《红楼梦》第四十七回）

“quan”音之“圈”，一是用作名词，“环形，环形的东西”，引申意为“周，周遭”“范围”；二是用作动词，有“画环形”和“包围”之意。

作为名词用的“quan”音之“圈”，说得通俗一些，就是“圈子”。有形的圈子比比皆是，如铁圈、皮圈、花圈、救生圈、北极圈……圈圈有个形状、个个有其模样。

无形的圈子，更是不计其数，如促进环境友好的绿色圈子、生态圈子，旨在让大自然与人共舞，让人与大自然相亲；又如共建美好家园的慈善圈子、救助圈子，旨在播撒爱的种子，传递人间温暖；网络时代，还有一些有着共同爱好的人聚集起来的圈子，自由交流，共享家园，如博客圈子、搜狐圈子、北京圈子、文学圈子等。这些无疑是好圈子，是良性的。

但也有害人、搞人或者捉弄人的圈子，这些往往事先费尽心机预设好，就像猎人在野兔窝边下的套一样，又称“圈套”，不管是主动钻进去，还是被动绕进去，总是叫人“算计”了，不爽。这些该算是坏圈子，是恶性的。

还有一些圈子，说它好吧，又总是拉帮结伙，偷偷摸摸、鬼鬼祟祟的，干的未必是好事儿；说它不好吧，有的还真没招惹谁，你玩你的，我玩我的，那叫投缘。相比那些好圈子、坏圈子，这些圈子只能归于中性的。这些圈子，其实就是由人组成的，靠不断的成员加入或拉拢新人，逐步发展壮大的相对固定的“人圈”。本文所称的“圈子”，主要就是指这一类。

二

这一类圈子，虽经人为缔结，是为“人圈”，但还是多用作交际，因而又可称为“交际圈”。我在十年前写的一篇文章中，提出人际交往可以分为人际交流与人际交易。于是，交际圈子又有交流圈子和交易圈子之分。真正的交流圈子，比较单纯一些，能够持久的，豁出内心、亮开胸膛的，多是一些知己朋友凭着缘分自然缔结。好兄弟、好姐妹，凑一起，无拘无束，契若金兰，畅所欲言，愉悦、简单。即便常无音信，也同样是心连心、肩并肩。谁有缺点，谁犯了错误，圈友会直言相告，扶正改进；谁有困难，谁遇到了挫折，圈友也绝不会袖手旁观或者视而不见。这类圈子，没有利益之争，没有交易，没有算计，没有你我，清澈见底，完全是一个精神乐园。其实，这类交流圈子，圈友们是不大拿“圈子”说事的。谁就是谁，不会刻意称朋友，更不会到处招摇。

老实说，交流型圈子也备不住冒出个别捣鬼的玩家，一边参加交流圈子，一边又马不停蹄地忙活着，到处拉拢投靠交易型圈子。这样的玩家，有的是禁不起世俗的诱惑，“变了”，但我想，大多数该是本性使然。交易圈子弄多了，玩得很爽，得到了一大堆好处，自然也就渐渐远离甚至唾弃了过去的交流圈子。原因很简单，交流圈子没有带给这类玩家想要的东西。反过来，于交流圈子的真诚玩家而言，倘若不幸遇到这样一只小鬼，不待其逃离，也许早赶其到一边去了，远远地。所以，交流圈子玩的是交流，不是交易，这类圈子需要的是真情实感、以诚相待，而不是唯利是图、满嘴谎言。

可惜在当下，这类圈子太少了。社会似乎越来越两极，要么完全陌路，人情冷淡，只扫自家门前雪；要么彻底竞争，仿佛人人都是对手，个个都是敌人。上班那点事儿，本来简单得很，但又都变得很复杂，于是，“同事之间无朋友”的论调极为畅销。我着实不明白，千里结缘来共事，为什么白天黑夜地去提防、排斥？单纯地过活，多爽。也许我“从未踏入社会”，太稚嫩、太书生气了，但我总认为人与人之间还是多一些人际交流，少一些人际交易为好。整天算计来算计去，防备这防备那，身边净是些想象出来的牛鬼蛇神，是不是这样的生活才算轻松幸福？才算圆滑有城府，才显得“深藏不露”特有魅力？反正我从没体验过，不好也无法轻易下结论。

交流型的圈子少了，交易型的圈子就异常活跃。我没有缔结交易型圈子的阅历，但这些年来，混迹社会也有不短的时光，或粗心或细心的观察还是有的。

先说说圈子的大气候。国人本来就有组建圈子的历史，如今变得更流行，圈子俨然已成时尚。什么商业圈、金融圈、文化圈、教育圈、学术圈、演艺圈、名人圈，应有尽有。弄个圈子，不是难事。在这么浓重的圈子文化熏陶下，人与人之间的交易圈子，自然也就只会兴盛不会衰退。人生在世，谁要是没一个圈子，或者不折腾出几个圈子来，可能会被讥为没本事、没人缘，或者干脆被贬为白活了。圈子文化造就了无数忙人、能人，滋生了各色潜规则，或者说得高雅一些：交易礼节或礼数。

诚然，有些领域、有些行业、有些事情，生活所迫、工作之需，还必须要有个圈子，这样那样的，都得有。离开了这些圈子，可能几近无法生存，工厂会倒闭，企业会破产，就是小本生意也会自毁。但这些圈子已不再是本文所称的人际交往圈子了，而完全是一种工作关系，或者说得严格一些：商业交易关系。但工作关系之外的，就不纯是商业交易了，也在我的论谈之列。

三

交易圈子铺天盖地，逮住一个犄角旮旯，使劲往里抠，就会捕获数不尽的圈子。这些圈子是哪来的呢？有的纯粹是自然形成的，多是缘分，以类聚、以群分，凑到一块了；有的则是有意缔结和拓展的，往往先有一个核心，如同一个有高强磁性的大磁场，这个力量很强大，能帮忙，也能帮“闲”，可以办事，也能敛财。如此大大的用处，自然吸引不少想入圈子的人，多是一些需要帮忙、办事、捞钱、搞事情的人。这类圈子，白天喝一场，晚上干一场；今天吃吃，明天玩玩，今年还挺熟，明年也许就不认识了。春夏秋冬四季，这还算持久的。稍微干脆利索一点的，晚上刚入圈子，只要把事情搞定，天亮就分手。这样的圈子纯粹是利益交换的场所，至于沟通交流，不可能的。酒桌肉案，看似热闹非凡，觥筹交错，喝得欢快，但醉眼迷离的眼神，不是真情对白的流露，而是等价交换的暴露。深刻、老道的圈子玩家，无不精通圈子玩法。同在圈子内，敬什么酒水，敬几杯，干还是不干，怎么干，腰弯几度，眼皮眨巴几下，嘴里编造些什么，都是有着超级讲究的。这当然是摆在桌面上的，背后的那些，只好去想象了。

是个团体，总归有个老大。圈子有主，应该叫圈主，如是帮派型圈子，圈主又称为帮主。圈主负责领队，“带兵绝不含糊”。如是黑道黑社会，组织规范，纪律严明，有规章有领导，一层是一层。如是一般的圈子，尽管没有这般严密，但事实上已有了头头、老大，由这些圈主来主宰圈子的命运，领导班子其他成员以及圈子的小卒玩家只好服从、服侍。不过，圈子是能动的，不是静止的，圈主也可能因为事儿不同、活儿不一样，而有所变化，或者轮流。但不管谁做主，总也有讲究的，要是哪个圈子玩家，试图螳臂当车、蚍蜉撼树，不知好歹争做圈主，也有可能遭遇被驱逐出圈子的恶命。

毕竟是交易圈子，加入圈子的人，一般有利可图才愿意进去。出来混久了的，成熟老练，怎么玩圈子，易如反掌。刚入道的新手上路，虽然没实质性地玩过圈子，但在社会圈子大文化熏陶下，再加上校园政治的锤炼，一入世、一投行，学些歪门邪道，攀龙附凤，迎合世俗风尚，踊跃加进去开练，悟性好的，很快就懂法、合规、入流了。

一天到晚鼓捣圈子的人，无时不在打着自己的大算盘。原本默默无闻一人，在圈子玩家眼里，根本没算到数里，但一旦此人当“官”了，入了某个位子，或对圈子玩家有用了，那些玩家就马上嘴脸一改，贴身靠近，弹冠相庆，也弄个“圈子”，如此前倨后恭，也是“圈子”处世的惯行规则了。倘若哪一天，官台塌方，山体滑坡，那“圈子”，那“靠背”，也就只好完成历史使命，给众人上演一出“树倒猢狲散”的好戏。圈子玩家也自然深知并精通“鸟尽弓藏，兔死狗烹”之道，从此之后，谁也不认识谁。

四

国人不仅崇尚圈子文化，还追随“大”文化，那是没得说的。

所以，整个圈子，也尽量搞大。搞大圈子，说难不难，说易不易。但圈子玩家的腿脚要好使，鞋子也要经折腾，还要愿意多出去跑。爱搞圈子的圈子玩家，都愿意跑。脸皮不能太薄，否则不利于张嘴说话。虽已是21世纪了，但对初入道者，最好别嫌弃名片的过时，多数场合还是要用一用的。名片印得讲究一些，有职务的，当然要重点突出，多个职务的，更要详尽罗列；没职务的，也不要紧，什么会员、组员、成员、委员、干事的，加上一些，不丢人；穷得连这些都没有的，那就多在名片形式上弄点花样，最好是花里胡哨的，中英文再联合起来，正反两面，显得“有层次”“有档次”，国际视野。有些圈子玩家，要是不稀罕诚信，那就编造一些学历、职务什么的，心安理得地印上去。明星名流、教授博导、打工皇帝都不怕查不怕揭，一般的圈子玩家怕个鸟。不仅要有发名片的意识，也要学会要名片，没名片就要手机号，MSN也行。弄回来就是潜在圈子的文档，可以当做重点课题，仔细研究，准确区分谁有用、谁没用，谁可交、谁不必交。交得多了，圈子自然也就“大”起来。当然，不同性别的圈子玩家，也要学会扬长避短。

圈子有大小之分，但也有好坏之别。说得偏激一些，搞圈子弄圈子的，动机就是“好办事”，圈子游戏讲究的多是勾兑规则，这样的圈子能好到哪里去，不得而知，总不可能指望它去做慈善公益。不过，真遇到大灾大难，圈子玩家也不会袖手旁观，因为这是政治任务，表演的机会来了，必须抓住。但大抵干点好事的，不是没有，只是这好事还能否算到圈子的头上，就不一定了。看来，圈子和圈子玩家还要分开。其实，单就圈子而言，此时和彼时、此事和彼事也不好等量齐观。即便是黑道黑圈子，里面也不乏仁义道德，更有轰轰烈烈的爱情。一般的圈子，这些还真未必有。

好圈子不嫌大，大圈子就怕坏。但现实却好像是，好圈子没多少大的，坏圈子没多少小的。当然，也有一些圈子，大也不大，往往就是那么一小撮人媾和起来，算是小圈子，但坏主意、坏心眼却不少。真要是坏起来，有时也能祸害一些人。这类圈子其实就是小的坏圈子，或者坏的小圈子。不管怎么称呼，反正就两个基本特点，一是小，二是坏。

这样的圈子，命运是说不准的。如果坏出水平、坏出影响，坏得有“好处”，坏得有名堂，圈子外的人会主动“向圈组织靠拢”，不用勾引、拉扯，就会主动申请加入，小圈子自然也就变成大圈子，坏的性质未变，变的是坏的程度。反之，如果坏不出什么花样，坏得很沉闷、很寂聊，只是想玩点小伎俩，耍点小把戏，那么，这样的坏小圈子或小坏圈子，不但没人想主动投靠，它们自己也会排外的，不想新人加入进来，只容许自己人在圈子里其乐无穷。围观的人，谁要是好奇，凑上前去瞧一瞧，那里仿佛已是“juan”音之“圈”了。

五

有些人以有圈子、圈子大为荣耀，到处鼓噪自己圈子多、圈子大，我不知道这是炫耀还是威胁。有些比较文雅，说“我有个朋友如何如何”，“我认识谁谁谁”，而不说“我的圈子怎样怎样”。但也有些比较坦率的，直言“我的圈子”“不好离开这个圈子”。既张扬了自己的交际圈子，又仿佛是一场实力演习，一箭双雕。大概圈子玩家都有一个共性：投机钻营，拉客招揽，喜欢搞来搞去。这就可解释炫耀圈子的缘由了，一是炫耀圈子就等于炫耀了自己；二是向听者或听众抛出诱饵，有事找他。但真遇事了，真找了，要么以种种理由推脱，以掩盖自己当初的炫耀仅仅是吹牛或吹大了；要么就是强调办事的艰难险阻，以诱人上钩交易。明明是等价交换或赚了便宜，还硬要情面，反复说自己是真心帮忙，甚至装可怜，叫苦赔本。天生就有圈子病的，此时也就顺势入了圈子。

当然，也有些人对自己的圈子不张扬，甚至保密。这倒不是说酷爱自己的隐私，也不是说自己做人“低调”，而是这些圈子敏感，不是什么好圈子，就是一些谋私工具、交易场所、捣蛋空间。除了傻帽或疯子，精明人当然不好到处显摆的，但要是被质问到或需要解释时，定要冠冕堂皇地搬出“隐私”权利和“低调”风格了，这虽然羞辱了民法学和交际学，但总比那些死不承认的，要敞亮一些。

“圈子”情结一旦渗入了骨髓，流进了脑浆，对圈子是执迷而有悟的。圈子之有无、圈子之大小、圈子层次之高低，无疑都化作了本事大小的自我衡量尺度。想着点子、歪着法子，企图标榜自己本事大的，没有谁会面带真诚地说自己没本事，都会见缝插针地摆一摆自己的能耐，只有在对方礼节性吹捧一句时，稍微讲究一些的人才有可能同样礼节性谦虚一下子。这不仅是心理常识和行为逻辑，也是事实写照。所以，但凡这种人在拿圈子显摆自己时，又总会犯一些漫无边际的错误。拐千百道弯子、接亿万根竿子才够得着的人，也要大言不惭地划入自己的圈子。要是放开量说，上至皇帝，中至省长市长，这明星那大腕，仿佛都是好朋友、铁哥们、亲兄弟。而那些“下至”范围内的人，再怎么认识或熟悉，也装作不认识甚至特意强调不知道了。于是，“圈子优势”被烘托出来了。一句话，只要是哈佛毕业的，不管是哪一年哪一代的，都是他师兄，叫得可亲了，仿佛“熟”得不得了。

“圈子”情结浓重了，会造成圈子玩家相互攀比。毕竟是同类人、一路货，都对圈子很迷恋，且以此自我衡量。不去比试比试，简直算不上玩圈子的。只要在圈子里混，谁都懂得优胜劣汰。有时，竞争对手也难免是同一个圈子的圈友，于是，圈子里也会有瓜葛、有冲突，俗称“内斗”，同室操戈，一个圈子互骂娘。真干起来，不问官位职称，不问文化深浅，一口一个长辈直系母性血亲，甚至骂到几辈祖宗也不解恨。五十步笑百步，屁也滚尿也流，一点都不稀罕。原为好得不得了、亲得受不了的“刎颈之交”，后又势不两立。这样的圈子，大大的有。

六

圈子也是有颜色的，黑白红黄蓝绿紫，五颜六色，应有尽有。不管什么色，搞过分了，犯到了正义，触及了天理，可能会蹦跶一天两天，再有红圈子绿圈子作后台，也许还能硬撑下去，耀武扬威，横行霸道，但一旦遇到末日，迎来天罗地网，那可是一个更大的圈子。大圈子面前，小圈子只好认输，硬撑是不理智的，也会死得更惨。

这本来应该是常道。但这年月往往上演一些颠倒是非、混淆黑白的事。一个圈子，本是维权捍卫正义正气，却招来另一个“圈子”，打着公权力旗帜，一声令下，一纸文件，本是正义的圈子、私权的圈子，被政治的圈了、公权的圈了，强奸玷污。这种“公权圈子侵犯私权圈子”的场景，在当下不说司空但也是见惯了。要是媒体圈子介入，公众圈子再一哄而起，形成舆论阵势大圈子，公权圈子也许会收敛一些，有的还会知错即改。尽管如此，公权威信已有大损，公权圈子的形象也有了污点。但媒体圈子要是没介入，公众圈子不知情，没什么帮腔，那么，私权和私权圈子只好惨遭公权和公权圈子糟蹋、踩踏、践踏。显然，这就是非常道了，是一个“怪圈”。

七

天下不仅没有不散的宴席，也没有不散的圈子。有朝一日，圈子解体，圈子的痴迷者、依赖者，也许会恍然大悟：圈子一去，唯有自己，甚至自己也不知自己、不懂自己了。这显然不算聪明。灵活的、精明的、有能力的，一个圈子解散，还有其他圈子撑着。因为圈子并非单一，世上的圈子五花八门，千姿百态，迷恋圈子的，为图后路，也不可能“傻”到只追逐一个圈子。能够入围入圈的，绝对不能遗漏，哪怕是狠交一笔入圈金、转会费，也要咬牙摆上一桌、送上一包。为了将来，值。

所以，一两个圈子丢了，或者解散了，大雅小雅都无伤。孤独的伤感只是一时，想想自己的圈子，还是会寻觅到一丝欣慰的。再说，退出或淡出的人，只要再遇到事，又会重新加入，办完事继续拍屁股走人。真正没有丝毫的奴颜媚骨，看惯了这圈子，厌倦了圈子的那些事，急流勇退的，应算少见。即使有，也多是因为太傻太天真，不懂规矩，被驱赶出来的。这些人，当初就不该进这圈子，但随波逐流，钻进圈子时，压根就不知道自己玩不起，也玩不转。既然是个圈子，就要玩转。

当然，退出圈子，也不单是因为自己的问题解决了或者利益实现了，很多时候是圈主或其他玩家失去了权威，没有了用处。看上去很健壮，一表人才，但实际上已成了“废物”，不在其位，或失去了权力和机会，啥事都办不成了。那些圈孙圈从们，就只好 bye-bye 了。人，就是这么势利；社会，也就是这么运行的。

但圈子大了，什么鸟都有。一个成员无能了，其他玩家要是还“厉害着”“有用着”，玩家也不会轻易选择退出。毕竟来日方长，说不定什么时候又遇到需要帮忙的，还得依赖圈子。不指望圈子，又指望谁呢？所以，还是有不少玩家，无才无德，驽马恋栈，待在圈子里死赖，生怕失掉“我的背景我的圈子”。

八

啰唆了半天“圈子”，有人也可能对我的圈子感兴趣。这没什么可隐瞒的，论大，因我的所有文章在互联网上全裸亮相，不是吹牛：全球人都可以是读者。当然，不懂中文别怪我。论小，作为现代都市里的“典型宅男”，圈子里只有我自己，没别人。这圈子，想不小都不可能。

笔落至此，突然忆起去年媒体记者访问奥运冠军刘子歌：“听说你在基地训练时很少与外界联系，甚至很少使用手机，那不感到枯燥吗？交往的圈子也太小了。”冠军自然一笑：“我要那么大圈子干吗呀。”

没有圈子，或者说圈子很小，不等于自我封闭，也不等于受排挤、被孤立，更不是目空一切，不可一世。这应是一种处世态度。关键是，这种态度需要自主选择。只要出于自主选择，那么，圈子再小，或者干脆没什么圈子，也不会因此感到苦涩与寂寞，反而会时刻享受到人间的温暖和世间的爱。多一份单纯、愉悦，少一份复杂、纠结。这，其实是一个最大的圈子。奇怪的是，为什么有那么多人，愣是不要呢？

二〇一〇年八月三日

院情

按照第十版《新华字典》的解释，汉字“院”有三层意思：一是围墙里房屋四周的空地；二是某些机关和公共场所的名称；三是专指学院。三层意思都不难理解，前者如院落、庭院，“有垣墙者曰院”；中者如法院、医院；后者则为学院之特指。

有趣的是，作为“围墙里房屋四周的空地”之意，多为农村独立住宅的天井，城市居民尤其是楼宇住宅，要是有个“院”，一楼居民在院子里养养花草种种菜，夜里赏月、数星、纳凉，“深院月明人静”。但现在有“院”的楼宇越来越少，大城市高层建筑已经几乎没有“院”了。住宅小区内一片片绿地或空场，可以类比农村的院子，但城里人也不愿再土里土气地叫“庭院”了，而是改口叫“豪庭”“花园”“名苑”。此时，“庭”“园”“苑”似乎比“院”显得更洋气、更有品位。

可是，“院”的后两层意思，遭遇却截然不同。作为机关名称的“院”，倒没怎么被滥用，“早晨七点钟上院，九点下来”，《官场现形记》记载的“院”有官署之意；今日中国的国务院还是叫国务院，法院还是叫法院，检察院、教育考试院等也一“院”如故。其他如公安局、人大常委会等也没胡乱篡改为公安院、人大常委院等。之所以没人敢乱用乱改，这大概与机关名称的严肃性与稳定性不无关系，也没有谁敢去莽撞冒险。但作为公共场所名称的“院”与学院的“院”，则越来越受宠，研究院、电影院、规划院、设计院、博物院、起名院、美容院、画院、推院、书院、茶院，等等。原本不叫“院”的，纷纷更姓改名，非“院”不叫。如学校改为学院，大学里的系也一夜之间显得过于单薄、渺小，等不到天亮就变成学院了；一些美容美发店，老是叫“店”总觉得不够档次，于是非常大气地改为美容院；再如，一些博物馆、卫生室等，不甘于“馆”“室”等小打小闹，仿佛是不约而同，挂上了博物院、卫生院的大牌子。

更为滑稽的是，一些原本不属于公共场所的，也钻进来凑热闹，改弦更张，如不少研究中心、研究所，尤其是隶属于高校部门的那些研究机构，似乎不满足于“中心”“所”之类的小名小姓，抓紧时间改为大名鼎鼎的“研究院”。只叫研究院还不满足，有的已经开始动脑筋，琢磨着在前面加上更动听的点缀词了，如号称“第一研究院”“高等研究院”，使用“第一、第二”或者“高等、低等”等有级别色调的词汇加以修饰、粉刷。显然，这么一趟走下来，就不仅是院了，而且还是更高层次和品位的院。如此一来，系主任、博物馆馆长、卫生室主任、研究中心主任、研究所所长等头头也都有了响亮的称号——院长。

当然，有的虽然叫“院”，但头头不叫院长，例如，国务院的头头叫总理，不叫院长；检察院的头头也不叫院长，叫检察长；美容院的头头估计也不都叫院长。但称呼习惯了，不叫院长也无关紧要。不得不提及的还有“院士”这一特殊称谓，也被有些人滥用了。本来是某协会会员，非要抛出欺人之谈，号称自己是某国院士，穷酸至极！依着这一逻辑，凡是会员、成员，都可以叫做院士。中国法学会会员应称为中国法学会院士、中华全国总工会会员应称为中华全国总工会院士、淘宝网注册会员也要名正言顺地改为淘宝网院士?!

这就是典型的“院情”，一种“院”的情结。近年来，这种情结越来越具有传染性，大有堵塞世道之势！但“院情”过重，容易招致一些麻烦。如作为尚未升格为大学的学院，院的级别虽然一清二楚，但官位的称呼则难分难解，唯一满足的，就是二级学院院长廉价的虚荣心；有些“院”，实力名不副实，规模不如“所”大，实力不如“室”强，服务也未必有“店”好。确实如此，有些研究所、研究室，尽管低调地以“所”“室”相称，但无论规模还是实力，未必逊色于“院”，反倒是有些研究院，只会吹大牛、唱高调、说大话，到了拿出点真东西时，却沉默无声或者支支吾吾。再如，有些美容院听起来很是了不起，但照样偷偷摸摸或明目张胆地欺负消费者，顾客提前购买了会员卡，次日却关门封院卷铺盖走人了，美容美发的质量和服务态度，也未必赶得上一家不起眼的普通理发店。

可见，眼花缭乱的“院”，很容易引人误解，误导不知情的公众。不了解“院”真相的人，还以为“院”的档次更高、服务更好、水平更强、信誉度更大；以为叫院长的，官位一定更高、权力更大，其实未必，如在大学里，二级学院的院长就是一个系主任，听起来似乎响亮而已。不仅如此，“院情”的流行，还容易制造社会不良风气。不少单位、机构想尽一切办法进行“院”的改制，撤销不动听的，建立什么什么院，非常大气，大头头可以叫院长，小头头可以叫副院长了，风光得很！炮前马后设院、改院的公关过程，可能又会上演一幕幕腐败大戏，造就不少贪腐主演。

居然有这么多人、这么多单位，内心深处涌动着如此浓烈的“院情”，这到底是为什么呢？往小处说，有些人好大喜功、追求华丽，加上官本位思维的侵蚀和权力观念的渗透，一有机会就想办法弄个“院”什么的，先把门面撑起来，把院长位子占起来再说；往大处说，整个社会浮躁的风气熏染了不少贪心的人、虚荣的人、装蒜的人。制度上缺少团体名称的完善规范性文件，我国已有公司企业等营利性组织的名称规范，但对非营利性组织的名称缺乏统一而明确的规范，从而导致名称五花八门，不管够不够格的，都想争取够格。可见，制度的漏洞也会为“院情”的发作提供作乱和泛滥的温床。

其实，名称根本就没必要刻意装饰、点缀。例如，有些专科学校改为学院，未必就一定成大气、立大业、收大功。相反，保留学校的名称，只要踏踏实实、精雕细刻，照样成就恒久美名，如黄埔军校、巴黎高师等。如果一拥而上，所有“院”下面再设二级院、三级院，如某某学院下面的法律系改为法学院，作为二级学院，法学院下面的教研室都改为教研院，如宪法教研院，如此以来，作为校长、系主任和教研室主任，都摇身变成院长了，如果这三个层级的头头都姓李，那么，在公开场合都是李院长，如果一条哈巴狗在后面突然“汪汪”地吼上一嗓子，嗲声嗲气地“李院长”，真的不清楚在“谁先回头应答”这个问题上，有无顺序性或者优先性的政治讲究。再设想，假如现在各级法院内部的“庭”都统一改为“院”，刑事审判庭叫做刑事审判院，立案庭叫做立案院，庭长也随之变为院长，检察院内部的什么科、什么处、什么局的，也都改为民行院、公诉院、反贪院，大头头都叫院长，小头头都叫副院长。如此一改，景象肯定热闹非凡，当做一场大戏出售门票，净收入绝不亚于刚刚去世的迈克尔·杰克逊的一场演出。还有一些人，给自己涂脂抹粉，装扮为院士，招摇过市，欺负不明真相者的暂时无知，只能是证明欺骗者的最大无知和愚蠢。本来只是院子里的一根染上病虫害的杂草，非要厚着脸皮、不遗余力地把自己吹成院子里的一棵撼不动的参天大树，岂不是太把自己当成那么一回事了？相反，不去涂脂，不去抹粉，清新自然的质朴反而会赢得真正的尊重。

少一些“院情”，莫让“院情”堵塞世道。这世道，还是多一些实实在在为好。如果没有可挖的真材实料，一味抛弃原名，更其名曰“院”，放着“主任”“所长”这么大的官儿不去做，非要踮起脚跟当院长，着实让人笑掉满嘴牙齿。还是老老实实改邪归正，该叫啥就叫啥，别去累得浑身是汗，跑得鞋子都不知道掉哪儿了，装葱又装蒜的，呛人不轻。因为，有些不讲究、没干货的人，即便脸不红、肉不跳地装成了葱和蒜，别人也未必知道究竟是哪根葱、哪瓣蒜！一言以蔽之，当“院情”堵塞世道，世道很有可能就会变得更加无道。

二〇〇九年六月二十九日

零

一

零是一个数字，大于负数，小于正数，处于正负数之间。在数学上，零的意义不可小觑，在多个领域均见其活跃的舞台。显然，零有着深奥的数学原理，但在表象上，这些只不过是一些数字常识。人们还可以拿数字来娱乐，话说0出去玩遇见了8，指着8的鼻子尖说："你胖就胖呗，系什么裤腰带呀!"

然而，零作为一个数字概念，却被广泛应用到数学之外的其他领域，甚至也被官方青睐，常见于官方文件或官方发言。零被人们如此重视，似乎使零成为一个完全褒义字，不再有任何贬义了。但熟悉零的人都知道，零尽管在一些领域显得很吉利，迷信数字的人也许会将其与"机灵"联系起来，但有些情况下零又似乎显得让人厌恶，如在小孩子的教育中，零肯定不是一个吉祥数字。谁家的孩子考试得了零分，总觉得不光彩，所以才有"零蛋"之说，或者讥讽为"鸭蛋""笨蛋"。不过，这些故事仿佛让人觉得总是在过去。

现在可大不一样了。时代变了，零的运用更趋向"正面化"了。现在的孩子要是考个"零蛋"，不仅不会被大人讥讽为愚笨，反而会夸这孩子可爱，倒是那些不考零分但成绩又不高者成“笨蛋”了。零的用场可远不止在考试分数，比比皆是的例子可瞬时举出一大堆。如果有机会接触某人，本不容易见面的，但一旦见到并有所接触了，便可谓“零距离”接触。前些年，“零距离”一说极其流行。最初见到这词儿，我就颇感兴趣，便发挥无限想象力：“距离”，既然有零距离，那自然还有正距离与负距离，零小于正数，所以零距离接触要比正距离接触自然更为亲近；“距离接触”，既然有正距离、零距离接触，那么有无负距离接触呢？我想是可以有的。若干年前，在腾讯QQ上和一女网友高雅聊天，聊得如火如荼时，女方想和我零距离接触，我当即表示拒绝。对方大为不解，追问缘何不肯见面，我便借助“距离接触分类”的想象力，厚颜但又深刻地玩笑：虽然我不愿意零距离接触，但我更想负距离接触，企图上演一出“你中有我，我中有你”的欢愉游戏。对方看到这番留言，哭笑不得，无言以对，羞涩满脸，只好骂句“很黄很流氓”“男人都一样”来应付尴尬的网聊窘境。

见面相聊，或是有缘相识，称为零距离接触，时髦至极。但如此之说，并不怎么惹人反感。类似叫人还能忍受的用法，除了零距离之外，还有一些惯常用法。如“零的突破”，往往用于诸如填补空白、创造纪录等喜人描绘；再如零售、零点、零部件、零配件、零零星星、零七八碎等，都是零在引申意义上的传统用法，讲本分、不折腾，自无疑问。还有歌曲《零》里唱的，“不允许他人随意进入我的零度空间，宁愿孤独，懒得再去想谁”。可是，不知从何时起，零被滥用了。各行各业，无论是制订计划、确立目标，还是总结成绩、宣传汇报，都想与零挂钩。这些泛滥成灾的用法就枚不胜举了，真要搜索统计出来，或许将春运期间所有火车都调度出来也装不下！例如，零投诉、零举报、零退货、零返工、零排放、零污染、零报告、零退学、零失业、零上访、零下岗、零腐败、零违纪、零上诉、零破产、零曝光、零通报、零断电、零拖欠、零超速、零爆炸、零仿冒、零纠纷、零贫困、零成本、零假唱、零疾病、零赤字、零违章、零瘫痪、零离婚、零走私、零迟到、零早退、零事故、零违约、零口供、零首付，等等。

反正不管零什么玩意儿，几乎都可以总结为“零问题”，即问题都在零状态，没什么问题。以零投诉为例，它常见于企事业或服务领域的宣传，如本企业生产产品或本商场销售商品、提供服务无人投诉，曰“零投诉”。如果一年内或者连续保持多少年“零投诉”，可谓万事大吉，是经营和服务成功的表现。再如，某地某时期无人举报违法犯罪案件，曰“零举报”，表征管理严格，治安良好，社区和谐。其他的“零问题”意思大致也不难理解，无需再费口舌多作解释。

看来，零的应用越来越广泛。许多单位、行业或系统已将零作为考核指标了。但问题是，零投诉、零举报等零状态固然可以反映出某行业、某领域未见瑕疵之完美状态，可是，从事物发展变化的客观规律来看，零状态一时正常，但永久性零状态未必一定正常，不少情况下反而是一种反常状态。将零状态一味视为正常状态，一旦形成一种治理思维，则极其危险。既然零状态作为一种完美状态，作为一种上级指令，或者考核指标，那么，在等级森严的官僚体制下，下级在执行这一严苛目标时，为了保证检查汇报中“平安无事”“万无一失”，很难说没有任何作弊空隙。于是，为了圆满完成零状态的任务，防止出现“零”的突破，便千方百计通过各种手段让零状态人为保持。这样一来，弄虚作假的不正之风即刮起来。有举报、投诉者，自然会出现第一反应：摆平这些举报者、投诉者，以确保汇报工作、宣传成绩时让零状态堂而皇之写入纸面，象牙还真的从狗嘴里吐出来了。欺上瞒下、大忽大悠的不正之风，就是这样形成的。

二

崇尚零状态的反常风气，危害还不止于此。零状态的治理思维与宣传模式，不仅没有真正消除工作生活中存在的问题，反而有意掩盖了这些问题。掩盖问题、回避瑕疵，祸根在于上级的零指令，目的也是为了确保宣传汇报中的零状态。殊不知，那些被人为遮蔽的问题累积到一定程度，很容易突然爆发，往往一发不可收拾，掩盖真相者将会陷入巨大被动。现实中时有发生的所谓“瞒报”，就是企图掩盖负面事实或肮脏内幕，一味追求零状态假象以逃避责任的反映，但几张脆弱的卫生纸，终究是包不住火的。

另外，零状态的包装式泡沫治理，极易淡化监管功能，包括外部监管和自我监管的角色都有可能懈怠，甚至还会滋生监管行为中的腐败。被监管者为了盲目追求零状态，在被查出问题之后就想方打通监管方，设法逃避处罚，或者与媒体进行不法交易，利用所谓的“封口费”，企图免去曝光带来的困扰与烦恼。如此种种歪门邪道，说到底还是零状态思维逼出来的。按理说，面对零状态的治理目标，监管不仅不应缺位，而且应该加大并从严。可是当零状态堕落为一种纯粹的包装和媚俗的时尚时，监管又容易被零状态的谎言笼络起来，变得疲软无力，全当摆设了。但面对权力和自由，监督一旦失力，滥用以及滥用过程中的腐败就会鱼贯而来，让民众眼花缭乱、应接不暇。

事实上，社会治理中存在的大量零问题的思维倾向，表面上没有了正值数字的连篇累牍或者浮夸臃肿，但这种治理作风，仍然是“数字政治”与“数字管理”的扭曲变形。数字出官、官出数字的讽刺早已不是新鲜事儿，“村哄乡、乡哄县、一级一级往上骗，一直骗到国务院”，挖苦的就是那些数字官僚。但只要官僚作风一天不灭，数字政治与数字管理就会死皮赖脸，迟迟不散。只是数字游戏的伎俩或花样会不断翻新，其中，零问题或问题的零状态把戏就是鲜活一例。

诚然，零状态不是没有可能，也反映了人们对美好事物与完美状态的期待。在重大安全事故频发的今天，面对这么多生命无辜离开人世，人们无不呼吁安全生产，渴望零事故或零死亡。在医药卫生领域，药品安全事故频繁报出，假药、劣药毒死人的现实就摆在我们面前；在食品工业领域，几乎是每隔一段时间就冒出一桩重大食品安全事件，如有的企业将奶粉里掺上三聚氰胺，有的甚至干脆在三聚氰胺里掺上奶粉，丧心病狂地给大量家庭带来那么多可怜的“结石婴儿”；在矿山生产领域，瓦斯爆炸、渗水事故等接连不断，尽管媒体对“高层批示”“全力抢救”“没有次生灾害”等渲染报道，但仍然不能改变特重大人员伤亡的悲惨事实；在道路交通领域，因违规违章驾驶或运输导致的交通事故也是触目惊心。可以说，这些事故并非都是不可避免，总能挖出祸根，找到终局责任者。因此，为有效避免本不该发生的责任事故，对安全生产提出高要求甚至明令“零状态”、依法惩处相关负责人，是人心所向、题中应有之义。

但零状态只有在条件具备时才属常态，条件不具备，硬性让条件成就，或恶意促成条件成就，即便保持零状态，也不能谓之常态。以零投诉为例，人无完人、物无完物，有投诉、有举报实属平常。无论是产品还是人事，应容忍一定比例的投诉率、举报率，或事故率、瑕疵率。无论是个人、家庭，还是企业、社会、国家，零状态只是万物众生状态之一种，不可能是全部。否则即为反常，或曰变态。因此，常态社会不可能全部是零状态。即便倡导和谐社会，也不等于一切都是零状态，不存任何瑕疵。全部是零状态的社会是变态社会，不是常态社会，更不是和谐社会。这不是人为扭曲的结果，就是绝对空想的产物。

三

可见，一哄而上，片面强调零状态，与社会发展的客观事实不符，本质上违背辩证唯物论；不加区分地以零状态作为行业要求与考评指标，言必称零，与社会变化发展规律不符，本质上违背唯物辩证法。所以，唯零是从的思维模式与管理方法，既没有认识到物质决定意识的科学原理，也没有认识到事物两面性的科学原理，本质上是反科学的教导，非常荒唐。在高喊马克思主义大旗指导的国度，却大无畏地充斥着违背老祖宗的奇谈怪象，不能不叫人瞠目。人非圣贤，孰能无过？一面向民众灌输先哲高论，一面又不允许民众犯错，更不容忍犯错之后客观宣传，而是只允许正值或零值，一旦出现负值，就前怕狼后怕虎，担心负面效应，仿佛一有负值，长江黄河就会泛滥、长城就会崩溃倒塌，或者发生地理基因突变，一夜之间异化为火山那样凶猛可怕。其实，当局者不可也不必有如此恐惧之心。

不是一而再、再而三地强调解放思想、实事求是吗？我想，实事求是就必须承认数字有正有负有零的划分，有零有正面，也有负，应尽量避免负面或负值，但也应承认有其不可避免性，这才是实事求是；解放思想，就必须首先对当事官府或官员彻底洗脑，逐步减少直至消除敏感思维，就我曾在《敏感》一文中所言，全力破除陈旧腐朽的“敏感文化”，彻底根治顽固不化的“敏感毛病”。在思想上承认负值与负面，并开放怀抱，坦诚布公，不要再折腾来折腾去，绞尽脑汁地摧残那可爱又无辜的“零”了。一概回避负值、负数或负面而用“零”说事，动辄拿“零”论功过，扯“零”作旗帜，只不过是掩耳盗“零”罢了！改革开放三十多年，老百姓已不再像过去那般愚昧，忽悠百姓的花样也到了该翻新的时候了。更何况，在一个文明国家、法治社会，老百姓本来就不是用来忽悠的玩具，而应是评说国家、议论政府与改造社会的真正主人。

这么说来，当“继续解放思想”的最新宣传口号响彻万家的时候，黎民百姓固然应使自己思想继续解放，但那些当官的、掌权的、说了算的，更应以身作则，领好队、带好头，消除蹑手蹑脚的顾虑心态，提振执政信心和治理底气，率先真正从解放自我思想做起。怎样继续解放思想？如果一定让我支个招，那就是：认真梳理五花八门的零口号、零命令，严肃思考零与问题、零与权力、零与监督、零与社会，一言以蔽之，一切从“零”开始！

二〇〇九年二月二十三日

哗众取宠

一

几天前，凤凰卫视《秋雨时分》节目中，余秋雨先生讲述了孔子周游列国的那段历史，随后与到场的学生嘉宾展开了文化讨论。有同学提及某女大学生出了一本关于性话题的书，于是质问：女大学生性经验不足，写这方面的书岂不是在哗众取宠？余先生以这一文化现象为引子，简要解读了“哗众取宠”，并在节目的最后劝告人们不能老是被概念所束缚。

老实说，对“哗众取宠”的提法，我一直很感兴趣，老早就想拿过来研究一番。最早听说这个词儿，大概是在中学时期。不过，那时只是在语文课本上作为成语学习，死记硬背它的意思就行了，没有去多想什么。但在此后的生活中，“哗众取宠”经常会被用到，还不时地被别人用到我头上。于是，我就对它越发感兴趣了。说多了，嗓门大了，逗人笑了，会被骂为哗众取宠；写多了，话题惹眼了，表达怪异了，也会被骂为哗众取宠。想躲开它，不说了，也不写了，但只要张口说话，提笔写点东西，还是哗众取宠。照这个逻辑，我在推想，假如永远不说也不写，光去埋头做事，只要出点成绩、弄点名堂，或者碌碌无为、事事无成，依旧摆脱不了“哗众取宠”的指责。还真有这么回事，记得前几年我经常去一家热门网站发表文章，参与网络讨论，突然有一段时间不写了，藏在宿舍里看看书、睡睡觉，结果一个月后又登录那家网站，翻开历史帖子，却发现有人把我的突然消失骂为“作秀”。在许多人眼里，指责别人作秀，与指责别人哗众取宠，动机往往是一致的。

不以我之经历为例，也会发现同样下场。有人到央视《百家讲坛》品三国、讲论语，会被骂为哗众取宠；有人还没成年就写书、撰稿，会被骂为哗众取宠；有人不写也不说，一心做点公益事业，也会被骂为哗众取宠。笑星影星歌星球星上电视，正常；但学者一旦上了电视，那就是“学者明星化”，也会被骂为哗众取宠，要是去得多了，出镜频繁了，弄不巧还会被骂为“烂人一个”。在一些人的眼里，只允许明星亮相，却看不惯学者露脸。看到学者在媒体上表现，什么“炒作”“作秀”“哗众取宠”等词汇都可以被这些好事者拉出来，派上用场。最有意思的是，不少人为了进一步表明立场，往往动用惯常的对比手法，说什么人家某某就从不这样，或者历史上谁谁就从不那样。在他们的骨子里，学者就应该藏在屋子里、待在书堆里、埋在文字里，这才叫严谨、规范、有学问。一辈子写一篇论文，那才叫传世经典、大师名家。一旦写多了、说多了，甚至再到媒体转上几圈、逛上两趟，那罪过可大了，不当“烂人”都来不及，不被骂为哗众取宠都难上加难。

最可怜的，当属那些公共知识分子。有一帮人，是这样看待知识分子的：老老实实地待在家里，几十年内写一篇论文，到老了再出本书，那叫真才实学、十年磨一剑；在学术圈内表现活跃，作品不断、出书如砖，那叫浅薄浮躁、半瓶不满一瓶晃；跑出学术圈，走向社会，飞来飞去，讲座一个接一个，报告一场接一场，那就完了，准保是会被骂的。要是再签名售书，引来一堆“粉丝”，那简直就会面临五颜六色的攻击、千姿百态的谩骂。什么学术上“没什么东西”或者“没多少货”，甚至还有可能编造出一堆绯闻、轶事来。反正什么不好，就往身上喷什么。可见，越是惹人注意，越是出大了风头，越是红得发紫，越是当上了“公共知识分子”，越容易招惹阴阳怪气。在这种近乎围攻的形势下，不为老百姓说话，被骂得更厉害，要是为民众利益吼上两嗓子，也赚不到半个“好”字，换来的仍然是作秀、炒作、哗众取宠之类的怪话连篇。

二

人命总是宝贵的，但人性却总藏污纳垢，有的甚至贱到了极点。不服不行，在一个利益竞争的社会环境，人与人之间仿佛在上演一场“种内利益之争”。只允许自己出头，不允许他人露面，是许多人骨子里深藏的竞争法则。城府深一点的，埋在心里；城府浅一点的，写在脸上。一旦有什么危及，其竞争地位或者出众机会，阴暗的心理与狰狞的面目便暴露无疑。胆子大一点的，性子张扬一点的，就公开叫骂；含蓄一点的，阴险一点的，就背后捅刀。显然，竭尽全力地打压那些“出头鸟”“领头羊”，成了这帮人的惯用伎俩。虚荣心滋生嫉妒心，嫉妒心滋生报复心，循环往复，乐此不疲。这些人往往不去批评人家的行为内在，而是喜欢乱戳人家的行为表现，熟练地运用联想与想象、对比与类比等手法，一句轻而易举的“哗众取宠”，便自以为批判了人家的全部，否定了人家的一切，简直得意极了。

不是不允许批评，恰恰相反，人与人之间应该多一些监督、多一些提醒，而不是走向两个极端：吹捧和挖苦。不加区别地说三道四、吆五喝六，动辄就强加上“哗众取宠”“投机炒作”，一副不痛不痒的腔调，这并非理性化的批评，而是情绪化的批斗。这种活干得多了，并不利于和谐的人际秩序，更不利于谩骂者自身的利益保持和增长。要是整天冥思苦想、夜不能寐，老是想着法子整人、搞人，切切这个，割割那个，到处树敌，削而不厌，“毁”人不倦，自己不觉得累吗？难道真的一点都不累吗？

“人之初，性本善。性相近，习相远。”这是古人教给我们的，从小就受了这样的启蒙教育。每个人志趣不同，追求各异，只要不走歪门邪道，所作所为有利于社会，人人就应当有颗包容之心。否则，揪住自己利益不放，甘当自私自利鬼，勇作天下无敌之小人，又怎么会成就大气候呢？巴不得别人跌落，容不得别人翘头，这种心理绝对污染心脾和肝肺的。别人跌落就是活该，别人翘头就是哗众取宠，这究竟是哪辈子流传下来的逻辑？我想，这种心理不是祖上遗传，也不是他人感染，而是好事者自己辛勤耕种在昏暗心腹而生根发芽的。

按照这种逻辑，大禹治水绝对是哗众取宠；孔子周游列国绝对是哗众取宠；诸葛亮老谋深算绝对是哗众取宠；唐太宗“贞观之治”绝对是哗众取宠；黄道婆到海南与黎族人民日出而作传播纺织技术绝对是哗众取宠；梁启超大搞戊戌维新运动绝对是哗众取宠；拿破仑领衔制定《法国民法典》绝对是哗众取宠；新中国成立之后的几代国家领导人，形成的思想、理论、代表、和谐社会，都是哗众取宠；赵本山每年春晚又是倒步又是跌到，时而卖车时而卖拐，时而白云黑土时而公鸡下蛋，更是哗众取宠！不仅如此，生养我们的父母从小就给小孩子讲故事、唱儿歌，是哗众取宠；我们的中小学老师、大学老师站在讲台上一讲就是四五十分钟，也是哗众取宠。可以说，以此逻辑判断下去，凡是表现的，只要稍微被人看不惯，都是哗众取宠。

笑话往往就是这么酿造出来的。如此一来，“哗众取宠”这么好的一个成语却被滥用了。其实，依我看，真正哗众取宠的，往往不是那些被批斗者，而正是那些批斗者。以学者在媒体露面为例，《百家讲坛》并非人人都有资格与机会上去讲一讲的，由《新闻周刊》评选的《中国电视榜》中，《百家讲坛》摘取唯一“年度电视节目”大奖，正如《新闻周刊》执行总编封新诚所言：“《百家讲坛》在去年以一个节目带活了一个频道，不仅使学术人物成为大众追捧的明星，也带动了读史热。”[①] 像这类节目，绝不能牙齿与舌头一商量，上下嘴唇稍微一碰，就吐出一个“哗众取宠”来有意诋毁。指责者甚至还包括一些学者，这就有点不对头了。假如指责者也上了《百家讲坛》，可能这种酸话、怪话、瞎话也就少了，他们绝不会在自己走下讲坛之后，作出“哗众取宠”的自我批评。问题是，当自己没有机会被央视选中时，不仅骂别人“哗众取宠”，反而还自命清高地说什么“来请我也不去”，这种话简直酸得太离谱了。相比之下，谁才是在真正的哗众取宠，也就不言自明了。

因此，我有千万条理由认为，在有些人那里，哗众取宠就是“成功”“表现”“卓越”“优秀”“出众”的贬义代名词。为了避免被这些人骂为哗众取宠，唯一的办法只有一个，那就是别去追求进步、实现成功。多扮演几次失败，甚至主动把自己置于落寞、凄惨之境地，自然也就临时避免了哗众取宠的指责。但能人、好人总不会被轻易埋没，只要抓住机遇，运气又不错，成功迟早会降临。于是，只要一翘头，必然又与哗众取宠紧密相连，再怎么逃避都无法挣脱被责骂的栅栏。究其缘由，皆因世上好说怪话的半阴不阳的人太多太多，想躲都来不及。

三

既然躲不起，那就惹下去。对付那些好事者的最佳出路，就是增加他们患上肺气肿的机会。他们越是挖苦、讽刺、贬低，执著行路的人越是应当继续进步，扶摇直上地往前赶。越是躲避，反而越成全了那些指责者或者好事者；越是我走我路，勇往直前，那些指责者往往会越看不惯，越是生闷气，憋不住了就骂上一句哗众取宠，至多再耍点小聪明，搞些小动作。而且，“常在河边走，没有

① 《新京报》3 月18 日。

不湿鞋”，伎俩总会被识破的。根据我的浅薄观察，嫉妒者一天到晚所干的全部事情就是嫉妒。别看他们早上起床后也会去上班，但走在路上，这些人就会琢磨着怎么把自己与别人的关系搞得微妙一些，一到单位上班了，就眼珠子乱转，瞧瞧这个，瞅瞅那个，反正一门心思在琢磨着、提防着、策划着、表演着，一点都不觉累。因为，嫉妒是嫉妒者的本职工作。

越说越感觉好玩儿了。确实如此，最想哗众取宠的，其实不是别人，而是那些疯狂的嫉妒者。但因嫉妒者往往同时带有自卑心理，于是，获得哗众取宠的机会反而越少。给其一个台阶让其自由表演，反而会弄糟。像这种磕磕碰碰多了，嫉妒者自然也就逐渐清醒一些，有时侯还可能彻底服了。此时，也正是从心里征服嫉妒者的时刻。要是这种人以后还会把哗众取宠挂在嘴边，那简直就是不可救药了，自生自灭是也。

话说到此，我越发觉得被那些无端的指责者所谩骂的哗众取宠，在某种意义上来说，是一项含有天赋成分的思想与行为艺术。由此推论，哗众取宠者，是典型的艺术家。世上不能缺少这样的哗众取宠者，因为社会的发展与人类的进步，必须有这样的哗众取宠者。甚至这样一个命题也可以成为定理，那就是：哗众取宠者数量的多少与生产力的提高成正比。只有人人有哗众取宠的意识，把追求“名”看做尊重人身权，把追求“利”看做尊重财产权，把哗众取宠看做一种健康的思想意识与行为表现，方可最大限度地激活人们的创造力，服务于自然与社会，造福他人、惠及民生。否则，有谁追求正当名利，就被一些好事者骂为“哗众取宠”，那么，人人在名利面前，缩手缩脚、如履薄冰。于是，人的潜力无法自由张扬，创造力也被严重抑制。

事实上，正是在一种“淡泊名利”的陈旧观念作祟下，许多有意识追求全面发展的人，却因为瞻前顾后，在乎他人的说辞，而压抑了人性之挥发，束缚了潜能之释放。失去了哗众取宠的动力，也就学会了“低调”，结识了“圆滑”，种下了“城府”，牺牲在可畏的人言里。人性中的这些元素，极具传染性与煽动性，往往能够形成示范效应，为越来越多的人所模仿。

好在还有一批哗众取宠者。随着法治观念的深入，主体意识的增强，权利意识的浓厚，不少人解放了思想，不吃老一套，不听他人骂，大大方方地哗众取宠起来。为了一元钱标的之纠纷，走上法庭，讨个说法，而不去管是否被骂为哗众取宠；为了传播个人思想，创作出书，享受版权，而不去管是否被骂为哗众取宠；为了文化苦旅、千年一叹，也要奔走他乡、周游列国，也不去管是否被骂为哗众取宠；为了体验长征精神，要召集志愿者步行万里，历尽千难，还是不管是否被骂为哗众取宠；为了维护弱势群体权益，成立自治组织，关注民生，帮困扶贫，更不去在乎是否被骂为哗众取宠。如此等等，在我看来都是一种思想艺术与行为艺术，是人的主体理念、权利理念的正当挥洒，而不是带有强烈贬损意义的“哗众取宠”。如果那些指责者、嫉妒者，一定要将此界定为哗众取宠的话，不妨也去参与一下，与那些哗众取宠者试比高低、试分上下，也哗一下众，取一下宠，看看效果如何。善良的人们也不会去随意骂之为“哗众取宠”，肯定会让这种人表演得兴致勃勃。

当然，哗众取宠作为一个成语，其自有存在之意义，现实生活中也必然有其扮演者。对于那些不学无术、无恶不作者，对于那些墙上芦苇、滥竽充数者；对于那些只知指手画脚不知虚心学习者，只看到他人缺点看不到他人优点而又无端指责或者恶意诋毁者，成语意义上的“哗众取宠”安于其身也就恰如其分了。

但对于那些益民益友，对社会对他人辐射恩惠者，要是存心用哗众取宠来有意低劣描绘，那就实在不像是人眼看人了。这种不厚道的做法，至少侮辱了一大批思想与行为艺术家。侮辱了别人，其实也侮辱了自己。——而能够有嗜好去侮辱自己的，其实不是一般的人。因为一般来说，人不大会做这种事情。

二〇〇七年三月二十二日

沉默的人

作家王小波曾说，“在一个喧嚣的话语圈下面，始终有一个沉默的大多数”，他还提到，“沉默也可以传播。在某些年代里，所有的人都不说话了，沉默就像野火一样四下漫延着。把这叫作传播，多少有点过甚其辞，但也不离大谱”。那么，沉默的都是些什么人呢？

粗陋地分分类、扎扎堆，大概至少有这么几种：

官迷一定是沉默的。不管已经是官的还是一心想当官的，“少说话”“别多嘴”，是其奉行的爬行座右铭。管不住自己的嘴，爬得就慢，弄不巧到半山腰一下子摔下来，一摊毛。官迷也有打开话匣子的时候，一屁股坐下，摆开架子，念起稿子来，正气得很，有时候也会脱稿说谎，人五人六的。当然，有些书生气的官迷，偶尔也会呐喊，但也多是隐藏着，或者艺术着，那根本不叫呐喊。

再有，忙人也多是沉默的。他们太忙，来去匆匆，观察的机会虽多，但观察的时间没有，心里有也没闲空喊。当然，我指的是真忙人，那些装忙的，看上去进进出出，飞来飞去，其实这不是沉默的理由，仅仅是借口而已。

沉默一族还有一批富人。生活富足，过着自己的活，无心呐喊，甚至排斥、抵触这些。不过，最不沉默的群体也有富人，喊起来远胜本该呐喊的学人。

还有，鬼人更是沉默的。这帮人，净是些胆小鬼，胆小怕事；净是些自私鬼，只顾自己。如此，怎么能指望这些鬼人去呐喊呢？呐喊得起来吗？又会呐喊什么呢？

沉默的人中还有一大群，那就是学人。学者最该呐喊，但都去忙于发论文、评职称、开大会、拿奖项了，呐什么喊呢？批什么判呢？他们是要“搞建设”的。当然，倘若真去踏踏实实学问，建出好言，献上佳策，也会叫人尊重、服气。

作为大多数的沉默者，既然选择了沉默，大抵是排斥不沉默的，至少是不喜欢。他们信奉在沉默的世道做低调的人，能不吱声的，绝不会随便张嘴。如果这种选择是出于一种畏惧，那就是人们常说的“前怕狼后怕虎”。拿野兽说事过于婉转，不如干脆直接一些，党是人民的亲娘，领导人民走向幸福；政府又是人民幸福生活的坚强后盾，服务人民安居乐业。但要是把它们看做群众心中的狼、人民心中的虎，这必定是一个高危社会，一个离文明还很遥远的社会。在这种气候变化的现实下，权力大于权利，权利可有可无。且人民越是沉默，越没有声音，权力可能会更加疯狂，愈发嚣张。一次揭露和曝光，一声批评和质问，虽然在沉默者看来是要了“高调”，但毕竟对权力而言是一种监督，有时候还是很显灵的。可是，这种高调，恰恰是沉默者所反对的，或者是不愿意去做的。

不过，话又说回来，沉默的人，虽然反对高调，却又未必具备低调的能力。该闭嘴的时候，反而得瑟了起来，比谁都高调。遇见有用的人，贴乎的比烙铁还热。这祸害的毒性，远胜过艾滋、梅毒。一不高兴了，小心眼、鸡肠子、窄的无法再窄的小胸膛，就全派上用场，抓住异已那屁点的破绽，聊以自慰，觉得正义极了。一有了可攀可钻的，妖形妖势，娇声娇气，实在是得意极了。这怎么配得上叫“低调”呢？低调不是默默无闻，也不是碌碌无为，更不是背地里投机钻营，搞事整人，它是一种平平淡淡才是真的修养，是一种真真切切才是纯的教养，是一种纯纯净净才是正的涵养，哪里容得下那些乌七八糟?!

其实，沉默也是如此。在很多时候被误用了、贬义化了的沉默，其原本意义或者说另一层涵义，应该是褒性十足的。所以才有了“沉默是金”“沉默也是战斗”之说。但依我看，沉默不是没有个性，沉默本身就是个性；沉默不是不张扬个性，沉默者也会有张扬的时候。关键看如何理解“个性的张扬”，从捍卫正义、抨击腐败的角度而言，所谓个性的张扬，就是叫板腐烂的权力，同时也是对草包而不是草民、对庸众而不是大众的宣战。舍此或无此，未必叫沉默，但一定可以说是冷漠。冷漠者既想在冷漠中追逐勃起，又往往在冷漠中忍受阳痿。与其如此，又为何不去做哪怕是偶尔张扬一下的沉默者呢?

再检讨一下，虽然我一直在追求呐喊和批判的理想，可是限于性格、能力等多种因素，我不可能是一个大多数时候的个性张扬者，也还不是、将来也未必是一个称职的、地道的批判者，我还是属于“沉默的大多数”，但至少还不会在良心和公道面前，轻易沦落为一个彻头又彻尾的冷漠者。

二〇一二年八月二十三日

短信

一

我年龄不小，见识却很少。整日蜗居，不怎么出门，纯粹一书呆子。尤其是最近身体欠佳，更是把自己“宅”起来了。远离世俗，与我常相伴的，一是书籍，二是手机。前者解知识之渴，后者消除孤单和寂寞。

书呆子就是书呆子，我曾一度为自己拥有手机而感觉很“良好”，甚至觉得这是奢侈消费品，在社会上混不到一定档次，不可能买得起手机。不料有一天，我很罕见地出门一次，无所事事地溜达着，突然看见马路边一个乞丐，衣衫要多褴褛有多褴褛，躺在地上，也不像是睡觉，一只手在捏着什么东西。走近一看，才惊愕发现，那乞丐手里捏着的，是一部索尼爱立信，与我正在使用的一个模样。天哪，天哪，我的天哪，难道这年月乞丐也“混到了一定档次”吗？就在那一刻，我才头一次意识到，手机作为一种移动通讯工具，已经相当普及了。流浪于街头的叫花子也发起短信来了，没准还有可能在和谁玩暧昧呢。

手机普及之后，人与人之间的交流就方便多了。一些不便于口头传递的话，大可通过手机短信书面表达。那些如我一样交际腼腆的人，和不是很熟悉的人打交道，难得用电话，拨通对方号码也不知如何开口是好，往往吞吞吐吐，不知所云。于是，短信挺身而出，拯救了腼腆人的尴尬，涤除了交际时的心理障碍。以我为例，读书时喜欢顶撞老师，工作时爱好对抗领导，谁强势就鼓捣谁，但书呆子就是书呆子，在和老师或领导交往的时候，却拘谨得像只受过惊吓的刺猬，有话也只好书面表达了。过去喜欢手写书信，现在则可以借助手机短信了。简直太棒了，好想查查是谁发明的手机，我要真真切切从内心深处，感谢他八辈子祖宗。

当然，手机短信的“方便”不止一举。除了帮助腼腆用户擦干羞涩之外，还有隐私保护功能。现代人的隐私空间越来越大了，快节奏、高速度的生活造就了更多压抑的人。走在大街上，个个青年男女看似满面春风，其实这正出卖了其内心的压抑。缓解压抑的方法不外乎二：要么独吞，要么共享。前者常使人压抑复加，后者则可以通过倾诉式发泄或注意力的转移而颇有疗效。此时，通讯联系就成为释放压抑的妙方之一。如今，在诸如公交车、地铁、商场等公共场合仍然有人不顾他人的存在，恨不得把手机当做耳套，紧紧贴在耳边，扯开嗓门，操着普通话口音很重的某地方言，音量往往是平时说话的三倍左右，唾沫星子乱飞，仿佛唯恐别人不知他有一部手机，或不知那个未必乐意接听他电话的朋友。书呆子就是书呆子，我一年三百六十五天不一定乘坐一次地铁，有一次很罕见地乘坐一回，上去还没坐稳，旁边一伙计突然高声一喊：“喂，你这是咋回事?”我以为自己屁股坐到他衣服边角了，转头一看，原来人家是在打手机。幸好我还不到八十高龄，不然真叫他吓得要去兴师动众麻烦 120。更讨厌的是，那个电话反过来复过去就一句话“告诉我嘛”“告诉我嘛”。我大致数算下来，单是这一句就说了不下十次，还夹带一股大蒜味。如果我是一个老外就好了，坐在他身旁顺便可以学学这句简明汉语。当时就纳闷，你一个大男人、老爷们，阴不阴阳不阳地“告诉我嘛”，要人家告诉你什么呢？非要在这个时候用电话高声叫喊吗？除非是紧急情况，公共场合还是尽量少打电话为好，要打也得讲究点通话礼仪。多数情况下可以用短信代替，多发几个回合，有多少话说不完呢？大庭广众面前，亮开嗓子打电话，没点隐私意识也就罢了，但总归要体谅一下他人的感觉吧？说句实在话，你泄露自己隐私倒是不觉得尴尬，周围那些无意中听到的人还浑身起鸡皮疙瘩呢。

与这些公众场合似乎毫无隐私意识的人相比，也有一些手机用户，一天到晚用短信编织着其不可告人的绝对隐私。据报道，有腐败官员“被中纪委带走”后，从手机短信里可搜出许多好玩的东东，与情妇的短信交流几乎是他们私生活的书面记录。还有报道，一些出现情感危机的婚姻家庭，往往会爆出一方或双方的婚外心上人。那些你来我往的短信互动，要是编辑起来出版发行，绝对是一部新世纪畅销书，只不过要冒着被扫黄打非的人查禁的风险。由此推开，现实生活中的男男女女，通过手机短信勾勾搭搭、牵牵连连的，并不在少数。一旦有了新欢，热情尽在短信里。除非是猖狂至极，不顾配偶或恋人的存在，否则，回家之前肯定要把那些不堪入目的短信删得干干净净。稍有粗心的，没打扫干净，角落里遗漏一条，要是被对方发现，那肯定又是麻烦事儿，除非对方在回家之前也没把手机打扫干净，可以作一回抵消、扯平。

这让我回想起了腾讯 QQ 聊天刚盛行的那个季节。听说不少人在上面聊天交友，互留电话号码，以便私下联系。出于童心般的好奇，我也托人帮忙注册一个用户，那小子天生顽皮，给我取个昵称叫“狂抽猛送”，试问此名之义应作何解？他边责备我见识少，边诡异地解释说：“这是商场举行抽奖送礼活动时常用的宣传口号，意思是鼓励顾客疯狂抽奖，一旦中奖就猛烈赠送奖品”。我听后觉得有意思，便欣然接受，无聊闲暇时就登录上去找人网聊。当然，出于大自然赋予的宝贵本性，网友多是女性，但年龄不一，上则四五十岁，下则十六七岁。书呆子就是书呆子，因为我听说网聊可以要对方电话，于是上线没聊两句就开口要人家电话，结果多数被成功吓跑。加之不少网友反映我的昵称有不雅之嫌，结果最初几天一个电话都没弄到手，很是扫兴。后来吸取了一些教训，摸索出了一点窍门，又顺应网友民意，及时出台了昵称改革措施，更名为“枫桥夜晚”。结果还真管用，要来了几个电话，很有年轻人那种特有的成就感。但生性腼腆，不敢电话，那只好“热情尽在短信里”了。记得有一个网友比我还热情，要暧昧有暧昧，要疯狂有疯狂，惹得我那段时间不能集中精力研究民商法，痛苦极了。于是，我撕破脸皮壮起了胆，超越短信，准备拨通电话听其声音，寻找一种自己想要的感觉。但奇怪的是对方横竖不接听，这让我陷入了更大的痛苦。“你那该死的温柔，让我心痛让我泪流”！把这份痛诉说了出来，室友帮忙想出一招，借用他的电话拨打试试看。这一计果然漂亮，对方终于接通了。可是，当听到一句很有磁性的“您好”时，那浑厚的一声让我彻底惊呆了：那是一个男生，至少，至少不是一个女生。我这才恍然大悟：手机短信被他利用了，而我又被手机短信利用了。看来，书呆子就是书呆子，没见过世面，被别人涮起来随随便便。现在回忆起来，“某年某月的某一天，就像一张破碎的脸”。

吃一堑，长一智或更多。自从被那个坏男人欺骗之后，我以后就小心翼翼，一有新网友就先通话验证性别，以便有针对性地交流，否则绝不轻易“暧昧”。短信有风险，暧昧要谨慎。短信频繁了，容易上瘾。以我之天生之个性，语言功夫胆大包天，但绝不和异性网友见面。有人聊多了却恰恰想见上一面，当我遇到这样的情愫之时，脸上总是火辣辣的，估计能够烤熟一把羊肉串。我常常无限联想：和异性网友见面之后，接下来要干什么呢？在没有答案之前，不会轻易出面。短信聊聊不挺好吗？手机短信的魅力就在于：它能将所有的异想天开都浓缩于一个小小的屏幕。

但确有些人，不分昼夜，短信不断，善于交往，频繁约会。有一次和我的一位大学老师聚会喝酒，席间他说：“酒桌上凡是短信不断的，多是有问题的”。短信不断和有问题之间是不是能画上等号，我不敢保证。但回想一下曾经围坐过的酒桌，确实有人忙于短信业务，怕周围人看到信息内容，还要刻意把手机挪到酒桌下面，有可能早已生了老茧的大拇指娴熟地敲打着键盘。发完之后再放到桌面上，一口酒水还没来得及咽下，调成振动的手机又要跳起轻舞来了。看那鬼鬼祟祟的样子，短信多是问题短信，交的朋友也多是问题朋友。但改革开放都三十多年了，人的思想空前解放了，所有的问题已不再是问题。没有问题的，似乎才是不正常的。

也有一撮人，把手机短信视为广告传媒，推销盲人按摩、二手汽车、黄金投资、健康保险、别墅豪宅、家庭保姆、考试培训等，无所不有。也不知这些“灵通们”是怎么知道用户手机号码的，收到这样的垃圾短信，比在大街上正专心走路时突然被硬塞进一张传单更可恶。在几天收不到短信感到心理匮乏时，飞来一条手机短信更会格外留意，心想可能是哪个老同学、好朋友、旧情人的，打开一看却是商业广告，心里就像塞了一捆烂麦秸一样丧气。更大胆的，是把在电线杆上常见的那种“办证请拨打”也搬到手机里，通过短信推销各类证照的办理服务，让人觉得新买的手机好像变成了路边的电线杆，随便遭人涂抹办证广告。最大胆的，是那些赤裸裸的骗子，要么说某某遇到困难要赶紧汇款，要么说银行卡被别人消费，须马上告知账号密码以便提供安全保护，还有的更有意思，说手机号、车牌号或者这号那码的中了什么大奖，奖金多少万元，等等。这些短信明摆着“骗你没商量”，但生活中总有人马不停蹄地去密切配合，抓紧上当，生怕一辈子没机会做一回光荣的受害人。这样的勇往直前者多了，媒体不得不专门制作节目，邀请专家传授防骗常识，苦口婆心地告诉观众那些短信“短而不信”，千万别被忽悠了。这么看来，手机越来越聪明，又能电话又能短信的，又能录音又能摄像的，又能导航又能上网冲浪的，但使用手机的人却没能跟上节拍。手机灵了，机主晕了。

手机短信带给人们的，当然不只这些负面的。短信以手机为载体，也会传递时事新闻、财经资讯、生活助理、天气预报、幽默笑话等。当然，手机短信也能缔结友谊、擦出爱情的火花。不少人间真情故事也常在短信里上演，例如汶川地震前夕，做女儿的给妈妈发去“母亲节快乐”的手机短信，不料女儿已去，这条只有五个字的短信也就成为了永久。有一年教师节，有个学生把我们互发的短信编成小册，当做节日礼物送给我，我如获至宝，准备永远珍藏。有时候，短信还可以消释瓜葛、化解矛盾。牛年春节前夕，和至爱女友小闹别扭，以前发生类似情况我就像呆瓜一样，不知所措，当然也从不会哄她。这次我打算尝试一下哄女人的感觉，想出了一个办法，通过手机短信编辑了女友的经典语录，包括“冷酷语录”和“自恋语录”两个系列各计十条，结果发送不到五条，她就恢复了开心，喜悦如旧。我又趁势陆续发送了剩余的十五条，将其愉快心情轻松推向了标准的高潮。女友童心未泯，兴高采烈地说要把这些短信存到电脑上，保存下去。看来，要不是手机短信的奇特功能，我惹下的这段不愉快很可能会跨越春节。当然，凭良心说，短信发的好，不如我人好。不是自恋，大家好像都这么说。

二

也有不喜欢发短信的人。短信发过去，要么石沉大海，要么对方打回电话。这与年龄、职业、身份和性格有些或多或少的关系。不少老年人，不怎么习惯发送短信。但我认识的一位老人，不仅喜欢用短信联系，而且还很时尚，什么彩信、飞信这些我完全陌生的东东，他都要玩。有些人出于职业或处境的缘故，很有身份意识，短信是一概不玩的，或者只对合适的人。但也有些身居高位的或者其他所谓“高端”人才，对身居低位的或者“低端”的人发来的短信，照回不误。有些人因着性格或者交际习惯，就不愿意耗费时间短信来短信去的，有事电话说，干脆利索，这完全是个人习惯，好吃短信这一口的，就别去多想了。

总而言之，短信缩短了人与人之间的距离。不管对方住隔壁，还是在遥远的大洋彼岸，编辑一则短信，按一下发送键，就可以迅速拉近我和你，无线相约，尽情漫游。但在功利社会里，短信又使人与人之间的距离拉长。我有一朋友，身份是中国律师，日常忙于伸张正义、发财致富，但时刻不忘人间真情。他这几年对拜年短信颇有研究，甚至想和我合作撰写一篇“节日祝福短信研究”的调研论文。之所以有如此科研动机，是因为他在拜年短信的收发实践中发现，有些人收到祝福短信根本就不予理睬，即使再发一遍，也照样杳无音信。尝试着拨打一下对方手机，很健康地响个不停，还是音乐铃声呢。但这些人平时用到他人时，却会主动电话或短信来了。假如结婚举办婚宴，平日里压根就没什么交道的，这些人也要打了电话再发短信，发了短信还要邮寄请帖，唯恐你不去送礼捧场。可是，到了大年新春，这些人不但祝福短信不发，而且当你主动发送拜年短信后，连个回信都收不到，境况就这么可怜。害得这位朋友一再感叹自己做人很失败。其实，在利欲熏心的现代社会，谁都有可能碰到这样的人。我每年也会遇到，确实有个别功利吝啬之徒，自己有需要时，巴不得在别人面前摇尾乞怜，好像天底下你是他最亲的人，可是一旦事成，过河拆桥、卸磨杀驴，连一毛钱的短信都舍不得发。

这不，今年过年我就遇到几个主，还真是有意思，用到我的那段时节，费尽周折打听私人电话。书呆子就是书呆子，我可是很细心，储存了他们的号码。过年了，我连发两个祝福短信，一条是原创的所谓藏字诗，并且明确提示接收者纵向连读就有我的实名，另一条也是原创的，后面很正式地署上了实名，但那些主一开始随意转发给了我一条，然后又不约而同地发来一条原创的：“你发来两条短信，你是谁啊？”我这才伤心地发现，这些粗心又多忘事的贵人非但删除了我的号码，而且连我发送的祝福短信都没仔细阅读。删除号码倒没关系，但连辛苦原创、真心发送的拜年短信，一共没几个字都舍不得去认真看完，我还真有点介意了。要是随意拿一篇长则三四万、短则五六千的博客文章作为拜年礼物送去，岂不是要把你累得爬不起来啊？这种冷灰灰的感觉，就像千里冰封、万里雪飘的日子，你登门拜年却被锁在门外不让进屋一样。北京奥运主题歌里唱道，“You and me，from one world”，既然亲如一家人，又何必如此冷漠、那般功利呢？

可见，手机短信彰显的不仅是几个字符，它更把人间万象和世间百态一览无余。是不是真朋友、纯哥们、好兄弟，有没有虚情假意、真心实意，功利味道清淡厚重，手机短信完全可以胜任准确检测的任务。测量人与人之间亲疏远近，勘察对方为人处世的态度，评估人的性格心理，不必天长日久，只需几条甚至一条手机短信即可。虽然不能说百分之二百的精确，但也总能看出个八九不离十。想来这确实很有意思，手机短信里竟然可以装得下整个宇宙！月亮、血缘、生意、误会、小吃、高山流水、酸甜苦辣……

文章接近尾声，还是回到短信本身吧，说说短信的长度。短信名字虽然叫短信，但有的信息并不短，往往一个屏幕页面还不够，只好翻页续写。发信息的人不嫌麻烦，收信息的人也只好耐心地从头读到尾，生怕漏掉半个字符。恋人吵架时，往往更想知道对方又发来了什么牢骚，再长的短信恐怕也会有好奇心看下去。别看有些执拗女人嘴上说“我没看”“懒得看”，其实自己早就咀嚼过不知多少遍了。但不管信息篇幅有多长，哪怕舒展开来能覆盖八里地，它还是叫短信。习惯称谓，没办法。在泡沫到处飘扬的现代社会，名不副实的东西多了，就像三鹿奶粉，虽这么叫，其实是地地道道的“三聚奶粉”；我家乡叫山东，其实真正像样的高山没几座，多是一些丘陵，所以才有“山东不山”之说。

不管这么多了。我原本是一地地道道的烟民和酒徒，在戒烟戒酒的日子里，手机逐渐成了亲密伙伴，而通过这台机器接收和发送出去的短信，则成功地替代了烟酒，给余生带来了无尽的童趣，助我时常回到过去如熏如醉的岁月。其实，真正带来愉悦的，并非手机短信，而是无数个发送和回复短信的世间有情人。

你看我有多傻帽，说起来没完了，又啰唆了六千字。真可谓“手机发短信，博客写长篇”啊！

二〇〇九年二月一日

脱口秀

爱我的人说我可爱，但我却有自知之明。我生性不大喜欢逗乐，但很喜欢被别人逗乐。逗乐需要经过严格检验的合格智商，被逗乐者也不能过于愚蠢。已混世三十年，大多时候，知根知底的朋友对我情商的赞赏高于智商。小时候那种自以为很聪明的感觉，也逐渐被这些明白人的客观评价给抹平了。于是，我心目中的我，往往是一个“笨蛋形象”。一旦有高人冒出一句稍微另类的话来，看似通俗，但我并不易弄懂，旋即就被搞晕，往往寻思半天，也未必能茅塞顿开、豁然开朗。

就拿鸡猴这两年来说，知识界尤其是经济学界，产出了不少骇人听闻的高论。有心人还专门编辑起来，作为语录大全，读后叫人仰天长笑，或者拍案而起。看了这些语不惊人死不休的见解，我顿觉自己智商真的很成问题。一时间难以消化，更甭说有效吸收了。说实在的，以我现有的理解水平，他们的绝大多数言论，我是无能为力接受的。尤其是再看看那些批评者的驳斥与讽刺评点，就更难以信服那些“妙语”了。但往往越是面对批评，那些“语录大全”的主角往往越是突然出场，说什么“我不知道百姓是什么，我只为真理而研究”。这又让我迷惑不解，在科学与真理面前，似乎突然犹豫了起来。

但身处洼地的我，却很容易相信专家，甚至说，从小就很是把专家当回事，觉得专家的言论就是权威言论。宁可信专家的说教，也不愿信爸妈的唠叨；长大了，这种习惯仍然左右我的空间，一有专家的言论，也很少去辨别，“信任”不免成为第一认识。敢于质疑，迟迟没有进入我的性格。可我却以为，认识能力也不可忽视，在尚未具备充足的能力时，质疑往往是情绪化的游戏。人水平低了，号称是“真理”的言论降临时，就会情不自禁地晕死，就会心惊胆战地迷失方向。哪还有资格去质疑呢？不愿质疑，又没有能力质疑，那么，只好去老老实实地接受了。

想到这些，我发觉写过的许多文章所表达的观点都是错误的，应该迅速反省，逐步改过。从这一实际出发，我想以“脱口秀”的形式，结合本人的一些言论，来解读一下别人的“骇人听闻的语录”。

今年春节刚过不久，我就写过一篇题为《物权法与我的小不动产》的文章，提到山东家里父母为我建造了一间房屋，作为唯一的小不动产。写作当时还觉得满风光的，已是“有房一族”的人了。但联想到北京大学光华管理学院名誉院长、全国政协经济委员会副主任厉以宁说的一句话，我立刻惭愧了起来。他说，“什么叫小康，小康概念要拥有两套房，应该鼓励中国人购买两套房，在家住一套，出去休假时住另一套”。厉以宁教授这话，断送了我的小康之路。小康生活要是以“购买两套房”为标志，并且家里住一套，出去休假时住另一套，我这一辈子也不可能做到。因为，永远买不起房，将会是我一生的写照；永远不买房，是我一生的追求。当然，买不起房，对我来说是“活该”，因为一位叫冯仑的董事长说过一番话：“解决住房的方式有很多种，可以租房等，如果不理性消费，买不起房的去买房，买不起大的去买大的，最后日子难过，那是活该”。此外，还有一位叫任志强的总裁也曾说过“房子是为买得起的人盖的”。

更为郁闷的是，北京大学某教授说：“中国现代化的标志是北大教授拥有轿车和别墅。”这位教授也够可恶的，因为他断送了我成为北大教授的职业之路。我已说过，一般住房都买不起且也不去买，更不用说别墅了。另外，我笨手又笨脚，绝不适合开车，也不会随便拥有轿车。因为，永远不买车，也是我一生的追求。这么说来，即便我成了北大教授，也难以买得上轿车与别墅，按照某教授的观点，我的行为会影响现代化的判断指标。我是爱国的，可不想影响中国实现现代化。

没有轿车与别墅，我依然快乐。去年春节后，我写了一篇文章《我的“吉祥三宝”》，表达了对生活良好的自我感觉。文章提到我的业余快乐主要来自网络生活，但现在回忆一下，真正带来快乐的，不是网络，而是农民和下岗工人。我要郑重感谢所有的农民与下岗工人，是他们给了我享乐的机会。因为按照厉以宁教授的观点，“8 亿多农民和下岗工人是中国巨大的财富，没有他们的辛苦哪有少数人的享乐，他们的存在和维持现在的状态是很有必要的”。过去，我常常为父母的养育之恩感激不尽；现在，又多了一条感谢父母的理由，因为他们是农民群体的两分子，农民的辛苦带来了少数人的快乐。厉以宁教授同时指出，“在改革过程中，国有资产的流失是必然的，不必大惊小怪。为了达到改革的目标，必须牺牲一代人，这一代人就是3000 万老工人”。看到这话，我要深刻反省，因为我尽管没有为国有资产的流失而“大惊”过，但却不时有一些“小怪”。其实，更应该反省的是那些为国有资产流失而“大惊”的人，比如北大法学院的巩献田教授，因为他曾经将此作为理由之一发表公开信，痛批当时的《物权法草案》。

刚毕业那时，我的工资收入还没有就业前上学时打工收入的十分之一，心里不免郁闷。于是，写了一篇题为《我和表哥比学历》的文章，文章尽管讽刺现在富商制造假学历的现象，但也通过数据比较得出一个结论，“表哥比我大两岁，工作已经二十年，赚钱千百万；我比表哥小两岁，工作才有两个月，所赚仅够交房租。以我现在不到两千的月工资，要想赶超我表哥，至少需要 500 年”。现在回头再品味这段话，确实暴露出了当时些许的“仇富心理”。四年过去了，我现在时常极端地认为，小农经济思想才是推动社会法治与和谐的单纯思想。但小农经济思想绝不应包含“仇富”思想，相反，应该学习一下厉以宁教授的著名论断——“穷人应该将富人看成自己的大哥，大哥穿新衣小弟穿旧衣，天经地义”。只有具备这种心胸开阔的包容思想，才不至于使自己沦为“小肚鸡肠”。所以，每当我感叹中国现实贫富差距拉大并为此忧心忡忡时，就会翻看厉以宁教授的研究结论，他说“中国的贫富差距还不够大，只有拉大差距，社会才能进步，和谐社会才能有希望。中国穷人为什么穷，因为他们都有仇富心理。我要为富人说话，不是为了讨好富人。今天有些人骂富人，好像是给穷人出气，其实他们是害了穷人”。看了这番言论，不得不佩服厉以宁教授安慰人的本事，让我深刻地意识到社会要进步，必须拉大贫富差距。当然，我从此也会把富人当成大哥，恭恭敬敬，绝无二心。

记得我还写过一篇文章，题目是《别以为我不想当官》。说句老实话，毕业之初，我还是想报考公务员的，也想今生要去当官，并且小的芝麻官还不想当，当就当大的，力争去做“高层领导”。但现在我的看法改变了，叫我当官，并且倒贴给我多少钱，或者以轿车与别墅甚至登火星、上月球为交换条件，我也不去当。因为，我的这一生，就是中国不断进行体制改革的一生。而北京大学光华管理学院院长张维迎教授说了，“中国改革利益受损最大的是干部”。我不是一个纯粹“毫不利己、专门利人”的人，尽管不希望他人利益受损，但也绝不希望自己利益受损。而张维迎教授的研究成果表明，当领导干部在改革中“利益受损最大”，这种自己受损的事情，我不大可能干，更何况做了官之后会“受损最大”。

我对教育领域的一些问题也多有不满言论。例如，我曾就高等教育收费问题写过一篇题为《挽起袖子向“高校收费”痛打十拳》的文章，由于心有余而力不足，所以虽然文章标题说打十拳，但当时却只打出了五拳，即“专业区分收费”“霸王条款收费”“学历递增收费”“勤工助学收费”以及“催债逼债收费”。后来，我还针对高等教育的其他问题写了系列文章，在一篇题为《“六一”之夜写信给儿子》的文章中，也提及了中小学教育收费的问题。但现在想来，这些言论好幼稚，就像没有见过世面的井底之蛙一样。因为，根据张维迎教授的说法，“教育及医疗是否应产业化？中国目前为什么穷人上不起大学？是因为收费太低”。他这个研究结论彻底推翻了我的浅薄感性之见，我一直以为穷人上不起学与高收费很有关系，但现在才突然醒悟，原来穷人上不起学，是因为收费太低。假如有谁认为张维迎教授是学者书呆子，说出来的话可能不大令人信服，那么，看了教育部新闻发言人的话，这种怀疑可能会彻底消失。这话也成为2006年的十大狂言之一，那就是“上学就好比逛市场买东西，如果有钱，可以去买1万元一套的衣服；如果没钱，就只能去小店，买100元一套的衣服穿”。以后，我可能不大会再去关注高等教育的一些问题了，因为按照杨振宁先生的判断，“从本科教育和社会贡献这两方面而言，即便是中国一般的高校都很成功，对国家贡献比美国大”。

去年的阳春三月，我曾神经兮兮地写过一篇文章，题目是《采访收费、企业代言与学者的社会责任》，对学者一味地为企业家群体说话、代言等现象表达了不同声音。但现在看来，一年前的这个看法，简直可笑极了。经济学家钟伟对“经济学者一定要替百姓说话吗”的回答是：“你让我代表的时候，我是不是始终会坚持你的利益，我应该支持谁？我不知道老百姓是谁。我只知道特定的群体应该做什么”。樊纲教授更加直言不讳，坦然表达自己的观点“经济学家就是为利益集团服务的”。这么出名的有成就的专家都不为老百姓说话，甚至都不知道老百姓是谁，我这个无名小卒，又操什么心、着什么急呢？

最近，英国诺丁汉大学中国研究所教授郑永年发表文章《公众找不到为自己说话的知识分子》，在网络上引起了较大反响。文章尖锐地指出，“现在的中国知识分子，要不为权力说话，要不为经济利益说话。这些人在意大利思想家葛兰西那里被称为‘有机知识分子’，因为他们是权力或者利益的有机体”。“或许也存在着为公共利益说话的知识分子，即公共知识分子，但他们所持有的批评性话语，往往为批评而批评，找不到解决实际问题的方式。他们也因此没有有效的管道和途径来参与决策，影响决策。”

读罢郑教授此文，突然有一股悲凉涌上心头。代表权力与经济利益的“有机知识分子”一旦多了起来，并打着“真理”旗号对抗他们的批评者，而代表公共利益的“公共知识分子”在当下环境下又格外难产，且缺乏有效管道影响决策，那么，面对毫无话语权的公众，究竟有谁来为他们的利益说话？

在讲究法治与社会系统良性运行的社会，政府利益与公共利益的目标指向应该是一致的。这才是科学与真理。政府利益与公共利益两者之间，只有具体利益主体之不同，不应有 般利益价值之冲突。政府利益能否与公共利益一致，不是看官方的对外标榜，而是看理性公众的认可程度。而公众是不是理性公众，不是看其利益表达方式公开与否、温和与否，也不是看其利益诉求渠道是否过于单一或者过于分散，而是仅仅看利益主张者是否代表了公共利益以及表达方式与诉求渠道有无遵循正当程序。

张维迎教授曾说：“在这个网络时代，学者能独立于大众舆论才是最不容易的事。对一个真正的学者来讲，最难做到的不是你骂政府、骂企业家，而是你敢不敢站在大众舆论的对立面，坚持自己的观点”。这话可真够有骨气的。

二〇〇七年四月二十八日

玩火

陈冠希与几名女艺人之间的裸体活动，留下了许多不堪入目的照片，并且在网上一时传播开来，是为“艳照门”。事件一出，便引来轩然大波，不仅触动了大众对这场风波的评头论足，而且还惊动了警方。愤怒的人们更是对明星艺人的私生活大加指责，气不打一处来。为此，陈冠希也给公众特别是给当事女艺人及其家属作出了公开道歉，并宣布永久退出香港娱乐圈。然而，抛开对这些不雅照片的传播不谈，单是从明星艺人的这些涉性私生活本身来看，他们究竟有没有性愉悦的自由？人们又该不该如此愤怒？

按理说，无论是明星艺人，还是普通大众，都有进行性行为的权利和自由。与性有关的身体部位是身体的一个组成部分，人对与性有关的身体部位的性利益的支配和处分即为性权利。只要具备了成熟的支配和处分意识与能力，人人均可自主决定性利益的安排。这在现代民事法理中已被认可。性权利是身体权的一个分支权能，身体权已被现代法律所确认。民事权利一般被认为是由法律所确定和认可的民事权利，因而法定性成了民事权利的重要特征。但民事权利不仅具有法律性，还具有道德伦理性。民事权利的法律性所指示的权利之界限，有的以法律直接确定，有的则以合同加以约定。民事权利的道德伦理性所指示的权利之界限，则是由社会公共伦理道德和每个人或者一定群体内的具体道德伦理规范所确定。相比民事权利的法律性所指示的权利界限，民事权利的道德伦理性所指示的界限，会更为灵活，并且会因为权利主体之不同而导致每个具体权利界限之差异。有的人在性观念上相对保守，处分性利益的自由度可能会较小；反之，有的人在性观念上相对开放，处分性利益的自由度可能较大。

就明星艺人来说，同样存在这个道理。以“艳照门”为例，涉案艺人们愿意在一起进行性游戏，这是他们的自由，也是他们在道德规范能够承受的限度内自主选择的结果，他人无权干涉。中国知名性问题专家李银河曾经提倡以个人的快乐为特点的新型性道德，这是对传统性禁锢的打破，也是揭开人性的面纱，对性观念解放的一种大胆倡导。如今，在不少群体或者个体那里，婚姻已经不再是性的许可证，有些人选择了婚前性和婚外性。完全可以说，只要不侵犯别人的利益，人有支配自己的性的权利。

然而，“玩性”可以，只要有度。一旦过了，即会成为“玩火”。社会提倡的性道德应该是在“你情我愿”又不“殃及池鱼”下的现代性道德；法律所确定的性权利，也应该是在合理范围内根据不同个体情况自由波动的现代性权利。这样理解性权利，既可以彰显法律对起码人性的基本尊重，又可以减少道德谴责和法律问责的多余尴尬。否则，以侵害他人权益和社会公德为代价，去追求所谓的性刺激，实质上不是在玩性，而是在玩火。无论是普通大众还是明星艺人，都要不得。

法律是严谨的，但绝不能像僵尸一具；道德是灵活的，但也不能任由人们放荡不羁。简言之，可以玩性但不可玩火。

二〇〇八年二月二十五日

临震脱逃

一

为避免断章取义和先入为主，首先友情建议，地球上所有的读者在完成了对本文的完整阅读后再去评论。因为，我的许多文章屡次遭遇读者严重误会，有的读者略过文章中心思想直接抓住某一细节有意识地使用联想和想象的阅读消化方法，导致作品观点人为走形；有的读者往往不看内容，瞟一眼标题就迫不及待地直接发表与作品观点风马牛羊驴猪狗鸡不相及的评论，且往往是辱骂性评论。我感激并相信绝大多数善良的负责任的读者，但对个别喜欢南辕北辙或刻舟求剑的匿名或不匿名网友也实在难以恭维——虽然我对他们给予的辛苦关注同样心存感激。

浏览了上述阅读指引，感兴趣者可以继续让自己的眼球随着下面的文字有意识的转动：四川省都江堰光亚学校教师范美忠，在汶川大地震发生时，弃全班学生于教室，只身一人率先跑到学校操场，近乎完美地避免了一场突如其来的灾祸，堪称是一名成功的逃难者。

他，还活着。可是，在众多网友和民众眼里，他，已经死了。

与那些在地震中宁愿牺牲自己也要救活学生的老师相比，范美忠的“临震脱逃”行为，显然成了舆论地震的前兆，铺天盖地的不良道德评价迅速席卷而来。有人甚至借助越来越流行的网络恶搞，说他勇夺 2008 年地震杯全国教师田径运动会 110 米障碍跑冠军，并颁发了荣誉证书。“范跑跑”这个称呼，就这样顷刻间成名，影响力的传播速率远远盖过同姓明星范冰冰。

面对网上如潮的骂声，范美忠并没有选择沉默，更没有出来“认错”，而是撰文自我辩护，向网友交代他“每天陪着妻子、女儿，在网上看着网友如何骂我”，并且振振有词地反驳说“地震不是我造成的，我无须内疚”云云。这一辩解，又使舆论“余震”进一步升级，范跑跑彻底淹没于网民的唾液。他，躲过了一次汶川地震，却又遭遇了一场口水洪灾。没办法，这就是社会。

对此，法学界刘大生教授撰文认为范跑跑“说的不好跑的好”。依我看，跑的不好说的也不好。因为首先，范美忠这一跑，可不是一般的跑。在重大自然灾害来临之后，面对全班学生，跑还是不跑，这固然是一个意识自治范围内的自主选择问题，用范美忠的话来说就是“一种对自由和公正的追求”。然而，此时此刻，当事人选择跑还是不跑，却不只是一个自由和公正的问题。因为跑的自由在这一特殊时刻实际上受到了极大的限制，道德限制固然存在，但法律限制也同样不容忽视。

二

范美忠一再声称他的这一跑并没有违反《教育法》，说该法“并没有规定在地震时，老师一定要救学生”，也有不少评论者认为范美忠的行为只涉及道德而与法律无涉。从法律对人的行为的具体指引来看，确实如此，现行法律体系中没有哪一部法律、哪一个条文明确规定地震发生时教师有保护学生的义务。但是，法学基础理论告诉人们，法具有概括性，不可能对人的各项具体活动设置一一对应的行为模式。也就是说，包括义务性规范在内的法律规范只能做到“疏而不漏”而无法完成“密而不漏”。易言之，法律在可预见的范围内，不大可能做到对更多具体行为的调整和规范。因此，具体问题和个别行为只能在抽象规则和一般模式中找寻适用空间。

就范跑跑“临震脱逃”这一具体行为，至少可以从四部现行法律中翻出能够对应的一般义务规范。第一，《教师法》第八条规定了教师的义务，其中包括“遵守宪法、法律和职业道德，为人师表”“关心、爱护全体学生，尊重学生人格，促进学生在品德、智力、体质等方面全面发展”“制止有害于学生的行为或者其他侵犯学生合法权益的行为，批评和抵制有害于学生健康成长的现象”；第二，《教育法》第二十九条规定，“教师在教育教学中应当平等对待学生，关注学生的个体差异，因材施教，促进学生的充分发展”“教师应当尊重学生的人格，不得歧视学生，不得对学生实施体罚、变相体罚或者其他侮辱人格尊严的行为，不得侵犯学生合法权益”；第三，《未成年人保护法》第六条规定“保护未成年人，是国家机关、武装力量、政党、社会团体、企业事业组织、城乡基层群众性自治组织、未成年人的监护人和其他成年公民的共同责任”，第四十条规定，“学校、幼儿园、托儿所和公共场所发生突发事件时，应当优先救护未成年人”；第四，《防震减灾法》第八条规定，“任何单位和个人都有依法参加防震减灾活动的义务”。

显然，这些关于教育、教师、未成年人保护以及防震减灾的法律，都包含了对教师保护学生之义务的规定。也就是说，关心、爱护学生，是教师的法定义务。这一义务不因为是否发生地震灾害而取得或者免除。就汶川大地震事件中范美忠的行为来看，尽管他强调法律并没有规定在地震时老师有救学生的义务，但这种对法律的理解恰恰是忽略了法律的一般调整功能。试想，法律对狗咬人或者人咬狗没有作出具体规定，但不能由此认为两者发生时就不会产生动物侵权之特殊侵权行为或者人侵犯他人对动物的财产权之一般侵权行为。

只不过是，法律中存在相当多的“太监法条”，只有干巴巴的义务性规定，至于违反了这些义务之后，应当承担何种法律责任，却没有任何规定。这种“下面没有”型的条款，不管其在文本表述形式上体现为“应当”“必须”还是“不得”“禁止”，在本质上都是倡导性条款。违反倡导性法律条款也是一种违法行为，但这种违法行为却不见有相应的法律责任与其对应，因而属于无责任保障的倡导性条款。

法律义务缺少了法律责任作为保障，往往是形同虚设，“反了也白反”，除非对该义务的违反同时又触及了其他有责任保障的义务规范。例如，《婚姻法》规定夫妻之间有“互相忠实”的义务，这就是一个典型的“太监法条”，违反此义务性规定并没有相对应的法律责任条款加以制裁，除非违反一方将这种不忠实的行为推演至极端严重的地步，如重婚、与他人同居等，则可能会在离婚中引起离婚损害赔偿制度的登场，有损害赔偿责任作为基本保障。

这种义务性规范的存在，使人们对自己行为的认识往往出现“去违法性”，即只要该义务没有相应的法律责任，即便违反之也算不上违法。于是，除非是在做知识的研究，否则在违法的行为分析上，就很容易忽略那些没有具体责任保障的义务性条款。仿佛是，即使违反了这些义务性规范，也若无其事，甚至俨然是一个合格的守法公民。于是，造就了这样一种局面：不少人在倡导性义务规范面前善于掩耳盗铃，旁若无人的挑战这些义务的人自然也不计其数。

其实，倡导性义务规范体系中有一些规范是有法律责任作为保障的。例如，诚实条款原本是一个道德规范，但一旦赋予其法律地位之后，不仅成为了法律尤其是民商事法律的一般原则，而且在诸多法律制度中还逐步发展成为了有法律责任保障的包含有具体诚信准则的义务性规范。合同法律制度中，在缔约过程中如果当事人有违反诚实信用原则的行为给对方造成了损失，则有缔约过失责任作为追求方法；在保险法律制度中，对待违反最大诚实信用原则和体现诚信义务的具体条款的违法行为，将会有诸如“不承担赔偿或者给付保险金的责任”“不退还保险费”、解除保险合同等相应的民事法律后果，严重者甚至还要负刑事责任。

然而，倡导性规范体系中很大一部分是不需要法律责任作为保障的，因为这些义务性规范原本只是一种道德规范，只不过是被法律所正式吸收而已。因而，制裁违反义务者的方式方法也往往是道德责任，而不是法律责任。用属于道德范畴的道德责任之承担去保障属于法律范畴的法律义务之履行（遵守），这并非法律内部自身的逻辑，而是因为那些倡导性义务规范自身同时具有双重属性，即道德性与法律性。道德责任所担负的只是道德领域之内的调整任务，而绝非法律领域内自身要求其承担的调整任务。申言之，在这种情形中，所谓的倡导性规范在规范的属性上发生了归属上的竞合，但在责任的承担上却别无选择，因为它们在法律范围内没有相应的责任保障。此时，如果说这些倡导性规范还有存在价值，那么也只能借助于道德责任来弥补或者掩盖其在法律范围内的尴尬处境。

因此，对道德性的义务规范，尽量留给道德规范在其自身体系内消化吸收。法律规范在道德规范面前，具有天然的局限性，因为它在如何给道德性条款设置法律责任上实在无能为力。之所以说“无能为力”，缘由至少有二：一是因为正如前文所述，这些规范本身来自道德领域，法律责任制度掌控其实效，无异于牛刀宰鸡，反而容易使这些原本温柔的规范变为人们抗拒的对象。二是因为法律责任制度自身必须借助于具体规范，应具有相当的可操作性，对于道德色彩极为浓厚的倡导性规范，如何设置一套“钉是钉、铆是铆”的技术性责任规范，是有着巨大操作难度的。更何况，倡导性义务规范自身就欠缺技术分析上的可操作性，其内涵往往具有模糊性，外延边界也并非十分清晰。例如，“教师在教育教学中应当平等对待学生”，这是教师的一项义务，但对这项义务的遵守和违反应如何界定，实无妙法。于是，立法者也只能在需要的立法文本中就这类条款作出象征性的号召，视为倡导性规范。

既然倡导性规范不都是无法律责任保障的，那么，在有关师生关系的法律中，哪些有法律责任保障哪些没有法律责任保障呢？先看《教师法》第三十七条的规定：教师有下列情形之一的，由所在学校、其他教育机构或者教育行政部门给予行政处分或者解聘：故意不完成教育教学任务给教育教学工作造成损失的；体罚学生，经教育不改的；品行不良、侮辱学生，影响恶劣的。这是《教师法》中对教师法律责任的唯一规定。从该条规定所涉法律责任要保障的师生关系方面的教师义务履行来看，主要是教师对学生的关心爱护义务。这本是一项倡导性义务，赋予一般意义的法律责任保障措施并不合法理，于是，立法者挑选了对学生的体罚和侮辱这两种行为表现，设置了共同的法律责任种类，情节严重者甚至要追究刑事责任。但即便对这两种行为也分别给出了极为谨慎的限制，即“经教育不改”和“影响恶劣”。除了这两种行为，其余的有违关心爱护学生、平等对待学生的义务规范行为，则没有去加以列举并设置法律责任保障措施。

据此，范美忠在“临震脱逃”行为中，因其并未尽到在地震面前关心爱护学生的义务，与法律所确立下来的倡导性规范不相吻合，显然属于违法行为。重度明显者，可以认为其违反了《未成年人保护法》规定的“发生突发事件时，应当优先救护未成年人”之规定；中度明显者，可以认为其违反了《教师法》规定的“关心、爱护全体学生”之规定；轻度明显者，可以认为其违反了《防震减灾法》中规定的“任何单位和个人都有依法参加防震减灾活动的义务”之规定。

耐人寻味的是，法学基础理论或者法理学教科书在界定违法行为时，往往不只说违反了法律规定的义务，还要附加一句“应当承担法律责任”。依照这样一个认识逻辑，凡是对无法律责任之义务的违反，均不是违法行为。然而，法律明确规定了众多无法律责任的义务，属于法定义务，人们在违反这些义务时又不能称为“违法行为”，那么，对待这些行为又该如何界定呢？不是违法行为，又该是什么行为呢？

三

在这种困惑面前，人们借助于道德规范进行道德轰炸，似乎更具有说服力。在道德规范面前，人人都可以争做道德审判官。单纯从道德规范的角度观察，范跑跑“临震脱逃”，无疑属于一个典型的道德事件。教师作为中国公民中的一分子，《公民道德建设实施纲要》第十六条也规定，职业道德是所有从业人员在职业活动中应该遵循的行为准则，涵盖了从业人员与服务对象、职业与职工、职业与职业之间的关系。随着现代社会分工的发展和专业化程度的增强，市场竞争日趋激烈，整个社会对从业人员职业观念、职业态度、职业技能、职业纪律和职业作风的要求越来越高。要大力倡导以爱岗敬业、诚实守信、办事公道、服务群众、奉献社会为主要内容的职业道德，鼓励人们在工作中做一个好建设者。具体到教师职业，《中小学教师职业道德规范》有规定，教师应该“热爱学生，关心爱护全体学生，尊重学生的人格，平等、公正对待学生；对学生严格要求，耐心教导，不讽刺、挖苦、歧视学生，不体罚或变相体罚学生，保护学生合法权益，促进学生全面、主动、健康发展”。可见，关心爱护学生已经写入了职业道德规范。在地震面前，教师爱护学生不仅是应尽的法律义务，也是应尽的职业道德义务。

显而易见，法律是对人的最低限度的要求，道德才是对人的高要求。如果说道德规范要人“做好人”，那么，法律规范则仅仅要人“不做坏人”。在这种不同规范的要求程度存在显著差异的环境下，即便法律规定再多的教师义务规范，也仍然不能牵引大众从道德审判的优越地位转向法律评价的苍白论说。于是，范美忠只好老老实实地面对无数无需特别任命的道德法官的集体审判。更为糟糕的是，道德规范中的职业道德规范，尤其是特定群体的职业道德规范，对相应群体的要求格外严格。其中，教师群体就面临这样的处境。假如范美忠不是教师，而是地震那天的一个送水工或者是那群孩子的家长，即便他“跑得比兔子还快”，也不至于沦落到今日之尴尬下场。

在规范与规范之间，究竟人们倾向于借助法律工具还是道德工具来说事，范美忠无法作出选择，而人们却偏偏选择了对人要求更高的道德规范；在职业与职业之间，范美忠选择了教师职业，那就意味着要有承担职业道德的各种评说的充分准备，而人们也恰恰是抓住了其教师职业，甚至还扯上了他的毕业母校北京大学。如此处境，即使范美忠拿“自由公正”来为自己的行为辩护，也无法阻止人们对他这份“自由”的价值评判。自由固然为每一个人所生来就有，但在行使自由的时间、地点、方式等问题上，却能反映出行为人对自由的态度（自由观）以及该态度所彰显出来的自由价值。如果行为人对自由的态度超出了某种规范或者人们对某种职业的特别要求，那么，再纯粹的自由也就变得不再纯粹了。自由一旦变的不纯粹，那就是一种不自由。

因此我说，范美忠跑的虽快，但并没跑好。地震发生时，逃跑是一种躲避的方法，越快越好，如果能够带领其他人跑，也更值得称道。在这个意义上，刘大生教授说他“跑的好”，显然是有其道理的。可是，范美忠却在不适当的时间、不适当的地点、不适当的环境下以不适当的方式跑出了与自己身份并不适当的一跑。这一跑，尽管是其自由，但在当时特定的自然环境下以及当今特定的人文环境下，这个自由已不再纯粹和适当。不然，也不会有“范跑跑”这个几乎是地球人都知道的特别字号。

当面临不自由时，理性的选择是应该积极寻求自由，而不应是使自己进一步陷入不自由。但范美忠的选择恰恰是非理性的，5 月 22 日，范美忠在天涯论坛写下了《那一刻地动山摇——“5・12”

汶川地震亲历记》一文，表示自己“是一个追求自由和公正的人，却不是先人后已勇于牺牲自我的人！在这种生死抉择的瞬间，只有为了我的女儿我才可能考虑牺牲自我。”之后，范美忠又发表了一篇《我为什么写〈那一刻地动山摇〉》，说“你有救助别人的义务，但你没有冒着极大生命危险救助的义务，如果别人这么做了，是他的自愿选择，无所谓高尚！如果你没有这么做，也是你的自由，你没有错！先人后已和牺牲是一种选择，但不是美德！从利害权衡来看，跑出去一个是一个！”

这些话是在他行使了“跑”的行为自由之后，又在行使“说”的言论自由。两者都是自由，但都已不再纯粹。此时，范美忠早就因为“跑的不好”而陷入了不自由，要想寻回过去的纯粹自由，最好是不说为好或者少说为好。不说即是沉默，少说可以认错。须知，在流行沉默的岁月，在认错误、表决心遗风尚存的年代，选择不说的沉默和少说的认错，或许还能从道德判官那里挽回些许的从宽处理。否则，越要说、还要多说，那就只好错、错、错。说得再好也是狡辩；说得再妙也是遮掩。没办法，这就是社会。

因此我又说，范美忠说的虽多，但并没说好。这年月，唾沫可以淹死人，闲话可以吵死人。有时候，遇到恨不得把桌子掀翻的愤慨之事，确实有奉献唾沫的本能；但也有时候，并不是被淹、被吵的人想遭受那样的折腾，而是想淹、想吵的人有那样的快感。换一个角度，如果我们国家的中小学校，也像日本那样，经常进行防震演习训练，在地震来临之时，能够迅速作出娴熟而地道的疏散应急，能蹲则蹲，能躲则躲，能跑则跑，老师跑老师的，学生跑学生的，看谁跑的又快又好。在那种训练有素的“避震术”环境下，也许，谁跑得比兔子快，将会变成一个对个人应变能力的素质评价，而不是仅仅停留于唾沫星子和口水大混战中的道德评价了。只要这样的理念土壤还未生成，那么，跑的速度就不会是一个正常的能力评价指标，而是一个纯粹的道德论说依据，即跑得快的人是道德侏儒，跑得慢或者不跑而被掩埋的人才是真正的英雄。

总之，一夜成名的范美忠跑的不好说的也不好。最终，使自己在不自由的旋涡里越陷越深。这种不自由带来的危害，说的轻一点，至少在热炒时期不会消除；说的重一点，此事或许能够成为其终生相随的抹不去的阴影。这是给他本人造成的可能性危害。而这种不自由也会给制度带来危害，使人无法体会到制度安全带来的生活愉悦。例如，范跑跑这一史上最牛之“跑”，就立刻刺激了有关部门制作“文件”的冲动。这不，陕西省汉中市勉县教育局6 月2日作出规定，高考的监考老师在余震发生时，要保证将全部学生疏散完毕后才能离开考场，违反规定的，将给予停职或开除处理。

看来，范跑跑这一跑，可真不是一般的跑。他的跑，不仅跑出一个驰名中外的别致字号，跑出一堆铺天盖地的评论作品，还跑出了一纸政府决定，没准还有可能把现行法律给跑改了。

二〇〇八年六月三日

贞操偏见

今天是“七夕节”，中国的情人节。有意思的是，身为中国公民的男男女女，大都喜欢在西方情人节尽情享受节日的欢愉，而在属于国人自己的情人节里，气氛反而显得暗淡，不少人甚至压根就不知道这个日子。尽管如此，这一天却仍然能够唤起有心人的记忆。毕竟，这是属于情人的。

自从对男女感情与性爱有了朦胧意识之后，每年到这个时节，我心里总是见不到一个好滋味。没有情人的个人世界，里面只有孤独的自己。别人牵手从视线里穿过又穿过，我却收拾了一串串难过又难过。情侣们把背影留给了我，而我，却把寂寞留给了自己。于是，我很怕遇到情人节，不管土的还是洋的。

年轮一次又一次地从心头碾过，每一次相逢都是折磨。可是，痛苦终究不能盼来爱情，呻吟也永远无法缓解苦痛。今年生日过后，我已进入而立之年。老大不小了，一事无成。岁月依旧蹉跎，我也愈加堕落。没有情人的夜里，我用泪光照亮自己，更让我坚信原本就没有女人会来爱上我。于是，年龄越大，越不想遇到情人节。最讨厌的是，今年又是一个闰月年，它还偏要闰七月。这让我在艰难地熬过即日之后，还要遭遇下月的今天。看来，我还真是一个圆圆的标准倒霉蛋。每念及此，我总是呆呆地望着猪窝一般的乱床，“凝眸处，从今又添，一段新愁”。

七夕节，写点情感文字，当在情理之中。但倘若感情一片空白，对表达能力相当有限的我来说，写出来的东西也必定是一片苍白。突然想到七夕节又名“女儿节”，而我恰又生性放荡不羁，所以，在这个并不属于我的日子里，想就“处女”的话题乱涂乱画一番。

一

女子“饿死事小，失节事大”，这是宋代朱熹提出的极端的“处女贞操论”。那时候的妇女在男性的管制下圈禁于闺中，在闺房所处的时间长短成为检测女性贞操的硬性指标。至于验证一女子是否为处女，还有一个民间土方，即用瓦罐把壁虎养起来，用丹砂喂养，等吃到七斤丹砂时，把它捣烂点在女人的肢体上，如果那殷红的一点终身不灭即说明此女尚为处女；如果红点消失，则证明此女已不再是处女。国人重视贞操在那时达至极端，而此前的历朝历代，似乎未有如此奇观，在三国时期，曹丕乱军中占有了别人的爱妻，曹操竟然称颂儿子“有眼光”。不过，宋代士大夫对妇女的贞节束缚所建立起来的封建枷锁，却深刻地影响了后世。以至于发展到了今天，仍然有太多太多的男子心存所谓的“处女情结”。如果就这个方面做一个世界排行，中国可能要名列前茅。女子从处女变为非处女，通常会被认为“失去了贞操”。喜欢玩概念游戏的人，甚至把处女称为“女孩”，一旦丧失处女之身，则成为“女人”。然而，处女与贞操的关系究竟又是如何呢？

把处女等同于贞操，这是许多人的一个普遍观念。女性一旦实现了由处女到非处女的转化，在他人看来此女已经“不再纯洁”，在自己看来也意味着“贞操已经失去”。但在我看来，“破处”并不等于“失贞”。“夺去贞操”之说并不符合民法原理。一方面，处女是一个生理表达，主要用来说明女性处女膜尚未人为破裂。由于处女膜是女性在“破处”之前的一个生理部位，所以，如果人为导致处女膜破裂，从民法上来说，要么是女性对自己身体权的行使（自愿情形），要么是他人对女性身体权的侵害（非自愿情形）。因此，从处女膜这一层面上观察，处女仅仅是具有完整或者较为完整处女膜的女性，其民法指向只能限制在身体权领域，而不能扩散至贞操权范围。另一方面，与处女的涵义不同，贞操则是指男女性纯洁的状态，民法理论上的通说认为，它不仅包括性生活的纯洁性，也包括性器官的纯洁性，以此为客体形成的民事权利则被称为贞操权。贞操权是否为一种独立的民事权利，尽管在我国《民法通则》及司法解释中没有规定，但在司法实践中已有先例，前几年深圳市罗湖区人民法院就判决了国内第一起侵犯贞操权精神损害赔偿案。而在民法理论上，虽然有人不承认贞操权为一项独立的民事权利，但主张其为独立民事权利的学者却越来越多。在台湾地区民法学教授郑玉波先生主编的《民法总则论文选辑》中，诸如刘清波先生、李宜琛先生、洪逊欣先生都认为贞操权是一项独立的人格权。史尚宽先生尽管在这个问题上态度暧昧，但也并没有直接否认贞操权的独立性，只是主张具体人格权不必一一列举而已。我承认贞操权的独立性，并且认为，贞操权不为女性所独有，男性作为与女性平等的民事主体，也享有贞操权。就贞操权的内容而言，它并不仅仅指对处女膜何时破裂、交给谁来完成破裂行为等含义，它更多地指向则是对性纯洁状态的保持、反抗与承诺。可见，处女之身并不等于贞操，前者指向的处女膜本身的破裂与否，主要发生具体人格权中“身体权”的法律效力，只有当其与贞操内容相联系时，才有可能与贞操权挂钩；后者则指向男女两性的性纯洁要素，主要发生具体人格权中“贞操权”的法律效力。因此，广泛流传的由处女变为非处女就等于“失去贞操”之说，过分地看重了处女膜的性质、地位与影响，人为地缩小了贞操权的客体与内容，从而导致把身体权与贞操权混为一谈的后果，显然违背了最基本的民法原理。

从民法理论上对“破处等于失贞”的陈旧观念作出修正，有利于唤起更多的人正确认识处女、处女膜及女性贞操。可以说，男权社会下的不科学的“处女观”曾经以及正在制造了不少滑稽故事。古今中外，概莫能外。在古印度南部喀拉拉邦的乌拉担部落，据说如果一旦得知新娘不是处女，就会把她关进令人作呕的厕所待上一夜，新娘往往会晕倒在粪便池里，这还算是对她最轻的惩罚。还有消息称，在崇尚环保的北欧国家，自行车尽管是人们生活中最常用的交通工具，但很多生活在挪威的穆斯林家庭却严禁女孩子骑自行车，原因之一就是自行车容易引起性器官的伤害，尤其是会弄破女性的处女膜。在今天的中国，也发生过离奇案例，如央视“今日说法”栏目就曾报道过，某男子因怀疑其女友与他人有不正当关系，遂动手在其女友的下身用了“贞操锁”，将女友的阴唇钻孔上锁，出门锁上，回家后再打开，严重侵害了女性之身体权。如此这般，根源就在于没有形成对女性贞操观的科学认识。

二

前文已指出，处女对处女膜何时破裂、交给谁来完成破裂行为，在贞操的意义上属于贞操权的行使问题。因此，这里又涉及处女的破处自由与伦理问题。现代社会，尽管处女情结在许多人身上仍然有着活跃的市场，但随着人们思想的解放以及个性化程度越来越加剧，许多女性不再把处女膜看成“神门”，往往较早地就行使了破处自由。这也就是现代男人所常常感叹的“处女已经不多了”，甚至还会有人极具讽刺意味地说“恐怕只有在幼儿园门口才能找到处女”。有人也专门在大学、中学做过调查，发现确实有相当一部分女生在未踏入社会之前就不再拥有处女之身，浙江某中学在高考报名体检中还发现了不少有孕在身的高中女生。我在与女网友聊天过程中，还发现竟然有不少女生对自己依然是处女的事实感到自卑。处女率的不证自明的下降，却让一部分女性似乎感到，

“破处机会”已经成为一个女性是否被男人重视的象征。显然，这在一些女性的意识里，处女已经不再神圣，处女膜也不再是神门，作为“破处”的第一次性行为也不再感到神奇。

然而，在看到这种社会现象的同时，却不能不思考这样几个问题。第一，对处女率的下滑问题不应做人为地过分夸大。无论女性的思想解放到何种地步，一些对“破处自由”之行使持有谨慎态度的女性仍然大有人在。以当今社会一部分女性不再在乎所谓“处女之身”为借口，来否定女性整体意义上的非纯洁性，是一种片面思维，这对处女群体甚至对整个女性群体并不公平。这种观念流传甚广，其实，这样的认识低估了女性行使“破处自由”的基本理性与起码能力。现代社会虽然还留有封建印迹，但女性对自己贞操权的行使意识的增强，却是社会文明进步的一个表现。正当地行使贞操权，并不当然意味着女性之堕落。持有这种认识本身就说明了认识者存有严重的“处女情结”，或者至少可以说，这是一种男权至上思维在作祟。

第二，就女性“破处自由”的行使现状来看，相当一部分处女是出于对性及性行为的好奇，而把自己的“第一次”交给了其实在她看来也未必能够彼此守候终身的男性。但至少在发生性关系的当时，可能在出于对性行为好奇心理与不能自控生理的同时，还掺杂有对取得破处机会的男子的某种情感认可，或者至少是一种性交流承诺。当然，我也仍然不能否认有相当一部分处女是在并不情愿状态下的一种被迫，或者至少是一种不完全自愿状态下的所谓“半推半就”。所以，在排除女性同性性行为的前提下，我仍然会认为处女率的下滑结果，其原因追究不能全部推脱于女性，男性在这一社会项目中当然也起到了关键作用。这就是为什么有女性在听到男子谴责现代女性纯洁度下降时，她们却会理直气壮地反骂“男人没一个好东西”。原因就在于，绝大部分破处行为是由男子配合完成的，这种“配合”可能出于纯粹的生理欲望，可能出于纯粹的情感流露，当然也不能排除其中的对女性支配心理作用下的强人所难。

第三，破处自由翻译成民法表达，就是对处女膜破裂之身体权行使以及对首次性纯洁之贞操权行使。民事权利的享有及行使现状如何，直接可以折射出在一个社会内部的民众之人权状况。然而，民事权利的行使应遵循正当性原则。滥用民事权利不仅为民法所禁止，也被作为根本大法的《宪法》所反对。行使贞操权也不例外，如果女性在面对处女膜是破还是不破的问题上，丝毫不顾及法律条款、道德规范及伦理规则，那么，就很容易陷入被指认滥用贞操权的泥潭。翻译成日常通俗话语表达，即这种女性不自重、“太随便”，甚至干脆被骂为“大骚货”。因此，在看到破处自由行使是社会文明进步的表现之同时，也要看到假如一个女子滥用了该自由，甚至在破处之后“破罐破摔”，以至于被指认为性生活混乱或者糜烂，那就不再是一种文明而是一种堕落了。

第四，在我朴素的认识里，单纯从对性行为操作程序的角度来观察，处女与非处女在行使贞操权时处遇并不相同。处女因属于首次发生性行为，对性知识、性行为的进行步骤及体验、安全防范措施及事后心理调适等多个方面，可能并无多少经验可资应用。于是，又有为数不少的处女在行使破处自由时，因对上述要素的无知或者少知，导致发生性行为意外。比如处女膜破裂之后的大量出血诱发的妇科病症、与不洁男子发生性行为之后感染了性病、没有采取安全避孕措施之后导致的怀孕、由于心理调适能力差导致的性后心理疾病、与多个怀有歹意之男子同时发生性行为，因多名男子“轮番上阵”导致的肉体疼痛及心理恐慌等，这都是处女贞操权行使过程中的一些现实问题。因此，行使贞操权除了具有起码的法律、道德与伦理观念之外，还必须具有一定的性生理知识储备、个人保护心理防范及相关措施。否则，图一时痛快可能会酿成一生之痛苦。

三

还想谈谈男人的所谓“处女情结”问题。我以为，男人的处女情结关系到对女人性质的定位问题。从法理的角度观察，这其实涉及女性的主体地位，也可以反映出男性民法理念中的“主体理念”成熟程度。根据我的浅薄观察，在现实中有下列几个误区似乎一直存在。例如，有男子认为，与处女发生性关系可以带来好运，商人这样做可以增加财运。商界一些“大款”们在聚会时常有这种迷信性的“共识”，为了确保一年的财富增长，他们在用尽了各种经营手段之后，还要寻找处女朋友“尝鲜”，以指望通过这种途径来祈祷财运到来。这种观念，我只能推定为一种迷信，或者说一种玩弄处女之身的借口。因为我实在找不到科学根据，也没有发现任何法理依据。再例如，拥有浓厚“处女情结”的男子还以为，娶个处女可以带来幸福，娶个“非处”是不幸。在婚恋过程中，专挑处女交往，一旦发现女友不是处女，就以种种借口终止恋爱关系，甚至直接以此为理由断绝来往。TOM 网在对“如果得知女友不是处女”的调查结果显示，38. 85% 的网民认为“问清原因，再作决定”；34. 23% 的网民认为“立刻拜拜”；而持有“无所谓”态度者只占 26. 93% 。可见，至少从这一调查中可以发现，大部分人还是钟情于“处女情结”的，或者说至少还是在乎自己的情人是否为处女。又如，在男性群体中，至少从我接触的一些男子来看，在谈到“处女”之问题时，有经验者往往会介绍处女的检测方法，有手摸法、观察法、性行为法、盘问法等，尽管谈论者并无直接表达其对处女的看法，但单是从推介的系列检测方法来看，也反映出了对“处女”的关注兴致。

部分男性对“处女”如此看重，本质上是在制造一种男女不平等的交际秩序。不管自己是否为“处男”，只允许自己拥有多个性伴侣，却不允许自己交往的女性有过性经历，这种异性交往中的

“霸道思维”，如果从交际关系的性质及效力上来看，其实并不符合民法原理。以婚姻关系为例说明，按照我国《婚姻法》的精神，婚姻是男女两性之间的法律结合。我曾经撰文拥护“婚姻契约说”的观点，认为婚姻关系是一种人身契约关系，具体来说属于身份契约。契约具有相对性，即只在契约双方当事人之间发生效力，与第三人一般无涉。据此，如果牛郎与织女结为夫妻，当牛郎得知自己的爱妻不是处女时，就对其加以谴责甚至着急“闹离婚”，则至少说明牛郎并不能理解婚姻契约的相对性。因为婚姻在依法建立之初，只溯及未来，不会牵连过去。如果以配偶之过去情感或者性之经历为借口，从而在婚姻家庭义务履行方面违背“你我约定”甚至违反法律规定，则是一种法律荒唐。问题偏偏出在这里，社会上正是存在这样一批男人，对老婆的现实境遇不再有恋爱时期的激情，甚至连起码的婚姻义务都不能适当履行，而对她的“历史”却死活纠缠不放。这让多少已婚女子伤心不已，又有多少才女因为这些男人的所谓“贞操意识”而耽误一生，不能参加社会活动，不能与异性正常交往，而浪费了其女性才华，沦为“家庭奴隶”！

有意思的是，不仅男人群体里有此情结，不少女性也存在“处女情结”。有女性坚持认为一定要把“第一次”留给自己的老公，担心“破处”之后没人要，有些女性甚至在被男人“破处”之后，以此想要挟，纠缠男人一定要娶她。事实上，从贞操权行使方面来说，可以认为这类女性是在行使贞操权利，也是《宪法》规定的一种人身自由。但如果刻意去追求这种“纯洁”、压抑自己的生理需要，甚至因为惧怕“破处”而带给自己心理负担，在一种精神压抑下生活，那么，这种“贞操观”其实也没有多少必要，其贞操权的行使质量也不见得会有多高。婚前可能拒绝了不少男子的性要求，表面上似乎在保持着一份纯洁，把自己最纯真的底线交给自己最心爱的男人，可是，越是持有这种“贞操观”，却越容易受到伤害。因为不行使贞操权之事实处分的日子里，仿佛在等待一个梦中情人，但到头来可能遇到了一个负心汉。那时的伤心比当初“破处”之后的悔意可能来得更为猛烈。须知，当一个处女苦苦等待其理想的“白马王子”之时，这个未来丈夫可能正在与女性逍遥。于是，出现了信息与期望之不对称状态，当这种状态被苦守女子发现时，面对的也许会是伤害，而不是幸福。因此，在我看来，女性这种“贞操观”是一种狭隘的贞操观，在本质上与前文所剖析的男性的那种“处女情结”并无二致。当然，我不否认相当多的女性在这种“贞操观”的指导下找到了自己的理想最爱，拥有了自己梦寐以求的幸福。

四

除了在男男女女的交际世界里有此问题之外，从整个社会现象的发生及变化来看，也有一些问题值得去关注。限于篇幅，我在此分析三个问题。首先来说说处女膜修补手术及人造处女膜的销售问题。我注意到此种现象才是前几年的事情，有报道说在一些城市的商店里，可以买到人造处女膜或者“贞操膜”，并且商业广告还做到了一些高校的女生厕所里，所谓“260 元还你处女之身”！不少消费者还在互相交流各自是用的什么牌子的处女膜。商家的创意与策划可真是瞅准了市场，毕竟现在处女率已经出现了下坡路，而不少人却依然存在“处女情结”，所以做这笔生意，应该是很有销路。然而，人造处女膜毕竟不是原生态的，它能不能发挥其天衣无缝的“以假乱真”的效果呢？我以为，与出售假肢、假发、义齿等身体的替代部位相比，出售假处女膜则在民事法律行为的效力上值得商榷。同理，与肢体、内脏等医疗手术相比，处女膜修补手术的民事法律行为效力也有检讨的必要。就人体部分的替代产品销售行为来看，诸如假肢、假发、义齿等都是为了尽量弥补人体正常的生理功能或者协助某种功能的继续发挥而问世，因此销售这些人体替代产品本身之行为并无不当之处，而处女膜的破裂，并不必然导致女性在生理功能上的部分丧失，只不过是无法迎合一些男子的心理需求而已。所以，销售假处女膜本身就暴露出了一种迂腐的社会心理，更多的则是一种陈旧的封建意识的反映。这种销售活动的推广，满足了不少女性的虚荣与欺诈心理，反过来又诱发一些侥幸心理较重的处女轻率行使贞操权。所以，这种销售行为其实是对善良的社会风俗的腐蚀，应属于无效民事行为。与此对应，处女膜修补术也是一种无效医疗行为。根据本文开头对处女的解读，处女与否，仅仅是一种性经历的历史记录，而不是一个女性道德水平的当然体现。因此，现实世界里涌现出来的诸如处女膜修补手术及人造处女膜的销售服务，有关部门应该尽快取缔，不要让这种“打自己嘴巴”的交易招摇于市。

如此重视处女膜，除了窥视出“处女情结”的社会心理之外，还可以观测出“处女膜”的商业价值。“物以稀为贵”的经济思想，在现代关于处女膜交易行为中贯彻得淋漓尽致。除了前文所说的处女膜修补手术与人造处女膜销售之外，在目前屡禁不止的性服务市场上，处女性服务者的服务价款普遍高于“非处”。这是把处女膜商业化、货币化的极端表现。前几年，大连市中山区法院审结了一起罕见的介绍卖淫案件，说是有一个组织卖淫的团伙，成员多达10余人，组织者首先挑选“绝色美女”，而且年龄越小越好，“干完活”之后，组织者再把卖淫女领到美容院进行处女膜修复，而后再以“处女”的名义为诱饵，高价向嫖客兜售，周而复始。据说这是发生在大连的首例“修复处女膜”卖淫案。这种现象在性服务市场可能已成商业惯例，根源还是在于处女膜对人们神经系统与心理反应的强大冲击力。

文章接近尾声，我又不得不提及另外一件趣事。不少男男女女在重视“处女”和“处女膜”，但对“处男”却罕有关注。甚至还有女性反而不大喜欢与处男发生性行为，问及缘由，曰处男没有性经验，无法使自己得到最大限度的性满足。可见，处男与处女在价值比较上，有着天地之别。一个未婚男子，如果以自己还是

“处男”为征婚条件，甚至视为自身优势，则可能成为天大的笑话。但是，如果一个未婚女子，假如以自己“没有性经历”来炫耀这种优势，则会博得诸多男子好感。昨天，我登录一家征婚网站，惊奇地发现这家网站要求女性注册用户必须是“无性经历的纯洁女子”，不禁让我哭笑不得，望着电脑屏幕目瞪口呆长达5分钟！之所以男女有着如此迥异，皆因为那个让人欢喜让人忧愁的“膜”。我时常纳闷：一个小小的薄膜，却让男人如此费神操心，让商家如此绞尽脑汁，真是一神奇宝物也。如果当初上帝造人时，不要留下这一层薄如蝉翼之内膜，或许当今社会也不会生出如此众多之故事。

结　语

处女与非处女的问题仅仅是一个生理问题，并不能必然成为道德、法律问题。但围绕这个话题所产生的一系列社会现象却蕴涵着纷繁的法治理念。女人、性的话题在法律领域始终是一个敏感讨论区，许多作者往往羞于论及这些问题。因为在观念上，谈论女人、关注性爱，可能会被视为不正经或者无聊，写出来的东西可能被斥责为“黄色创作”“垃圾作品”。如今的许多人，“生活就像在演戏，说着言不由衷的话，戴着伪善的面具，总是拿着微不足道的成就来骗自己”。于是，面对一些本无所谓好、本无所谓坏的东西，总是疑神疑鬼，装腔作势；面对他人的真实，却以自己虚伪的思维把人家的纯真看做愚昧。因此，在公开场合谈及“性”，即认为是“黄”；谈及“女人”，即认为是“色”。其实，说得不厚道一些，这种人或许才是最“黄”、最“色”的，只不过是虚伪与狡诈掩盖了其狰狞的面目罢了。

在我看来，这些话题不是不可以谈论，也不是没有法律问题。事实上，恰恰是在这些领域，隐藏着无限的可供法治剖析的宝贵资源，透过这些问题的表象，人们可以惊喜发现，原来在女人与性的沙滩里，却有那么多的贝壳值得去捡拾，回来之后仔细品味，可以挖掘出更多的人文法治信息。今天，在这个寂寞的七夕节，我不顾诸多读者可能会砸给的指责与谩骂，不仅畅谈了女人与性，而且还直率地解说了处女与处女膜。无论将要背负“无聊”的责骂，还是承受“没品位”的驳斥，抑或是“垃圾文章”的批评，我都不会因为写了上面洋洋近万言而感到丝毫的后悔。因为，生性放荡不羁的我，确确实实地认为，在当今这个世道，“处女”与“处女膜”里，有我愿意研究的不少民法问题。

二〇〇六年七月三十一日

变异人身观

一

民法上有一个概念叫“人身权”。简单地说，人身权是民事主体对人身利益享有的民事权利，包括人格权和身份权。人格权是民事主体对自己人格利益享有的权利，为任何民事主体所享有，由此形成的人格权法律关系，我将其俗称为“我—我关系”。人格权又可以分为一般人格权和具体人格权，前者是民事主体对一般人格利益享有的权利，如人格独立权、人格自由权和人格尊严权；后者是民事主体对体人格利益享有的权利，如生命权、健康权、身体权、姓名权、肖像权、名誉权、隐私权、名称权、贞操权等。身份权是民事主体对他人人格利益享有的权利，为特定民事主体所享有，由此形成的身份权法律关系，我将其俗称为“我—他关系”。身份权包括配偶权、亲权、监护权等。另外，民法法律文本和民法教科书上提到的“荣誉权”，在民法学界通常将其归属于身份权，但我认为应归属于人格权，因为荣誉利益在每一个人身上客观存在，荣誉利益的产生不仅包括来自某机构的正式授予，也包括来自他人的非正式给予，如表扬、赞美等，所以，荣誉利益属于人格利益而非身份利益，荣誉权便是人人对自己的荣誉利益享有的一种人格权。

现代法律认可“人人都是人”。所以，概括意义上可以说，凡是人皆有人身权。可是，每个人的人生观不同，于是对人身权的看法也有差别。人们对自己的人身权的总的看法和态度，我将其称为“人身权观”，简称“人身观”。人身观是人生观在人身利益和人身权此一具体方面的表现，是人生观的一个具体分支。

传统社会，人们由于受当时社会的风俗文化观念之深刻影响，人身观相对比较单纯、朴素。但在传统社会向现代社会过渡阶段，尤其是在当前中国经济和社会转型时期，许多人的“人身观”却逐渐发生了“变异”，即：人们对自己的人身权有了新的认识，也赋予了人身权以更多元化的涵义，人身权的行使趋向复杂化、多样化，甚至可以迎合某种利益取向而随意处分人身利益。试举几例加以说明：

在一般人格权方面，有些人的人格独立、人格自由和人格尊严正在悄然走向不独立、不自由和无尊严。比如，有些人为了贪图获取某种利益，可以放弃人格独立，将自己的人格权交付给他人，甚至任人摆布。前一阵子北京一个化名为“阿芳”的女生为了能够考取硕士研究生，竟然放弃自己的独立人格利益，通过与导师上床发生性关系这种“以青春赌明天”“以真题换此身”的手段，换取研究生考试试题及答案。类似为了获取职业利益、岗位利益、官位利益、学历利益、财产利益等个人私益，而不惜丧失自己独立人格利益的事件不胜枚举。人格独立是人格自由与人格尊严的前提和基础，人格丧失了独立性，染上了附属性，再也难以保证其人格的自由和尊严。这种“不独立、不自由和无尊严”不是因为法治不健全、制度不优越所致，而是因为这些人自身的“人身观”在改变，或者说在发生变异。

二

在具体人格权方面，同样存在大量变异现象。先来看生命权。生命权是一个人最宝贵的人格利益，那种“生命诚可贵、爱情价更高”的畅想只适合在诗境中生存，但在法境中却难以成立。然而，当今社会却有相当数量的人没有善待自己和他人的生命，“玩命不恭”之现象并不少见。爱情的挫折、学习的压力、工作的烦恼、婚姻的不幸总会让一些人选择自杀，以处置自己的生命来寻求幻想中的解脱。更有甚者，自杀现象逐步正趋向低龄化，专家指出，自杀已经成为未成年人的第一死因。在校大学生的自杀现象也让教育当局着实头痛，北京联合大学某本科生在四所驻京高校的一项调查结果表明，竟然有1/3的在校学生曾有过自杀念头！另外，明星自杀、企业家自杀、官员自杀、集体自杀等现象也格外引人注目。除了不能善待自己生命之现象之外，不能善待他人生命的行为也频频发生，街头垃圾堆里捡弃婴、各类情杀、财杀、激情杀、变态杀以及形形色色的伤亡事故等“不是新闻的新闻”也常常见诸报章。

其次来看看健康权。现代社会人们的健康状况令人堪忧，除了看到外界因素的影响之外，不得不要剖析一下“人身观”方面的因素。毫无疑问的是，相比传统社会，随着社会和经济的发展和进步，人们的生活节奏也越来越快，工作压力、学历压力、生活压力之大不容否认，由此导致的生存和发展压力迫使人们为了在竞争行为中不至于遭遇挫败而忘我的投入。敢于面对竞争、挑战压力本身是一种积极向上的科学人生观，但单独为了追求战胜压力而忽视了自身的健康因素，却并非科学的“人身观”。从生理上讲，许多新型疾病逐渐滋生，有的在医学上尚不能治愈，且随着社会生活的多样化，有些疾病传播的途径也不再那么保守，如性工作者的大量存在客观上给艾滋病的感染和传播增加了很大的概率。一旦人们没有树立正确的人身观，或者一时放纵了自己的科学人身观，那么，健康权受损的可能性便会增加。从心理上讲，精神卫生越来越受到社会广泛关注，心理健康的因素逐步提升为判断一个人健康与否的重要测量指标，而不正确的人身观非常容易导致大量的心理疾病发生。

再次来看看身体权。现代社会人们人身观变异在身体权行使方面，着实值得考究。身体权是民事主体对其身体利益享有的权利，即：人们可以就自己的身体之组成部分进行自由支配，比如扎辫子(对头发的支配权)、剪指甲（对指甲的支配权)、戴项链（身体装饰权)、穿短裙（身体暴露权）等。然而，也有相当数量的人们在此方面的人身观发生了变异。比如，衣着暴露现象成为现代社会许多民事主体尤其是女性的着装风格。过去，人们的服装面积总体上是大于裸露身体部分的面积的，尤其在寒冬，当人们穿上厚厚的棉衣，再戴上棉帽、裹上围巾之后甚至只裸露一双眼睛。然而在现今的好多人身上，服装面积越来越小，裸露面积越来越大，很多时候裸露面积竟然大于服装面积。大街小巷，村头城里，这似乎已经成为一种“时尚”。这本是行使身体权的自由，但是一旦这种自由被滥用，就暴露了行为人人身观的变异。比如，在不适当的场合使自己的裸露面积大于服装面积，甚至出现了“露点”“露胸”“露脐”等，2005 年央视春晚的“阿朵露点事件”，曾经被媒体尤其是网络媒体炒得沸沸扬扬。最近网友木子美“露臀”于大庭广众，我认为，都属于人身观的变异，而不再属于身体权自由行使的范畴。另外，整形手术、不适当的染发、“女大学生剃光头”“男大学生留长辫”、小指由于指甲的过度留长导致其与中指一样长等现象，也是人身观变异的结果。

具体人格权中姓名权、肖像权行使的变异也值得关注。姓名权本来是民事主体的一项具体人格权，但在许多场合却有变异，如把“范坚强”之姓名符号逆向谐音读取为“强奸犯”。这都表明了姓名权的行使方式在趋向多元化。肖像权行使也有类似变异，如许多人的照片被储存于异性朋友的手机屏幕、电脑桌面，或者放置于随身携带的钱包内，或者张贴于枕边墙面。网络聊天行为中，也可以自由地将自己的照片发送给聊友，或者通过视频信息传递让对方能够可视。这一方面是现代高科技带给人们的一种开放便捷观念，让人际交际更为自由，另一方面，也是人们的传统“人身观”在逐渐发生变化甚至变异的缩影和写照。

另外，名誉权、隐私权、贞操权等具体人格权方面，也有变异现象。许多人为了追逐个人私益而不惜牺牲自己的名誉利益，比比皆是，如为了追求财产利益或者某种时尚精神利益而“傍大款”的现象，在当今社会并非少见，而这种现象的扮演者往往对自己在特定阶段的名誉利益不加珍惜，反而认为这是社会评价提高的一种高地位之体现。隐私权方面，随着人们的“人身观”的变异，不注重保护自己隐私或者擅自宣传他人隐私的现象，层出不穷。网络隐私权的保护也逐渐成为法学家们研究的一个重要课题。贞操权方面，有些人的贞操观在逐步淡化，由保守变为开放，“未婚妈妈”经常走入人们的视线，婚外性行为比例直线上升，“非婚同居”由潜规则演变为明惯例。前一阵子媒体还报道浙江某县一中学在高考体检中发现了30名怀孕女生。当然，也有视“处女贞操”为宝物的极端变异例子，比如最近有报道说上海某高校一女研究生以“处女”之身为征婚内容诚邀千万富翁结为连理。

在身份权方面，有些人的身份观也在逐步趋向多元化。在同一个时间，不仅担当配偶身份、父母身份和子女身份，而且可能还同时兼任“二奶”“三奶”“二爷”“小蜜”“情夫”或者“情妇”身份。因为这些身份的出现，还可能获取不小的财产利益或者非物质享受等精神利益，从而成功地实施“以人身换财产”的人身观战略。

三

现代社会出现的“人身观”变异现象，从表象上看是人们行使人身权的自由，但透过现象究其本质，其中的很多表现形式则是对人身权行使自由的滥用。个人人身观的变异直接影响其人生观的发展变化格局，甚至还会殃及世界观和价值观的发展质量，这种现象的增多甚至泛滥，直接影响到一个社会的精神文明建设。当然，人身观的变异是人身观发展演变史上某一个特定阶段的具体表现形式，从整个人类社会发展变化的进程来看，人身观是随着人类的文明和社会的进步而不断走向成熟的，但在转型时期的今天，这种变异现象只是一种短暂的起伏，这是一种“波浪式的前进”走势，它不会持续太长的时间。

在这里，需要特别提及的是女性人身观的变异。社会转型时期的部分女性人身观的变异尽管可以一时给自己带来精神利益或者物质利益，但也往往会给自己带来意想不到的“不利益”。在此，我想到了当前热烈讨论的性骚扰现象以及性骚扰立法问题。性骚扰已经成为现代社会中不容回避的一个社会问题，引发性骚扰事件的原因很多，骚扰者的骚扰思想和骚扰行为是内因，也是根本原因，但外因也是不能不加以考虑的，其中，女性人身观的变异就是一个不容忽视的因素。从心理学上来看，男性在实施性骚扰行为之前，有一个心理策划过程，这个心理策划过程可以称其为“思想斗争”。哪怕这个心理策划过程只是一个极为短暂的瞬间，但这个过程却是客观存在的，且对性骚扰行为的着手实施起着决定性影响。在这个心理策划过程中，行为人很可能要考虑这样一个问题：即将被其骚扰的女性，是否会接受其即将实施的骚扰行为。那么，在这种情况下，促使这个思想的产生之因素有多种，包括女性之相貌、言语、行为、打扮、交际意图等，当然也包括女性的“人身观”。

在这种情况下，人身观变异的女性相比那些未变异或者没有明显变异的女性来说，可能遭受性骚扰的概率会更大。因此，在呐喊“性骚扰”写入法律，保障妇女合法权益的同时，也应该审慎考虑一下，性骚扰这一社会问题的产生在女性方面是否也有其过失。在同等条件和环境下，人身观的变异程度越大，遭受性骚扰的概率和频率可能会越高。当然，相当一部分人身观变异的女性，在遭到性骚扰时会表现出一种容忍态度，但是，拥有科学人身观的人，即使遭受性骚扰，也会运用正确的没有变异的科学人身观表示出反感、反抗甚至私力或者公力救济请求，这样的反应无疑会成为降低其再次遭遇性骚扰可能性的一个因素。因此，应辩证地看待性骚扰现象。“性骚扰”的定义界定也是一个十分困难的事情，只有骚扰方式、场合等客观方面要件，尚不能一概界定为性骚扰，还要看被骚扰者的主观感受以及对该骚扰行为的反应。而主观反应更让人琢磨不透。在特定的条件下，人身观变异的女性尽管主观上可能会容忍甚至乐意接受来自男性的骚扰，但因受其变异的人身观之影响，她可能有在事后反过来指控男性对其性骚扰，从而通过“反言”来达到其“不可告人但人皆知”的企图。这一点也是促使我在有关媒体公开反对在中国现阶段将“性骚扰”写入法律文本的一个原因。

然而，人际交际秩序又必须和谐。和谐社会需要和谐的人际交际秩序。人身观发生变异，很可能会加剧性骚扰现象的蔓延，这又反过来破坏了人际交际尤其是异性人际交际的和谐秩序。所以，将变异了的人身观“回归”，树立新时期的科学人身观，可以减少性骚扰现象的发生，也有利于塑造和谐的人际交际秩序，这在本质上不是限制人们行使人身权的自由，而是将滥用了的自由和扭曲了的人身观加以矫正。这就是我写作本文的目的。

二○○五年七月三日

人生

做人的格调

一

做人有无格调？有，几何？三。有人爱好高调，有人保持低调，也有人喜欢中调。根据我简单得不能再简单的生活阅历，在三种格调中，大多数人还是对低调持有一种本能的好感，做人低调者也往往会赢得多数人的尊重，低调者本人也觉得活得潇洒自如。确实如此，人活着就这么一点时间，数算下来也不过百年。管好自己，不惹是非，平缓得摆好性子，平板得养好身子，平常得用好脑子，平稳得赚好票子，平淡得看好位子，平安得走好路子，平静得过好日子，平凡得活好一辈子，无疑是对做人格调的一种上佳选择。低调做人者给人的感觉往往是内敛而不张扬、柔和而不粗暴，不显山露水，也不锋芒毕露。整体来说，如此做人利大于弊。俗话说“不显眼的花草少遭摧折”，老子也曾告诫人们“夫惟不争，故天下莫能与之争”，意指不争者争天下。别不多说，单是这些做人的低姿态，也至少会减少遭人背后指责或者当面冷落的机会，反而还会赚取不少好的人缘。

相反，做人爱好高调的人，遇事易张扬，遇人好显摆，更要命的是抬高自己时还一本正经的样子，不见丝毫的自嘲。这与低调做人者相比，简直就是两个境界了。低调者会获得谦虚或者谦逊的美德好感，高调者则给人一种傲慢、浅薄的消极印象。可见，至少在人际交际评价上，低调者就明显占领上风。生活事实也确实告诉我们，但凡为人低调的人，口碑大都不错，人际基础比较宽厚，也容易得到周围人的尊重。而为人高调的人，则常常会落得孤芳自赏甚至孤立无援的寂寞境地。不过高调者也可以群相分，有的是过于浮夸，目中无人、唯我独尊，愿好为人师，从不拜人为师；有的则属于人际交际的活跃分子，逢人便吹，侃侃而谈，丝毫不考虑他人的感觉。这两类高调者的人际交际处遇是有差别的，如果说后者也许还能够博得一点形式上的“面子”的话，那么，前者很可能的下场就是无人理睬、人见人烦。

当然，从高调者的做人表现形式上来看，也是五花八门的。比如有的人从表面上看来似乎很低调，但仔细观察却比谁都高调。话里话外总要想着法子表现自我，揣摩他人。这种人的眼神一般是迷离的，眼珠子在说话间总是转个不停，也不知心里究竟在想些什么乱七八糟的。但有一点可以承认，这种人好耍小聪明，心眼不少，冷不丁就被他们乱戳一下。善良而明智的人往往会以“阴险”“奸诈”“不是个好东西”等词汇来描述这些高调者，而被这些虚假低调者所欺骗的人则又会以“精明”“能干”“会做人”等词汇来夸奖他们，甚至还表现出对这种高调者的屈从、奉承之类的奴性姿态。这些高调者假如是领导，则有谋害同行、欺负不听话的下属之癖好；假如是未居领导岗位的一般草民，则有“傍”领导的原始本性，苦思苦想地要琢磨着怎么才能“站好队”，如何才能“往上爬”。为了打好他们心中的小算盘，达到内心早已设计好的所谓“目标”，这些人会不惜一切手段，凡是对自己有利的人就要千方百计地交往，“有奶便是娘”；反之，对那些于他们“前途”没利可赚的人，则要么敷衍塞责，保持形式交往，要么干脆视为不存在，“有奶无奶都不是娘”。这种高调者是一种再典型不过的“势利人”，长的是势利眼，动的是势利脑，安的是势利心，跑的是势利腿，奉献的也是势利身子。活在这个社会上的善良的人，务必要明辨是非，警惕这类喜欢制造低调表象的高调者！不过，说句老实话，在我看来，这种高调者耍的那些小聪明，都是汉语拼音“a、o、e”档次上的微型伎俩，通常也不会成为什么大气候。真正能够成功的人，还是那些能够耐得住寂寞、此时无声胜有声的真正低调者，当然也会有高调者，但绝不是这类小儿科意义上的庸俗高调者。

在低调与高调之间还有一类中调者。这种格调在理论上很好划分，但在实际上却又难以给出一个界线分明的辨别。凭借我个人的浅薄观察，如果说，低调者追求的是一种“事不关己，高高挂起”或者“事若关己，也要挂起”的沉默型做人格调，高调者追求的是一种“时时有我，处处有我”的张扬性做人格调，那么，中调者追求的则是一种“时聚时散、若隐若现”的灵活型做人格调。这类人不常保持低调，也不会一天到晚思索着怎么去高调，而是看时段、分场合地选择低调或者高调。该沉默的时候，这些人绝不会去多说一句话；该爆发的时候，他们也绝不会选择一声不吭。在不了解中调者的人眼里，可能会获得不同的人际交际评价。当他们沉默的时候，可能会叫人觉得属于低调者，当他们爆发的时候，又或许叫人觉得属于高调者。总而言之，这类人基本上贯彻具体问题具体分析的处世哲学，在高调和中调两者之间游刃有余。

做人的格调问题，大致可以作出这样的粗糙划分了。当然，我也注意到有人提出要把做人格调与做事格调进行划分，并且把这些格调分为“做人低调，做事低调”“做人低调，做事高调”“做人高调，做事低调”和“做人高调，做事高调”的四种类型。对此种区分我不敢苟同，因为无论是做人还是做事，实在难以在两者之间划出一条分界线。做人与做事固然有区别也有联系，但我觉得联系大于区别。也就是说，做人和做事在诸多方面基本上是相通的。做事的过程中所表现出来的处事态度、方式等行为要素也就是做人过程中的行为要素的大致反映，反之亦然。在一定意义上我甚至认为做人也是在做事，做事也是做人。正像“文如其人”一样，事也与人密切相关，什么样的人做出什么样的事，不会有太大的离谱。鉴于此种考虑，我在本文中所言的做人格调的基本观点也适用于对做事格调的总体见解。

二

我一直有着“做人要高调”的为人处世主张。在世人纷纷赞成“做人要低调”的环境里，我之所以有这样一种观点，不是说想标新立异、展露风头，而是重在指出人应该不能活得过于压抑，人格应该解放，人性也应该张扬。亦言之，我界定的“高调”应该是被装置于本人一直呐喊的民法理念的框架之内的。自学习民法以来，我越来越意识到《民法》是一部为人处世的规范，民法学也是一门为人处世的科学，民法理念则是一套为人处世的指导思想。其所蕴涵的主体理念、平等理念、自由理念、权利理念、诚信理念等以人性哲学为根基而挥发出来的浓郁的民法理念，正是市民社会的市民所形影不离的而又为政治国家（社会）的公民所梦寐以求的经典民法要义。最近几年我也一直在讴歌上述民法理念，并且结合活生生的社会现实，从民法理念的视角进行浅薄解读。民法规范固然无法解决所有社会关系，但民法理念却可以照耀人们大胆探索处世之道。

深为失望的是，在中国还远未形成市民社会，残酷的社会现实容不下伟大的民法理念。主体理念的缺失使无数人还没有真正被当做“人”来对待，人无时无刻不生活在权力关系中，有些人甚至还在遭遇着非人待遇。例如，每年 12 月 1 日的“世界艾滋病日”本是一种很人性化的、以保护 HIV 感染者与 AIDS 群体权益、促进人类健康利益为宗旨的日子，而在某地却把卖淫嫖娼者成群结队地拉出来，戴上口罩游街示众！平等理念的缺失使现实社会出奇地讲求身份差别秩序，一些掌握权力的人不是在运用公权力为私权者提供公力服务，而是充分甚至扩张权力对人的压制与胁迫。在政治圈可以拿权力换取其所需，演艺圈也是大牌明星的性丑闻此起彼伏，导演以手中的权力来引诱或者要挟，而女演员也罔顾性别平等，甘愿投怀送抱，给善良的平民造成了严重的视觉污染，也使人们培育民法理念的希望进一步渺茫，麻木的低调生活在这个事实上并不平等的世界！自由理念的缺失使渴望自由的人在行使自由时不能潇洒自如而是诚惶诚恐、忐忑不安，权利理念的缺失使私权的空间屡遭侵略，这些侵害不仅来自人与人之间的“你争我斗”，更要命的是经常来自那些被滥用的公权力的欺负；诚信理念使政治社会中有“欺上瞒下”、商业社会中有“假冒伪劣”、市民社会中有“尔虞我诈”，人与人之间的起码的诚信关系没有真正建立起来，并且随着诸多社会问题的连环出现，甚至连熟人社会中的信任度也大大减损，以至于国家不得不呼唤构建诚信制度与和谐社会。如此等等，我们又有什么资格要求做人要高调呢？在一个缺少公民意识与民法理念的环境下，低调做人都难以自保，更遑论什么高调做人了。

因此，真正的“高调”绝不是像本文开头所描绘的那些粗劣的情形，而是对人世间真善美的一种向往实践。假如把“高调”理解为傲慢、偏见、无礼甚至肆无忌惮地谋害，我是说什么也不会赞成的，因为在我看来，这些乌七八糟根本就没有资格进入“做人格调”语系，它们压根就谈不上什么“格调”，本质上属于“做人无调”范畴，而绝不可能被纳入“做人格调”范畴。所以，“做人要高调”主张的就是一种说真话、做实事的为人处世的直接实践。

然而，要是千篇一律，祖国上下都在共唱“同一首歌”，市民社会何时才能生成呢？民法理念的培育又何时才能完成启蒙阶段进入成熟期呢？假如人们都在不约而同地保持沉默，维护着一些越来越盛行的潜规则的良好运转，“你不扛枪，我不扛枪，谁来保卫祖国谁来保卫家”呢？因此，在这种人际环境中，我是极力主张

“做人要高调”的，也愿意发出高音，喊出高调，踢出高脚。近年来，我在诸多社会领域努力而勤奋地发表了浅薄见解，甚至在有些方面还提出了尖锐意见，狠狠地戳了几杆子。在这期间，也多有热心人劝我要注意保护自己，毕竟“树大招风”“枪打出头鸟”。每每感受到这样的细腻关心，我总是激动不已，但直到今天为止，我还没有遭遇过来自被批判者的显性报复，我想或许不是因为天命幸运，也不是因为那些人的原本善良，而很可能是因为我仍然是一棵嫩苗，尚未成长为参天大树，树不大自然也就不招风。当然，也有一种可能就是，我自信地认为我“戳”出去的所有杆子都是建立在实事求是的善良用心之上的，而本人也有着严格要求自己的生活习性，大概至今还没被抓到什么可报复之伤痛。

不过，一旦有这么个时刻的到来，我将强有力地沉着应对，并且在《宪法》的框架内用尽所能够运用的“循环叫板程序”，坚决斗争到底。这简直是不能犹豫的，也是无须怀疑的。至于成败，那是另当别论的事了。

这种高调的做人姿态，尽管属于一种对真善美的追求，但并不意味着它不需要讲究人性之道了。恰恰相反，不管是对正义呐喊的声音有多高、嗓门有多大，都不能脱离社会正常人的一般理性和心理感受实际。易言之，在实践着被重新界定了的“高调做人”之时，更要充分吸收本文开头所描绘的“低调做人”中的良好规则。毕竟有道是“地低成海，人低成王”。正如有人所说的，低调做人不仅是一种境界、一种风范，更是一种思想、一种哲学。因此，“鹰立如睡，虎行似病”的做人格调表达出来的更是一种生活艺术。在追求“高调”的同时，不妨也常常开动一下反向思维的脑筋，也有必要建立起一套行为秩序，“要想高成不妨先低就”“求胜反不如先求败”，要想“高人一筹”，尽量先学“低人一等”。我以为，这种低调处世的规则不是一种生活窝囊的暴露，而是一种生活艺术的写照。

况且，从人与人之间的社会差异以及每个人个体的认识与实践的局限性角度来说，“有所为有所不为”也是一种自然的选择秩序。人可能会知道“something of something”，可能会知道“something of everything”，也可能知道“everything of something”，但不可能知道“everything of everything”。所以，要是把“所有问题都自己扛”的话，总是吃不消的，也是不可能的。可是，要真正地实现对真善美的追求，有效地对社会运行发挥推动作用，就必须练就一身硬功夫，否则，也谈不上什么“高调”了。墙上芦苇层次上的所谓“高调”其实是一种“虚调”，本质上依然属于“无格调”，这当然不是我愿意看到的。

但就我个人来说，茫然大于清醒，感性多于理性，常以无知少年的形象公开暴露于广大网民脸前，目前尚不足以具备“高调”的资本。社会问题层出不穷，世道人生千变万化，人与人之间的竞争秩序越来越激烈，任凭我有多么高尚的道德情感、多么强烈的责任意识，只要在“高调”实践之前仍会有力不从心的感觉，那就显而易见地表明我还没有完成对“高调”能量的积蓄任务。此时，我唯一能够选择的，恐怕也只有“低调”了。

二〇〇六年十二月十日

愤青

一

什么叫“愤青”？在关注“愤青”的人当中有不同的意见。一种说法为“愤青”就是“愤怒青年”的简称，就如“知识青年”简称为“知青”一样；还有一种说法为“愤青”专指“文革”时下乡的知青，如梁晓声，据说是最早的一位著名“愤青”；也有一种说法为“愤青”不单指“文革”时有之，也不单是现在社会存在，而是自古就有，西汉霍去病，小小年纪，口出狂言，“匈奴未灭，何以家为”；东汉班超，出使西域，遇到了比自己强大数倍的匈奴使团，于是横下一条心，“不入虎穴，焉得虎子”；南宋岳飞，精忠报国，“壮志饥餐胡虏肉，笑谈渴饮匈奴血”；同朝代的文天祥，生逢乱世，不贪图荣华富贵，组织义军抗元，兵败被俘，宁死不屈，只求“留取丹心照汗青”……

有人还专门提出了“愤青”的条件。自由文人周泽雄先生在《东方》杂志上撰文《“愤青”小议》，认为“愤青”首先必须要有一定的文化层次，具备一定程度的知识含量，如果是一个文盲或者知识层次不高的青年，即使他再愤怒，也不能称为“愤青”。其次，要成为“愤青”，还必须生活在大城市里，只有“城市青年”才有资格做“愤青”。再次，“愤青”必须真正的“愤怒”，单纯地对服务员摔个杯子这类低层次的情形还不足以构成“愤怒”。在这些条件都具备时才配得上被称为“愤青”，于是，便将“愤青”界定为“充满社会或道德、文化义愤的当代城市知识青年”。

看来，对于什么是“愤青”、具备什么条件才可以称为“愤青”，还是有争议的。不仅如此，对愤青的本质是爱国还是误国，也存在不同的声音，甚至某家网站还就此专门组织了一场网友辩论。正方认为愤青的本质就是爱国，真正的愤青是在关心社会、国家与民族的发展；反方则认为愤青的本质就是误国，他们是极端民族主义，在表达自己观点的同时也在打压不同的意见，认为愤青就是一帮思维偏激、心理极度不平衡的无知青年。

在现实生活中，也确实常常遇到类似理解上的一些尴尬和分歧。不同的人对“愤青”含义的界定存在差异，如此一来，就很容易产生交际沟通中的误会。例如，当有人评价你是一个“愤青”时，这是一种赞赏，抑或是一种贬损呢？每当这个时候，可能会给被评价人带来困惑：这家伙是夸我还是损我？于是，“愤青”是一个褒义词还是一个贬义词，便成为了一个值得认真研究的问题。

二

那么，到底什么样的人才算“愤青”？愤青对他人、对社会、对国家究竟是有利还是有害？我以为这涉及判断愤青的标准之确立，即愤青的标准化问题。有了愤青的判断标准，才能准确理解什么是“愤青”，也有了判断某人是否为愤青的一个尺度，从而才有可能在此基础上分析愤青的本质到底是爱国还是误国，爱社会还是误社会。

坦率地说，能够进入我视野里的“愤青”，可不是一般的人。至少那些整天埋怨来埋怨去、把自己的不顺之因全推卸给社会的人，不是我所理解的“愤青”，无论他们学历有多高、知识有多厚，也只不过是一批不能正确认识社会更不能正确掂量自己的“怨青”！“怨青”是不配当“愤青”的，活活的一个青年人，正是奋斗拼搏的当年，为何在遇到挫折时不多从自身方面找原因呢？尽管我也不主张“把所有问题都自己扛”，但至少不能把责任全推给社会和他人，摆出一种“社会不能容纳我”的架势，试图从旁听者那里争取到一张赞成票，这其实是虚荣心和“空头傲慢”在作祟。这种青年，本是墙上芦苇，腹中空空，可是心里总自以为自己有好几把刷子，可以刷来刷去，想刷谁就刷谁，非要在别人面前把自己抬得比天高、比地厚，看似是在表白“社会不能容纳我”，其实是因为“不能容纳社会”！有人或许认为如此之偏见，皆产生于傲慢，但在我看来并不以为然。这种偏见之怪异性格，产生于空虚与自负。真正的傲慢是不会动辄就“埋怨”的，相反会去在乎这个社会，会去尽力奉献自己的点滴改造之力。大凡“怨青”，往往还一副“满腹经纶”的样子，可是，自己也不去地摊上买个镜子照一照，你念叨的是什么经、编织的是什么纶？因此，像这些青年，无论如何也甭想进入我的视线，也休想指望我能竖起大拇指。

还有一类人，从年龄上看也属于青年，从行为上看也在愤怒，但愤怒却没有发泄在正经事儿上。一天到晚喜欢拿弱者说事儿，有了问题不去追寻真正的根源，而是拐弯抹角地朝着受害者开火。他们宁愿做政府和社会的“走狗”，也不去理解一下受苦受害的人。例如，有人批评高校收费太高，他们就站出来骂这些批评者不懂教育；有人谴责司法不公，他们就跳起来怨老百姓愚昧不懂法；有人抨击城市交通太拥挤，他们也来插一棍子，叫嚣什么买不起车子别“吃不到葡萄说葡萄酸”，如此等等，不一而足。张口一个“中国人愚昧”，闭口一个“中国人刁民”，仿佛自己高人一等，愿意充当国际裁判，对自己所在的群体指手画脚、说三道四，对外还标榜自己的特立独行，好像就他懂得理性分析、就他能做到“冷眼观察”一样。这种青年，尽管不是在抱怨社会，也是在像模像样的

"愤怒"，但这仍然不配做"愤青"，而是地地道道的"粪青"。为什么呢？这批人总想避开群众思维，千方百计地指望通过标新立异，处心积虑地把自己扮演成"政府代言人"，与作为弱势群体的百姓作对，把火气只发在又柔又软的人身上，还俨然以为真理掌握在自己等少数人手里呢。而事实上，正如鲁迅先生所言："真的猛士，敢于直面惨淡的人生，敢于正视淋漓的鲜血"，要是真的有做"老大"的欲念，为何不去戳戳真正的原痛而非要在受伤者身上再撒上一把盐呢？所以，凡是那些背离群众的一般眼光，自以为是给当局吹暖风或者摇扇子的"金子"，其实，在有心人的眼里，他们不过是一堆粪土。因此，这种青年不是"愤青"而是"粪青"。

这两种青年，一类是"怨青"，一类是"粪青"，代表了两种极端。前者是对社会、对政府的单纯抱怨，社会抑或政府在他们眼里是一无是处了，甚至成为了他们一有不顺的发泄对象，社会在"怨青"那里成为了永远的责任主体。在这批人看来，社会容不下他们，他们也容不下社会。后者是对社会、对政府的绝对宽容，社会抑或政府在他们眼里是一块无瑕的玉，百姓有了苦衷有了磨难，那完全是因为自己"愚昧无知"，在这批人看来，社会容得下他们，他们也容得下社会，但唯独不能容纳的，是那些本来与他们处在同一个战壕里的战友。这两类青年确实在社会中客观地存在着，虽然我不能贸然否定他们的所作所为，但至少在"愤青"的标准化这个问题上，他们的这些行为表现是绝不会成为我判断"愤青"的标准的。

三

真正的"愤青"，必须有一腔对他人、对社会充满责任感的激情燃烧着的热火。这就需要始终怀有批判思维，敢于向社会邪恶刺刀、勇于向社会黑暗开枪！应该时刻在心里装着这样一种情怀：你不刺刀我不刺刀，谁来保卫祖国谁来保卫家？你不开枪我不开枪，谁来拯救社会拯救他？一个愤青的力量诚然是微不足道的，但如果都不愿意做愤青，遭遇邪恶与邪气之时，有谁能够站出来？所以，哪怕是发现了一个小小的环节出了症候，只要有机会有精力，就应该去说点真心话、做点真心事。

这其实并不难做到，只要有颗善良仁爱之心。当善良和仁爱达到一定境界之时，也是对他人、对社会、对国家的一种至爱之境界。真爱不是纵容对象之缺陷，而是坦诚布公地指出这些问题并加以分析改善。这种情怀未必是借助“愤怒”的直白形式表达出来，只要内心存有指陈之目的或者期望收到改良之效，至于是否愤怒过已无关要害。即便婉转得如黄鹂那般，只要保证批判的精神不丢，那也丝毫不影响批判者是一个纯真的“愤青”。因为道理很简单，“愤青”之“愤”未必怒在纸上、火在口角。何况每个愤青的性情不一，那种“柔中有刚”，有时或许会带来意想不到的惊喜，又有谁能否认这是一种胸怀社会责任感的“愤青”之作呢？

愤青敢于提出问题来，这是难能可贵的一步。只有找出症结，才能够对症下药。有人总是嘲笑那些“愤青”们只提出问题不去解决问题，我以为这是对一般愤青的非分要求。在时下环境里，明哲保身者多，圆滑世故者众，能够在一些“问题”面前站出来、跳起来、吆喝起来的人，属于难能可贵的。于是，即便他们没有同时给出一套可行的解决方案，仍然不应抹杀他们的良苦功劳。当然，这也与愤青的个人能量、精力等个体因素密不可分。不应指望每一个人都做“愤青”，也不能苛求愤青们在每一个问题上都去“愤怒”地火上一把，只希望可以看到更多被比喻为“社会医生”的愤青，为所在的社会和所处的时代把把脉，看看问题，找找病因，奢侈一点的期盼就是同时再开出一剂药方。

这就是愤青的标准化问题。在这样一套标准下，即便有人年龄已不再是青年，只要能够通过这一标准化的检验，也可以纳入“愤青”之列；即便不去雷霆万钧、火冒三丈，只要能够实实在在地看到一些问题，在标准化面前达标，当属愤青就没什么疑问；即便有人没有多高学历、不在城市生活，只要在用心地观察着这个社会和国家，并敏锐地窥探出一些猫腻和门道，也应该给他们一个“愤青”之归属。在这种标准化规则下检验出来的“愤青”，才是标准化的愤青。否则，靠投机取巧、蒙混过关的人，都属于“伪愤青”，要么被我纳入“怨青”之群，要么被纳入“粪青”之流。

由此可见，愤青的标准化规则下产出的标准化的愤青，并不是一群百无聊赖之徒，也不是一伙惹是生非之帮。履行好了作为愤青的责任，防止沦落为“怨青”“粪青”，我以为这不但不是在误国，反而是在爱国、爱社会、爱他人！但现实中，就是这样一群热血青年，却往往被人误会甚至厌恶。所以，即便我努力地论证了“愤青”存在的价值，仍然担心还是会有不少精于世道者对此继续误解下去。

文将收笔，我深知自己在愤青之路上，一直没有施展开智慧的翅膀，也没有擦亮本已近视的双眼。此刻又记起了张五常先生在《傲慢与谦虚》一文中坦言的：“我从来不否认我是个傲慢的人。我认为我的缺点不是傲慢，而是傲慢之情往往溢于言表。”在此，我借用这句话，再稍微一改编，作为文章的结尾：“我从来不否认我是个愤青。我认为我的缺点不是愤青，而是常常被人看起来像个愤青。”

二〇〇六年五月四日

叫板

一

2005 年 12 月 24 日，当不少情侣正沉浸在令国人着迷的西方“圣诞节”之夜时，我却独守空楼，冷握笔杆，写出了一篇题为《较真精神与永远长不大的土生阿耿》的文章，首次以书面形式对外宣布了“较真理论”。今天，当许多人对我国“植树节”漠然置之甚至压根就不知有这个节日时，我却在努力地思考着要为这个节日做点什么。冥思苦想中，突然忆起了每次和朋友炫耀自己的维权故事时那副眉飞色舞的样子。于是，想把从这些实践中积累起来的思考写出来，取名为“叫板理论”。

如果说“较真理论”主要是阐述理论领域中进行学术批评时“当仁不让”与“紧追不放”的精神，那么，“叫板理论”则主要是描绘实践领域中进行维权自卫时“放开胆量”与“唯实不唯上”的气魄。在中国目前，无论从学术批评动态来看，还是从实践维权现状来说，学术中的“较真”与实践中的“叫板”，是许多人不敢去尝试的。因为，尽管两者适用的领域不同，但在直接后果上却有一个惊人的相似之处，那就是：得罪人。很显然，圆滑的人不愿意去付出这样的“得罪成本”，他们宁愿忍气吞声、明哲保身、夹着尾巴做人。正是由于“较真精神”与“叫板精神”的普遍缺失，才让一些学术不端者与学术腐败者常常“春风得意”“其乐融融”，才让一些处于优越地位的强势群体或者强势个体屡屡“飞扬跋扈”“目中无人”。在这种“多栽花，少挑刺”的文化氛围里，真正去“较真”和“叫板”的人凤毛麟角，要是方圆一百公里能挑出几个这样的“刺头”来，那可简直是谢天谢地了。这暴露了在当下的中国现实社会，仍然是一个“和稀泥”的社会，人和人之间似乎容不得陌生，南来北往的人们总是在力图寻求一个越来越庞大的“熟人交际圈”，维持着那叫人心累的人际秩序。这种状况的存在不能简单地将原因归于传统的文化观念，而应该去深刻地反思有没有或者可不可能形成一种人为的推动力量，为法治社会的最终生成去竭尽全力地消除一些久盛不衰的危害。

今天，我就是怀着一种宣传民法理念、呐喊私权保护、弘扬中华法治的使命来写这篇文章，主要就“叫板理论”的框架及其相关实践规则谈谈个人的管窥之见。

二

“叫板”，是一种形象的喻义俗称，我们常常会见到许多人在不同的场合加以运用。但在我看来，要是将之翻译成法律原理中的术语，就是一种借助于公开的、对抗性的交际形式对自己受到侵犯的权利进行救济的方式。权利的救济有公力救济和私力救济之分，在公力救济上也有人使用“叫板”一词，但本文探讨的“叫板理论”主要特指权利人在私力救济中所选择的冲突解决方式。“叫板”，不同于单纯的“拍板”。“叫板”主要是通过语言、表情、行动等非暴力手段寻求权利救济的一种文明方式，而“拍板”则主要是借助身体力量或者其他带有暴力倾向的手段与相对人进行的一种冲突性交涉。“叫板”的目的主要是权利救济，带有解决冲突或消灭纠纷的性质，往往不会刻意去追求矛盾升级；而“拍板”的目的则具有多样性，包括权利救济，也包括其他目的如挑衅、侵权等，它往往会使矛盾升级甚至激化。其次，“叫板”有时候可以形象地称为“踢馆”，但两者又不等同。“叫板”侧重于行为人认为自己权利受到侵害时进行的私力救济，它是一种被动行为，也就是说，在他人尚未侵犯自己权利时，“叫板”不会莫名其妙地发生；而“踢馆”则有可能是一种被动行为，也有可能是一种主动行为。在前者，它可以和“叫板”在同一个含义上使用；但在后者，其传递出来的信息多是一种“寻衅”之意，这不仅不是权利救济，反而是一种权利侵害，即主动侵犯他人权利的侵权行为。再次，“叫板”也不同于“叫喊”。“叫板”在实施过程中可能会包含语音音量的放大情形，但这仅仅是“叫板”行为在具体执行中的一个表现方式，除此之外还包括其他形式，如以书面形式发出通牒；而“叫喊”则是指单纯地通过声音音量的放大来达到行为人所预设的目的，此目的也是多元的，而不是单一的。最后，“叫板”也不同于“谈判”。两者尽管可能都涉及相对人，但也存在诸多区别。“谈判”是一种双方行为，顺利的谈判大都是在心平气和的友好气氛中进行，具有和谐性；而“叫板”虽然有相对人，但大多数情况下，却充斥着不和谐因素，在“叫板”不力的情况下可能会演变为“拍板”等暴力性冲突。

正如上文在分析“叫板”的涵义时所指出的，它主要是一种权利救济方式，是行为人权利理念浓郁，践行“为权利而斗争”精神的外在反映。单纯从“叫板”行为本身来看，它不能成为他人评价“叫板”人思想品德修养的依据。也就是说，不能把“叫板”者的“叫板”行为与“叫板”者是否缺乏修养、与人不为善等品行评价必然联系起来。因为，我所说的严格意义上的“叫板”，是专门针对强势群体或者强势个体的侵权行为或者不当行为进行的，强势群体或者强势个体实施了侵权行为或者不当行为，这对权利受损的“叫板”者来说，他们是一类“与人为恶”的群体。“叫板”者依法启动“叫板”程序进行“叫板”，对自己来说是权利救济，对被“叫板”者来说，则是一种对其“与人为恶”的应有处遇。

可见，在人际交际意义上说，“叫板”主要是一种“以弱对强”的人际交际方式。因此，在适用上有必要对其范围加以限制。我认为，在人际力量对比相当的普通自然人之间，是没有必要一定适用“叫板理论”的，因为在“人际交际当量”基本同级的人，占据了社会主体之主流，如果在这一主流群体中间适用甚至推广“叫板”理论，“叫板”成本将会很高，人际交际资源也会浪费，并且还有可能被他人作出消极评价，尤其是在“交叉叫板”的网状秩序下，社会的和谐性会受到波动。我更主张在这样的人际冲突发生时，适用“和解”“忍受”“调解”等有益丁人际改良的方式，这其实是一种“温柔的抵抗”。因此，作为一种权利救济方式的“叫板”，主要适用于弱势群体对强势群体之间，正是在这个意义上，“叫板”才是真正的“叫板”。归纳起来，主要适用于以下几个领域：一是消费者对经营者。众所周知，消费者相对于经营者来说在交易上是弱势群体，双方的力量对比导致消费者的权利在交易中容易受到来自经营者的侵害，如果消费者在自己的合法权益受到侵犯时，选择麻木不仁或者忍气吞声，那么，不仅自己的权利得不到有效救济，反而使得经营者因此我行我素甚至得寸进尺。此时，作为弱者的消费者必须拿出“叫板”的勇气，斩钉截铁地为权利而斗争。二是劳动者对用人单位及其领导人。劳动者尽管通过劳动合同与用人单位建立了劳动关系，但用人单位却掌控着劳动者的诸多利益，在用人单位面前，劳动者无疑处于弱者地位。当用人单位侵犯了劳动者的合法权益时，劳动者完全有必要与用人单位或者其领导人进行“叫板”，这也是一种权利的私力救济方式。三是民众对国家机关。国家机关拥有公权力，权力的本质是服从与被服从，一旦不按照法律规则和道德规则的轨迹运行，就很容易滥用权力，权力的滥用往往会害及民众的私权，此时，面对强大的公权力，受害者是沉默还是“叫板”？按照我的“叫板理论”，当然应该选择后者。好多人可能会毫不迟疑地选择前者，为求一个“多一事不如少一事”的平安，但事实上这个算盘往往会出现失误，越是想躲在“避风港”，反而越不会风平浪静，大有“树欲静而风不止”的无奈感觉。四是其他具有强弱力量对比的情形，比如凡人与名人、中小企业与大型企业等。

三

那么，在具体适用“叫板理论”时，应该执行哪些操作规则呢？一是受害权利的孰轻孰重问题。在这个方面，我一直认为，不管什么性质的权利受到侵害或者威胁，最终都可以归结为民事权利即私权受到侵害或者威胁。按照私权对于个体的价值品位之不同，应该遵循“优先次序”原则来决定是否启动“叫板程序”。一般说来，人身权受到侵害比财产权受到侵害更具有“叫板”必要性。而在人身权中，人格权受侵害的“叫板”必要性应比身份权大；在人格权中，一般人格权受到侵害的“叫板”价值优于具体人格权。之所以作出这样的差序划分，主要是考虑到各种权利受到侵害的可能性大小、对人的影响程度之轻重以及权利侵害之后的牵连受损的距离之远近。比如，作为包含人格独立、人格自由和人格尊严的一般人格权，它不仅在本质上是表征一个人的主体性最核心的元素，而且一旦受到侵害会给人带来歧视性精神伤害，往往表现为痛苦、郁闷甚至会有发生精神病理之危险。这一权利还会因为具体人格权、身份权和财产权等其他私权受到侵害而容易牵连受损，基于这样的考虑，我将一般人格权放置于启动“叫板程序”的优先地位，其他权利种类的安排也基于同样的道理。当然，不同个体的“权利感”是有差别的，有些个体非常注重财产权，有些则可能更在乎人身权，因此，在具体执行“叫板理论”时可以根据自己的实际情况选择是否、何时以及怎样启动“叫板程序”。

二是“叫板当量”问题。“叫板当量”其实就是“叫板量度规则”。我在许多场合把这个规则叫做“1∶10”规则，即：强势群体或者强势个体侵害的量度为1时，“叫板”者的叫板力量度至少应达到为10。最初这个“叫板”规则的确立其实来源于人际交际中的“恩惠原则”，即通常所说的“别人敬我一尺，我敬他一丈”，这个比例是“1∶10”。之所以选择如此当量运用规则，是因为当强势群体或者强势个体侵犯弱势的权益之时，假设运用“容忍原则”不去理会，那么强势群体或者强势个体通常会认为受害者放弃了权利救济，或者没有胆量对抗强大的自己。而“叫板”量度低于10时，强势群体或者强势个体则很可能不会理睬这样的所谓轻度“叫板”行为，很有可能的期待性遭遇是：强势群体或者强势个体在未来不特定的时间和场合会再次发生侵权行为或者不当行为。因为喜欢侵犯弱势群体权益的所谓“强者”，大都是一些心怀叵测、心术不正的“不受弱者欢迎的人”，这种人看上去所处地位强大，但心术上却是一些纯“小人”。小人处理人际关系的规则通常是：专门欺负弱者、下级，极力奉迎强者、上级，报复之心重，喜欢暗中伤人，乐于借助他人力量或者非人力力量实施打击，欺软怕硬。因此，对这部分“与人为恶”的人绝不能以所谓“容忍”而予以留情，也不可以适用低量度进行“不痛不痒”的“叫板”。如果不愿意发生“叫板”行为，那么，应该在权益受侵犯之前就开始采取不合作态度或者干脆躲避，以防止发生牵连关系而自己受损；否则，一旦与他们有交际行为且权利受到侵害或者尽管无交际行为但权益受侵害，那就一定要选择“叫板”，且要充分用尽“1∶10”规则，叫板到底，直至权利得到救济。

三是“循环叫板”问题。“叫板理论”中的“循环叫板”是指当“叫板”者在“叫板”后遭遇被“叫板”者的反复或者持续甚至升级报复性侵害时，“叫板”者不应因此放弃“叫板”，应该及时、适时启动新一轮“叫板”程序，以将强势群体或者强势个体的嚣张气焰重拳压制下去。这就是所谓的“循环叫板”，它不是指“叫板”者“没完没了”“纠缠闹缠”，而是因为“叫板”者权利遭遇二次侵害或者新型侵害时的一种“再叫板”。这种“循环叫板”的情况主要发生在熟人人际环境中，比如个体消费者与随机发生交易行为经营者之间属于陌生人际环境，通常不会发生类似报复性侵害，也就极少发生“循环叫板”行为。当然，在运用“循环叫板”规则时应当注意的是，“叫板”者必须有确切的证据表明原始的被“叫板”者确实实施了报复性侵害行为，因为在实践中经常有被“叫板”者使用暗中手段尽量避免“叫板”者发现的报复性侵害，所以，如果仅仅是基于推测而不是求证获取的信息，是不足以启动“循环叫板”程序的。

以上几个方面是“叫板理论”执行中的主要规则。但由于“叫板”不仅涉及权利救济的法律问题，而且还涉及人际关系处理等公关问题，甚至在一些大型“叫板”中还会涉及舆论影响等社会问题，所以，在一些微观意义上的具体操作规则上，会因为人际关系的复杂性等诸多因素而需要选择适当的“叫板”技艺，以追求受到侵害的权利救济得到最终救济的行为目标。另一方面，“叫板”之具体规则的运用，也与“叫板”者的个体性格、能量、素质等主体因素关系密切，这更会使实践中的“叫板”情况之具体表现显得千差万别。

虽然“叫板”是一种权利的私力救济方式，出发点自应是正义的，性质上也是一种文明行为，是“叫板”者“与人为善”的一种维权手段，但在具体操作过程中，尚有几个方面需要特别强调。一是在是否启动“叫板”程序上，应谨慎行事。必须确实有证据表明自己的权利受到来自强势群体或者强势个体的侵犯时，才能考虑是否选择“叫板”方式作为权利救济手段。否则，“叫板”者可能就会陷入“无理取闹”的人际评价旋涡。二是在“叫板”的行为实施过程中，应避免构成对他人的“反侵权”，也就是要依法、合理“叫板”，而不能借助“叫板”反过来再侵犯被“叫板”者的权利。如果事实上发生了此类情况，可能将会使“叫板”质量下降，收不到预期效果。三是“叫板”要在追求权利救济的同时，也要追求与被“叫板”者的和谐相处，而不应因此而产生久久不能抹去的“敌意”，要有一种“不打不成交”的“叫板”战略性思维。四是对于那些容忍心强的人、叫板力量对比明显不利的人、不擅长运用叫板技术和叫板规则的人、受客观环境影响在短期内不适合叫板的情况，“叫板”理论没有适用的余地，不发生效力，因为“叫板”是尽量以最低的成本去追求最好的结果，但如果对“叫板”做出预测分析之后，认为胜算不大，则应该谨慎处之。五是当个人力量无法“叫板”但现实确有“叫板”必要时，或者尽管已经“叫板”但未能取得成功时，应该借助集体的力量（如消费者协会）或者公权力寻求其他救济。

四

“叫板理论”是对传统文化心理中“消极容忍观”的批判，旨在唤醒更多人的沉睡已久的“为权利而斗争”的意识，对强势群体或者强势个体行使《宪法》赋予的监督权。多年来，我一直就在依法践行着“叫板理论”，维护着心爱的私权。尽管粗略统计的成功率显示，大部分案例是成功的，但与这套理论的价值目标和当量要求相差还很遥远。之所以抛出这一所谓的“叫板理论”，就是期盼更多的人在遇到强者侵害权利时，能够敢于运用这一私力救济方式，来珍视自己享有的合法权益。这就好比植树，只有将种子撒播得更远、更多，才能形成一片挺拔的树林，既能把我们的生存世界绿化得更加美好，又能够起到防风固沙的功能。假设“叫板”理论像树的种子一样在更多的人心田里发芽、扎根、成长，那么，必将会形成一股强大的抵御风沙侵蚀的能力，法治社会之生成会更有盼头。

这就是我在“植树节”的一点法治思考。我不仅无聊地提出了“叫板理论”，而且还疯子般地写出了这么多文字，显然，我已为“叫板”走火入魔。

二〇〇六年三月十二日

沉默

一

朱自清先生曾写过一篇杂文《沉默》，文章开门见山地写道："沉默是一种处世哲学，用得好时，又是一种艺术。"这篇文章写于1932年，算起来已有70多年了。可是直到今天，沉默对于我来说，难度真的很大。因此，不必说把它玩成"艺术"了，就是把它用作"处世哲学"，我也需要参加培训班，或者，至少要请个精于此道的好家教。

按理说，要保持沉默，只需有点"不作为"的头脑，本无所谓什么难度。可是，人世间的许多是是非非，却又常常招惹我去情不自禁地瞎操心。一操心就坏事，因为我的每一次操心，都动用了枪和炮，枪声清脆嘹亮，炮声轰轰隆隆。于是，一群人就不高兴了。被击中的人"疾恶如仇"，与他们多少有些牵连的人，则也少不了愤恨。这尚可理解，毕竟人几乎都有自私的一面，即便做了坏事，也不愿意被人说个"不"字，要是用了枪炮，则更招架不住了。尤其让我感到滑稽的是，在不高兴的人群里，还有一些与此毫不相干者，却总也死活看不惯本人的"瞎操心"。因为这些人，似乎天生就注定了是一群沉默分子，且崇拜“物以类聚，人以群分”，所以，看到那些不经常沉默的人或者经常不沉默的人，他们的那根排斥异己的神经就被齐刷刷地激活了。

这群不高兴的人群里，也有对沉默感到有难度的家伙。一见到自己或者其利害关系者受到了“屈辱”，便紧急集合，快速反击。有些人平日里训练有素，倒是很有几把刷子，看上去很有力度；可是有些人则明显不用心或者是力不从心，回击战术蹩脚得很，反而让我觉得无言以对而将要败阵了。其实，真要是自己做了坏事，指望通过一两下子口舌，或者气急之下喷出星点的唾沫来搬弄是非、颠倒黑白，无论如何也不会轻易得逞。至少在我这里，就休想上演什么“宁死不屈”之类的滑稽喜剧。因为，我也不是一个形式上的沉默者。

不想沉默，是缘于沉默对我来说有点难度。在这个世道，沉默对于大多数人来说，似乎是一个再简单不过的事情了。可是，对于我这个生性耿直的土人来说，总也不能做到“大彻大悟”。于是，“低调”的做人准则始终没有与我结缘。回顾三十年的成长史，研究结果表明，我自幼就“高调”成长，哗众取宠地度过了童年、少年，又猖狂傲慢地步入了青年时期。尤其是在“20 岁代”（20 ~ 30 岁）我重新捡回了儿时的骂人习惯。五六岁时，我很喜欢爬到大槐树上，躲在茂密的枝叶里，破口大骂那些看不惯的过往路人，有时侯还把黄梅戏改编一下，骂中有唱：“你走路来我骂你，你要不服就爬上来呀”。那时的所谓“骂”，也只不过是感性地对那些着装不整洁的过路人嘲笑一番罢了，没有也不可能对被骂者的心术有什么价值判断。后来接受了中国式的“5 + 3”制义务教育，加之父母常常赐予接近家庭暴力的“教训”，于是我再也不骂人了。直到“20 岁代”后期，我才又找回了童年时期的那段故事，又再开骂。不过，与童年的骂不同，这次是靠文字的东西来“骂”了。理由很简单，因为我识别汉字了，而且还会运用了。

在信奉“低调”的人眼里，我可是在上演“高调”。“做人要高调”，高调应成为青年人的一种生活之术，简称“活术”。至少在年轻的时候，还是要多一些“高调”、少一些沉默为好。因为年轻时要是不学会“高调”，不去多碰碰壁，多流点血，那么，上了年纪，或许再也“高调”不起来了，那时胡子也长了，要是一天到晚再到处抱怨、指责甚至谩骂，那么很可能就会被骂“无病呻吟”或者“老顽固”“老愤青”了。要是遇到我，就会责问这些“老愤青”：“年轻时干吗去了？为何不早一点学会‘高调’？”因此，年轻时“高调”一些不是什么坏事，多受点挫折或者打击报复，也不是什么霉运。到了中老年，主要精力应该多花在“奉献”和养生上了，倘若那个时候再去一门心思地想“高调”，可就危险了。因为，从生理卫生上来说，年长者的内脏也不允许他们再去玩“高调”之活术了。总而言之，年轻时去刻意追求“圆滑”“低调”“沉默”，提前进入“世故”年代，这是一种“未老先衰”的征兆，对于年轻人的后半生是一种危险的信号。

“高调”并不是怂恿人们去“抱怨”，高调之活术，绝不等于“抱怨”，也不等同于单纯的“批判”。这都是一种伤人心害人体的低水平“高调”。真正的“高调”是对人性尊重基础之上对人的潜能最大限度的挖掘，是实现人的价值的客观要求。真正的“高调”其实就是不轻易选择沉默，它意味着：当你看到别人的优点或者长处的时候，尽量去发自内心地给予真诚的赞美，而不是去嫉妒甚至去挖苦、讽刺或诽谤，同时，还要善于发现他人的优点和长处；当你对某个事物或者问题形成独立看法的时候，尽量去心态坦荡地自由表达，而不是作为“祖传秘方”自私地隐藏或者顾虑重重而不去言说，同时，还要针对具体情况，决定对这种独立表达是否予以进一步传播；当你的权利遭遇到侵害的时候，尽量去寻求救济以恢复权利的原状，而不是忍气吞声或者生怕得罪侵权人而放弃权利救济，同时，还要尽量通过自己义务的自觉履行而避免权利受到侵害；当你接触一个人做一件事的时候，尽量以一颗诚实信用的纯心去交际或者行动，而不是“玩弄手腕”“用心险恶”甚至“欺诈坑骗”，同时，还要对那些不讲诚信的人和事清醒地防止并及时给出自己独立而大胆的批判；当你面对比你强势的人或者比你弱势的人的时候，尽量要以平等的人文态度对待他们，而不是在强者面前“低三下四”，在弱者面前“盛气凌人”，同时，还要及时地有力回击那些在你面前飞扬跋扈的人，也要为那些视你为强者的人提供一个宽松平等的愉快交流环境。这种意义上的“高调”，它其实分别包含了诸如主体理念、自由理念、权利理念、诚信理念以及平等理念等活生生的民法理念。可是，现实情况却并没有这么乐观，因生嫉妒而对人挖苦者有之，这看似一种“低调”，其实暴露了主体理念的不成熟；因明哲保身而不去独立自由地表达自己观点者有之，这看似一种“低调”，其实暴露了自由理念的不成熟；因麻木不仁或者担心得罪人而不去主张权利或者寻求权利救济者有之，这看似一种“低调”，其实暴露了权利理念的不成熟；因贪图便宜或者显示“城府”“老道”“圆滑”“奸诈”而不讲诚实、不守信用者有之，这看似一种“低调”，其实暴露了诚信理念的不成熟；因谋求一己私利而在强者面前摇尾乞怜者，或者因自我感觉良好而欺负或歧视弱势群体者有之，这看似一种“低调”，其实暴露了平等理念的不成熟。

“高调”从法理上来解剖，是一种法治理念尤其是民法理念的社会生活之写照；从道理上来观察，是一种心态健康、有涵养有礼节的为人处世之反映。倘若能够做到位，那这个人基本上可以说是一个相当“厚道”的人了。厚道不等于“老实”，厚道不等于“低调”，反之亦然。厚道就是一种在“高调”话下，按照主体理念、平等理念、自由理念、权利理念、诚信理念所确定的为人处世规则而描绘出来的一种人际评价。从这个意义上说，“沉默”也不等于“厚道”。

二

就我本人的网络活动来说，上网以来，一直奉行“高调”，所以经常挨骂。与前几年相比，现在挨骂的机会少多了。刚刚上网时，表现欲极强，“高调炒作”，于是骂声不断，有些网友还专门注册“我是土生他爸”“阿土他爹”“土生阿耿是我儿”等网名，专门予以攻击。那时精力比现在还充沛，于是我一一予以回应。因为现在精力不如以前了，文章发到百余家网站之后，我不可能做到每个回帖都给予回复，所以难免会遗漏不少，但凡是能够看到的，都予以回复。好多人建议不必理会那些骂帖，“沉默也是一种姿态”，“沉默是最好的对抗”，但无论是给予支持者还是给予反对者；无论是给予赞誉者还是给予辱骂者；无论是给予美言者还是给予忠言者，只要有时间，我都不会保持沉默。

有时候网友们的“骂”要也具体分析。有的人是出于一种“恶作剧”的动机，看到别人在顶、捧、追，这些人就跳出来“泼一瓢冷水”，仿佛觉得这样做很有“快感”；有的人是出于真心批评提醒，这样的指责甚至是“骂”，应该更引起重视，毕竟这些批评会帮助我认识到自身或许靠自我难以发现的一些缺点，以便及时改正；有的人是出于纯粹败坏，甚至故意设置活动障碍，看到你整天得瑟，这些人就想方设法地予以阻止；有的人则是因为我的文章触及他们的利益或者他们的利害关系人的利益，而出来实施报复；还有的人则是基于一种个人观点的不同，或者对生活方式的选择不同，而客观地表达自己的意见和看法，比如有些人主张或者提倡“低调”生活，于是，看到“高调”生活的人就视异类，从而一有空得着机会就予以反对。其实，从人际交际之平等和自由的原则出发，应该尊重每一个人的个性和生活方式，只要这种个性与生活方式没有损及他人和社会公共利益，在《宪法》、法律和网络活动规则框架内活动，就应该受到尊重，而不是把自己的个性特点与生活方式强加给别人。

其实，那些批评别人“高调”的人，十有八九也是想“高调”而“高调”不起来的人。因为这些人一心想“高调”，但是限于精力、能力、条件、机会、时间等主客观因素的左右，加之没有领会

“高调”的涵义，于是一时不能有效地“高调”起来，或者尽管“高调”了，但没有其他人“高调”得顺利、得法，于是这类“高调”者就一心想把他们自己假想或者预设的所谓“竞争对手”千方百计地“搞掉”。事实上，真正的“低调”者一般也不会去多管闲事来干涉他人的生活方式。

不过，对于这些批评和谩骂，要保持沉默还是没有多少难度的。也许将来有一天，我也能够像张五常那样做到“无心答辩”。可是，在今天，我所不愿意沉默的，却不只是这些如烟“网”事。尽管骨子里始终追逐“高调”，但却依然清醒：我还远没有达到“高调”那种令人神往的境界，而那些不沉默的日子里，本文开头所描述的“枪炮”也似乎是一种梦幻。我其实并没有枪，也没有炮，而只不过是拉开了一张弹弓——我小时候常常用来打麻雀的一种儿童玩具。

保持沉默有点难，并不意味着永远不会沉默。易言之，不能因为沉默有难度，而决定在沉默面前永久性地退却。我也有沉默的时候，相信必定会有沉默的时候！当克服了沉默的困难之后，我能不会在该选择沉默的时候保持沉默吗？鲁迅有名言：“沉默啊，沉默啊！不在沉默中爆发，就在沉默中灭亡。”这个语境下的沉默，是为将来演绎更好的“高调”而积蓄更多的力量。歌手郑智化在《沉默的羔羊》中唱道：“我不是沉默的羔羊，我也有梦想，当明天太阳升起，照在我的脸上，我一样能散发光芒。”此时此刻，又真的想按本文开头所说，请一个精通“沉默艺术”的好家教，帮助我沉默下来，等待明天那冉冉升起的太阳。

二〇〇六年五月二十日

体制内外

一

如果有谁对用文章表达孝心的人做个统计，无论如何也不应漏掉我。前些年，我吃苦耐劳，勤俭节约，说起来也是一个穷酸的“有钱人”，对待爸妈非常大方。这些年来，我个性放荡，生活糜烂，颗粒无收，落魄得有些胆寒。于是，只能偷偷摸摸地在背后用文章来孝敬爹娘。

寂静的夜，伴随着说不尽的内疚，我又一次想起了高大瘦骨的老父亲。前几天和父亲通话，突然问起他活在体制内还是体制外，父亲对这个流行语极为陌生，一时不知说什么好，就纳闷地反问：什么叫“体制内”？什么叫“体制外”？

说实在的，我也不知怎么回答。不过，体制内与体制外这两个提法却反复有常地响彻在耳畔。听久了，也大抵明白一些，但不会弄懂它的全部含义。对于似是而非、一知半解的东西，我几乎没有任何底气随波逐流、生搬硬套。所以，极少有人从我这里听到体制内与体制外的修饰或者评价。要是一不留心用错了，准会闹出大笑话。

但平日里却没少了学习与思考，遇到涉世颇深的“老油子”，我总会好奇地请教体制内与体制外的真实意思。答案五花八门，但核心意思却相差无几。说得利索一些，所谓体制内的生活就是按部就班、按制度办事；所谓体制外的生活就是按捺不住、不按制度办事。绝大部分人的看法都很现实，不轻言活在体制外。只有选择体制内，方有活路；要是选择了体制外，多半是被世俗排斥，孤立无援，自慰地享受另外一种自在。

对于学来的知识，我总会怀疑。体制内外，无非是一种相对的框定，绝无分明的界线。纸面的体制是死的，纸背的体制是活的，于是，体制便增添了不少人为的因素。体制一旦被人自由地操控，体制就不再是体制，而是演变为纯粹的人制或者人治了。如果纸面的体制本身再有瑕疵，那么纸背的体制就会更加糟糕，更何况有些庞大的体制一旦敲定，是不准轻易动摇的。因此，流行说法里的体制内或者体制外，说透了，其实就是混世的认识原则与行为规则，属于被动生存法则，适者生存。不适者或许可以被外体制所潇洒接受，但同时也会被内体制所残酷淘汰，不容分说，身不由己。

这么说来，在不少场合，体制内的就是体制外的，体制外的就是体制内的。严格遵守纸面体制的人，或许会被界定为体制外的人；知趣脱离纸面体制的人，或许会被界定为体制内的人。在规则意识仍然十分欠缺的今天，这种颠倒性认识尤为明显。不守规则的人，往往高举规则的旗帜，明目张胆地背离规则、破坏规则；恪守规则的人，未必逢事就举起规则的旗帜，但却自觉自愿地奉行、维护规则。当两种对待规则的态度及其指导下的行为发生冲突时，守规则的人一旦“较真”或者“叫板”起来，不守规则的人肯定第一个站出来“贼喊捉贼”，无理为自己辩护，无端对他人指责。因为有个几乎亘古不变的常识摆在明眼人面前：越是对“举旗”有特别喜好的人，越是掌权的人，表演功夫与忽悠水平往往一流，当此项能力不能奏效时，就会动用权术，放射内在威慑力，这就是所谓的“压制”。压制的本质不是规则之制，而是典型的人制或者人治，目的在于制人。人制就是根据个人好恶或者注意力拍脑袋制定有利于制人的规则，人治就是将源于个人意志或者愿望的命令转化为治理行为。圆滑者，不会轻易暴露破坏规则的本性，杀人不见血；不圆滑者，则会赤裸裸地公然违背规则，光天化日之下即可为所欲为。

在人制或者人治的意义上，凡是掌权者，都不可能在体制内，反而会逍遥于体制之外；凡是被掌控者，一般都会老老实实地蹲在体制内，一旦选择了体制外，就会没什么好下场。不仅如此，动物要想潇洒生存，也必须活在“体制内”。饲养宠物，须按照体制内的规则为狗办理这样那样的手续，否则就会丧失了狗命。凡是活在体制之外的狗，只要上级的打狗令一下，即会被集体屠杀，狗魂便结伴离开犬类世间。

更令人愤怒的是，很多时候想活在体制内都不行。离开体制内，未必是主体自主选择的结果，被迫远离体制内的，大有人在。假如人制当道，纸面的体制如同竹篮打水，变异为另外一种体制。谁倔强地遵守纸面体制，就会遭遇纸背体制的报复。能在体制内收拾的，尽量制伏；倘若在体制内无法达到目的，就会想方设法把那些倔强者驱逐出体制内，成为游离于体制内的人，下场幸运一些的，也至少会成为边缘人。但不管怎么说，脱离了体制内，就等于疏远了主流，必须付出一定的代价，包括生命代价。自古以来，逆主流而动或者不动者，或者死要面子硬要骨气者，结局要么自我摧残，要么遭人迫害，不一而足。伯夷和叔齐兄弟在商朝亡后，“隐至首阳山，采食野菜”，宁饿死不食周粟；孔夫子“渴不饮盗泉之水”；文天祥“宁为玉碎不为瓦全”。现代社会，概莫能外。在体制内就要安分守己，不能有任何的躁动，否则即便是“体制内”的，也会被贬低为“体制外”。

在异化的体制运行实践中，当面临不法之徒为非作歹时，崇尚人制的权势权贵，要么与其勾结，共同破坏纸面体制，要么装聋作哑，把责任推的一干二净。于是，“官煤勾结”可以使苦命民工丧身“黑煤窑”，为了在体制内使政绩增长，竟然人为地制定出“死亡指标”，确保薄命之人死在体制内！“黑砖窑”里也发现了惨无人道地买身卖身的童工，地方官员涉嫌参与了儿童的倒卖活动，已被刑拘，可怜的孩子本想活在纸面的体制内，但又被迫走向了纸背的体制内，却不见一个高级官员引咎辞职，尽量在体制内不丢乌纱帽。

有被迫离开体制内的，也有被迫待在体制内的。以高校为例，还有多少教师的学术研究不为评定职称？科学研究一旦非常功利化地为了追求更高一级的职称，在当前的体制下，必定使学术精品尤其是创新性研究成果大打折扣。不管花多少代价，只要是“核心期刊”，只要对评定职称有用，就要绞尽脑汁地在文章质量之外的非学术性因素上狠下工夫，不管质量如何，发表就成。把学术视为一种自由的科学活动，并且心怀单纯兴趣与崇高追求者，屈指可数。另一方面，单位内部及外部的量化考核，也畸形地摆在了不少高校及科研单位的规章制度里，有的具体到版权页数、字数，甚至连标点符号是否算作统计字数都有着详尽的规定。体制的力量容不得单薄的个人好恶来随意挑战，绝大部分被体制框住的人，还是要按部就班地听从体制的无形指挥。活着是一种痛苦，死了也得不到解脱，只能半死不活地被迫活在“体制内”，压抑了不知多少人的自由思想与独立精神。

假如法治社会已经基本生成，绝大多数情况下纸面上的规则能够与纸背上的实施保持一致，良性死法与动感活法不去捉迷藏，而是结为友好、相互促进，那么，活在体制内就是一种真正的幸福。但是，假如法治社会尚未真正到来，纸面体制与纸背体制互相捣蛋，就会使人的幸福指数大大缩减，常为生活所累。脱离体制的不现实与固守体制的不自在，始终成为贯穿在生活中的一条难以脱去的枷锁，极易让人麻木，甚至不仁。当法治还没有成为现实而是只处于目标层次之时，如同六月天、小孩脸的多如牛毛的各种政策，也会成为体制色彩的耀眼描绘。当法律在政策面前显得苍白无力时，除了其中的受益获利者，恐怕谁也不想面临突如其来的莫名其妙，谁也不愿遭遇千变万化的无的放矢。这种体制，不仅无助于人的幸福，而且有可能让人对法治的向往变得迟钝。经历得多了，还会冲淡甚至丧失对法治的信心，唯一的选择就是“得过且过”。获得幸福的指望，也主要建立在对自我的信赖之上，而不会过于乐观地寄托于自我之外。毕竟体制内显著获益的属于少数，绝大多数只是在竭尽全力地锻炼适应体制的意识与能力，而这一投入所需要的成本远远超过了可以轻取巧夺的极少数人。之所以说“沉默的大多数”，从体制的意义上解读，其实就是体制的力量无法叫人不去选择沉默。认了，就对了；反了，就错了。

我是个并非一般乐观的人，因而对体制始终充满信心。我是一个典型的活在体制内的人。因为活在体制内，并不当然意味着对体制保持沉默，相反，每一个体制内的人，都有责任为建立更加完善的体制而发出属于自己的真实声音。这不是在有意走出体制，而是在为更好地认识体制并持久地活在体制内寻求安全期待与幸福保障，本质上是在恪守公民遵守与践行纸面规则的义务。同时，纸面体制操控于人，前文提到的“举旗”标榜遵守规则的道貌岸然者，假如将单纯的恪守纸面规则的人视为体制内不相容者，那么，这些“异见分子”的下场并不排除被动离开体制的可能，但这与对体制所发出的独立观点而流淌出来的对体制的爱护之意并不冲突，恰恰相反，两者是统一在体制的静态与动态和谐之上的。

二

有了这些浅薄的认识基础，我就可以将之最通俗地说给有疑问在心的父亲了。在电话里作出简单的解释之后，父亲的立场很坚定，认为自己现在活在“体制内”。作为一个纯农夫，他始终如一地遵守农事法律与农事政策，有命即从，恭恭敬敬。上级叫种粮，他就种粮；上级叫把粮田改作果园，他就立刻照办。到了交提留与税款的时候，他绝不拖欠，及时缴足。每逢选举，他也会依法行使权利，按照体制内的选举规则，投上自己感觉非常“神圣”的一票。如今，国家在建设社会主义新农村，他也积极配合，与改革同行，把自己的行动统一到中央政策上来，绝无二心。与我有着同样乐观性格的父亲，还相信体制的发育只能越来越健美，活在世上不可能不受体制的约束，但好的体制在给人带来约束的同时，也会给人带来幸福。父亲同时认为，在体制不变的前提下，从体制中获取多少利益、享受多大程度的幸福，根本要靠个人的主观努力，而不是单纯地依赖消极等待；同样，在体制不变的前提下，过多的抱怨只能换来更多的烦恼与难以想象的下场。

父亲用最通俗的话，透出的这些生存之道，属于基本常识。但由于他常常在我面前发表口头演讲，表达对纸面体制和纸背体制的一些不满，以致让我原以为他是一个活在“体制外”的人。可万没想到，父亲对自己的界定却是活在“体制内”，这多少使我对体制内与体制外的已有认识之浅薄产生了些许的尴尬。但一想到无意中叫父亲知道了体制内与体制外这一流行说法，我就不再觉得心中存有多少自责，相反还增添了一股莫名的欣慰。

临近结束通话，我顺便问父亲：“我妈活在体制内还是体制外?”父亲这回没有停顿，毫不犹豫地回答“我现在之所以活在体制内，很大程度上是因为你妈妈一直活在体制内”。看来，只要妻子活在“体制内”，还可以影响到丈夫。也看来，我要想坚定而持续地活在“体制内”，最好找到一位活在“体制内”的妻子。其实，寻觅这样一位爱妻并无多大困难，我所担心的是，在体制内还是体制外这个问题上，恐怕没有父亲那样容易受配偶影响。因为在幼稚的意识里，我始终坚信，不管活在体制内还是体制外，拥有一颗稳重、善良、正义、开放并勇于担当的心，是自由与幸福的活的源泉。

二〇〇七年六月二十一日

爱情重整

恋人遇到情感危机，正如企业陷入困境。紧要关头，究竟是选择分手还是继续，会反映出一个人的爱情价值观。有人喜欢干脆利索，一有危机，立马一刀两断，“互不追究”，只求曾经拥有；有人爱好缠缠绵绵，困境面前不是急于说分手，而是尽力挽救，重新点燃爱情火焰，享受天长地久。

由此我想到了破产重整制度。何为重整？通俗地说，就是企业依照法定程序，通过债务调整摆脱困境的一种拯救措施。美国在20世纪中叶开辟了重整制度之先河，此后诸多国家和地区纷纷仿效，现已在全球风靡。我国现行《破产法》没有确立重整制度，但即将于6月1日起施行的《企业破产法》引入了重整制度，用近三十个条文作出了较为详细的规定。之所以如此受欢迎，是因为该制度一改早期《破产法》只注重保障债权人实现债权的立法理念，着眼于让企业起死回生、东山再起的复兴理念，而不是面临困境就直接走破产清算之路，体现了商法对商事主体的人格尊重与人格维持的立法关怀，也是商法鼓励交易之法律价值与功能的具体体现。

破产重整制度所洋溢的更生思想，可以拿来剖析危机爱情的处置对策。事实上，尽管如英国、澳大利亚、日本等国将重整程序仅仅适用于公司，但也有像美国、德国、法国等国家将之运用于个人重整。只是从破产法角度观察，对个人重整程序之适用仅涉及财产秩序，而不涉及纯粹人身或者情感秩序。但重整意识以及重整程序设计所体现的诸多先进理念，则可以为处理爱情危机所借鉴。

重整的开始，不必等到企业陷入无力挽救境地之时，应该在企业有危机征兆时，及早考虑是否进入重整程序。为此有些国家还专门设立了破产预警程序，防止企业一路下滑，难以拯救。我国《企业破产法》规定，只要企业法人不能清偿到期债务，并且资产不足以清偿全部债务或者明显缺乏清偿能力的，或者有明显丧失清偿能力可能的，可以进行重整。爱情重整也应该未雨绸缪，防患于未然，当爱情已经出现危机或者有危机之虞时，就可以考虑进入爱情重整程序。

谁来申请重整呢？重整与和解不同，后者通常只有债务人才可以申请，而前者无论债务人还是债权人都可以申请，甚至出资人也可以申请。如果说当爱情因为一方过错出现危机，那么可以说该有过错方即欠下一笔情感之债，可被认定为爱情债务人，另一方则为爱情债权人。按照通常情理与逻辑，爱情债权人不大可能去请求爱情债务人和解，而是爱情债务人向爱情债权人主动请求和解。但倘若启动爱情重整程序，则不仅爱情债务人有权提出，爱情债权人也有权提出，甚至当初促成这份爱情的介绍人或者媒人（相当于企业债务人的出资人），也可以提出爱情重整，劝导双方尽量不要轻率解散。

一旦进入重整程序，就要制订重整计划，在重整计划批准或者重整程序终结之前，这一期限称为“重整保护期”。各国规定不一，我国《企业破产法》的规定为 6 个月，在此期限内，债务人或者管理人应向法院和债权人会议提交重整计划草案，当然，经过请求法院也可以裁定延期 3 个月。重整保护期的意义重大，爱情双方应特别重视这一期限。在爱情重整保护期内，双方不能寻找其他爱情伴侣，爱情资源配置自由基本处于锁定状态，难怪美国将破产重整保护期称为“冻结期”；其次，爱情债务人对爱情债权人所欠之情感债务，也要延期支付，不能急于表白或者补偿，双方应该冷静思索爱情缔结之时的花前月下，正确认识爱情道路上的坎坷和风雨，这正如英国和澳大利亚所称的“延缓偿付期”以及法国所称的“观察期”。

当然，在重整保护期内，主要任务就是制订重整计划并提交表决批准。那么谁来制订重整计划呢？在破产重整程序中，要确立重整保护期间的管理人，立法模式因国而异，但不外乎债务人和管理人，要么选择其一，要么共同管理，要么单一模式，我国《企业破产法》引入了全新的破产管理人制度，原则上是由破产管理人担当重整之责，但同时在第七十三条允许债务人经申请自行管理。基于这种思路，在爱情重整程序中，可以根据具体情况作出灵活安排。假如爱情当事人成年不久阅历不深，对爱情的本质理解不够透彻，或者压根儿就是未成年恋人，那么此时可由专门管理人来安排重整工作，如当事人之合格成年兄姐或者善良长辈；假如爱情当事人已经具备驾驭爱情走势之成熟能力，则可以爱情债务人自己管理重整事务，制订重整计划草案。

重整计划，也叫重整方案，顾名思义，就是指债务人、债权人和其他利害关系人通过协商，就债权债务清理、企业重生等事项作出安排的计划或者方案。爱情重整计划亦如此，主要是由爱情债务人或者管理人制定的爱情拯救对策。在制定爱情重整计划过程中，双方应本着“互谅互让、同舟共济、同甘共苦、满怀信心”的原则，宁愿牺牲一些眼前利益、局部利益，也要保全和照顾长远利益、大局利益。参照破产重整计划草案的应有内容，爱情重整计划也必须包括一些有利于爱情再生与维持的必要事项，例如爱情债务之清偿方案、爱情债务人的认错态度、改正悔过的具体保证、爱情经营具体方针、对爱情弱势一方的谦让与照顾、性格磨合措施、爱情专一要求标准化、对外异性交往之诚信报告、共同生活维系计划、非婚生子女养育方案、胎儿处置、未来家庭建设与发展目标实现途径等。在制订重整计划时，应从实际出发，总结历史教训与经验，根据具体个案作出相应配套重整措施，而不能毫无目的、毫无方向地照搬照抄别人案例。如遇此类情形，应视为重整计划定制人没有遵循诚实原则，欠缺应有爱情诚意，爱情债权人可以在表决时表达反对态度，使爱情重整计划不予通过。

我国《企业破产法》规定，重整计划草案必须提交债权人会议，经过分组表决，各表决组均依法定程序通过重整计划草案时，重整计划即为通过。同时，还必须经法院裁定批准方可执行。在爱情重整计划制定与批准过程中，则无需如此复杂程序，只要重整计划草案制定出来后，提交爱情债权人表决批准即可。鉴于我国《破产法》有征求再表决之规定，即部分表决组未通过重整计划草案的，债务人或者管理人可以同该表决组协商，并可以再表决一次。因此，爱情重整计划草案表决批准时，如果爱情债权人一次表决没有通过，爱情债务人可以同爱情债权人协商，请求给予一次再表决机会。必要时候爱情债权人也可以责令爱情债务人修改爱情重整计划，然后再表决。

表决通过并经法院批准或者经过法院强制批准的破产重整计划，对债务人和全体债权人均有约束力，并由债务人负责执行，管理人监督执行。在爱情重整计划获得批准后，根据“谁惹的谁兜着”的原则，爱情债务人必须按照重整计划执行，并由爱情债权人监督执行。爱情债务人应定期向爱情债权人报告执行情况，并征求其执行意见，以促进爱情死灰复燃或者东山再起，并确保稳健发展。在重整计划实质性执行完毕之前，如发现重整计划需要变更，要向爱情债权人提出变更报告，爱情债权人也可以建议爱情债务人变更重整计划。应该说，这是灵活应对爱情行进过程中的变化所需要的一道优良程序。尽管我国《企业破产法》没有对破产重整计划的变更作出明确规定，但英国和美国等国家有变更程序之规定，因而在爱情重整计划执行中，完全可以根据变化了的客观情况进行必要的变更。

破产重整计划执行完毕，重整程序结束，法院审查确认后应裁定终结破产案件。爱情重整计划一旦顺利执行完毕，意味着爱情重整圆满成功，爱情当事人继续享受爱情甜蜜，审慎地维持爱情持续发展，并争取结出丰硕的果实，能够顺利向家庭建设发展的，应该本着“白头偕老”的忠贞不渝之思想，努力把爱情进行到底，正如企业要做大做强、争创“百年老字号”一样。

然而，世事难全，企业破产重整程序启动之后，并非每个债务人企业都会圆满走完重整程序，而有相当一部分重整程序，早在重整保护期内就会因为债务人经营状况和财产状况继续严重恶化或者其他事由而迅速夭折，或者重整计划未获债权人会议通过，或者未获法院批准，或者因重整计划不能执行或不执行而终止。因此，爱情重整之路也不会总是一帆风顺。参照上述破产重整程序非圆满终止之情形，爱情重整程序也会遇到同样波澜。例如，在爱情重整保护期内，爱情当事人一方继续犯错，或者一错再错，严重涉足三角恋甚至多角恋，确已丧失挽回余地，爱情重整即失去意义；又如，爱情债务人提出的重整计划因欠缺诚信态度或者明显具有纸上谈兵色彩且不具备爱情再生可能的，爱情债权人可能就不会批准该项重整计划；再如，尽管爱情重整计划获得通过和批准，但爱情债务人不能执行或者只是把重整计划当作“忽悠”爱人的临时灭火器，干脆放任自流，“破罐破摔”，不予执行，等等，都会直接导致重整程序终结。爱情重整程序一旦如此终结，就意味着宣告爱情破产，并进入爱情清算程序，最终结束这份或长或短的情感恩怨。

但不管怎么说，重整制度的创立与推广，本身所具有的维护债务人人格独立与存继之功能，保护债权人、股东以及劳动者利益之效用，促进公司企业营业健康、保障经济秩序与社会稳定之价值，却不容否认。从这个角度看，《破产法》的最大价值不在于如何使企业破产，而是怎样对其实施挽救。破产法即挽救法。企业破产与个人爱情风马牛不相及，爱情本为情感之事，不可能千篇一律使之程序化，但当爱情面临危机或者困境时，学习一下《企业破产法》，恰当借用破产重整制度之精髓，吸收挽回与复生之理念，避免草率解散爱情关系，尽量寻求拯救之策，则是当代青年男女和现代婚姻家庭有必要进修的重要一课。

二〇〇七年五月七日

契约婚

民法规则与民法理念的关系好比是苹果树和苹果的关系。前者作为苹果树，只能生于特定土壤，在特定领域发挥调整作用；后者则像苹果树结下的苹果，可以销往五湖四海、四面八方，不一定只在法律领域适用，在受道德伦理管束的空间，同样有调整的巨大余地。因此，民法理念延伸到婚姻家庭领域里，便造就了“契约婚姻”与“德治家庭”。其中，契约理念、自由理念与程序理念指导“契约婚姻”；因为“契约”可能会被任意撕毁，“自由”可能会被随便滥用，“程序”也可能会杂乱无章，于是，主体理念、权利理念与诚信理念又提倡“以德治家”，建设“德治家庭”。

“德治”强调“自律”“本分”。有些男人就是不“自律”，盯着别人的老婆眼馋，就想沾一沾；有些女人就是不“本分”，瞅着别人的老公腿抖，就想偷一偷。

最让人纳闷的是，有些没结婚的女性，就是死盯住已婚男人不放。这些“傻丫头”傍上这些男人的主要理由竟然是“他们成熟”“像男人”“有男人味”。不禁纳闷：怎样才算“成熟”“像男人”“有男人味”？身高？体重？工龄？婚姻状况？财产状况？花心程度？还是别的什么？这些青春少女为了满足她们扭曲的虚荣心，甘愿把肉体、名声置之度外。而那些父亲模样的男人也正钻了这个空子，把年轻女性当做了“物”，“不玩白不玩”；或者是看做“到了嘴边的肉”，“不吃白不吃”。在女人来讲，是欠缺“主体”意识，不知自己是个人格独立与健全的“人”；在男人来看，是过度滥用了“所有”意识，把女人当做自己的“所有物”任意摆布、玩弄。

这些根本性的欠缺民法理念的问题，一旦反映在道德层面上，就是“不自律”“不本分”。所以，要在婚姻家庭领域贯彻民法理念，非常关键的一步就是强化道德意识，吹一吹“德治”之风。

当然，我在主张或鼓吹“德治家庭”的同时，也赞同“契约婚姻”的看法。婚姻本质上是一种契约，有建立、变更和终止的过程。婚姻关系有三项内容：物质利益关系、精神利益关系与性利益关系。感情关系属于精神利益关系范畴。这三种利益关系是完整婚姻关系的全部，但人们选择缔结婚姻关系时，所看重的并非一定是这些利益关系的全部，有可能仅是其中的一项或两项，因为毕竟有人重物质重金钱，有人重感情重人品，还有人可能离开性就无法生活。每个人对各自关系的在乎程度不同，也就决定了提出离婚的理由各不相同。但从契约婚姻理论上说，这三项内容中的任意一项不能和谐运转，以致威胁到婚姻关系的维持时，都可能能会使婚姻关系面临解除之险情。不过，是否选择解除，完全是婚姻关系当事人的权利和自由。

以性利益关系为例，如此种关系不和谐，有些人并不在乎，宁可维持无性婚姻也不愿意选择解除，但从契约婚姻上看，当事人均有权因此而选择终止婚姻关系，再另行签订新婚姻契约，以寻求和谐的性关系，体验美满的性快乐。事实上，许多离婚纠纷也是因为这一方面的原因而产生的。但这些纠纷一旦诉诸法院，有些法官就死扣法律条文，认为只有“感情确已破裂”时才能准予离婚，结果导致有些离婚案件一拖再拖，有的长达几年！本来就没有真正享受到美满的“性滋润”的女方，却因为无知法官的有意拖延而遭受了长久的“性苦难”！

但不管怎么说，我还是欣赏那些敢于挑战传统“性禁锢”而勇于实践“契约婚姻”的现代觉醒女性的。当性利益关系无法和谐维持时，她们首先想到的是提出“离婚”，而不是去背着自己的老公去偷男人。如果是后者发生，那就背离了“德治家庭”的原则。男方如果不能容忍这种行为，完全可以作为他提出离婚的理由之一。果真如此，这个男人的“契约”理念较为浓厚，通俗地讲就是“拿得起，放得下”。当然，每个人对性自由的界定范围不同，如同 π 一样，有的只追求性之界限达至 3.14，有的可能想到 3.141、3.1415、3.1415926 等。

可惜的是，许多男人并没有做到这一点。老婆有了“外遇”“红杏出墙”“引狼入室”之后，不是通过正当途径解除婚姻关系，而是采取了一些“窝囊”行为。比如，实施家庭暴力，打骂、虐待老婆，甚至给老婆上一把“贞操锁”！这种丧尽天良的纯粹肉体折磨的变态形式已经与野兽的野蛮行为没什么两样了；再比如，忍气吞声放任老婆的“撒野”“找野食”行为，最终气得自己一身病甚至对生活失去兴趣或信心而自杀；又比如，为了与老婆的“不检点”行为攀比，自己也在外面竖起几杆“彩旗”，谁也不吃亏，都想“捞外快”，于是把黄梅戏中吟唱的“夫妻双双把家还”改成了“夫妻双双去寻欢”。现实中这类“窝囊”男人太多了。

还有一种男人更是懦夫行为的最佳扮演者。他们在发现老婆有不忠行为时，总是以“离婚”相威胁，即通常所说的“闹离婚”，闹了大半年，熄火了，白折腾了一阵子。须知，女人的变心、移情、别恋，根本原因在于女人自身，这绝不是靠男人的三言两语就简单说服的，更不是靠男人的几句像哄小孩一样的瞎话所能轻易挽留的。况且有许多颇有“野”性的女人并不怕什么“离婚”，她们轻描淡写地吐出一句“离就离，谁怕谁”，能把男人的美好初衷彻底浇灭。所以，离就是离，不离就是不离，不要装腔作势，不来真格的。

其实，许多男人之所以不轻易提出离婚或假惺惺地咋呼离婚，现实地讲，无非是基于这样几个原因，主要有“三怕”：一是怕舆论；二是怕自己再也不能签订新的婚姻契约（即通常所说的“怕找不上了”）；三怕连累了老婆孩子，出于“良心”“负责”而不愿意随随便便离婚。

这几点担心都是多余的，担心得毫无道理。关于怕舆论：你是为自己离婚还是为舆论离婚？为了避免舆论的影响而勉强维持自己的不幸婚姻，最终不幸的还是自己，而不是舆论。所以，怕舆论是“傻男人”的思维。关于怕“找不上”：找上与找不上主要是个人能力和运气的问题，“找不上”的解决途径应当是努力提高个人素质，不断强化个人能力，而不是靠勉强维持不幸婚姻来解决。从效果上进行比较，与一个并不爱你的老婆“同床异梦”，还不如一个人“孤枕难眠”好受。关于怕连累：不离婚就不连累？就代表了“良心”“责任”？生活在婚姻的空中楼阁里，绝不是对老婆孩子“负责”“有良心”，恰恰相反，那是对老婆孩子“不负责”“没良心”的表现。因为，不幸福的婚姻必然带来不幸福的生活，不幸福的生活必然连累老婆孩子。这怎么叫“出于良心”呢？所以，有些男人所谓的“出于良心”“为了孩子”“考虑到家庭”的说法根本不成立，是假话、废话。

但这几点“不想轻易提出离婚”的原因只是表面原因，最根本的是欠缺“契约”理念。只把婚姻关系看做死气沉沉的“一辈子的事”，而没有意识到它是朝气勃勃的“绿油油的契约”。一个地区“契约”理念的成熟程度与其经济发达程度成正相关。改革开放以来，沿海城市市民的离婚率逐年上升，并高于内地，更高于落后、偏远地区。商品化程度高、“契约”理念较浓的地方的“婚前财产公证制度”也相继建立并稳步运行，更是“契约”理念的体现。在一个“契约”理念较为浓厚的地区，人们对结婚、离婚是以一颗平常心对待的，而不是谈离婚而色变。许多市民见面打招呼时竟然轻轻松松问对方一句“离了没有”，而在一个“契约”理念淡薄或缺乏的人眼里，离婚这等事属于“家丑”，不能外扬，别人提及就是不恭，因而见面打招呼时也只是一句“吃了没有”草草收场，决不可能涉及“婚事”。从“吃了没有”到“离了没有”，或许在许多人看来那只是一种具有“讽刺”意味的调侃，但它却从另一个侧面折射出了隐隐约约的“契约”意识。

然而，如果在性利益关系和谐的情况下，女人依然管不住自己而“心急”；男人依然“拈花惹草”“寻花问柳”，那就是双方个人自身的主要毛病了。不能在暴风雨来临前“未雨绸缪”，夯实自己的欲望大坝，迟早有一天婚姻会经不住风雨的打击而摧垮，往往是一发不可收拾。从现象上讲，控制不住自己的欲望是导致“婚外情”的直接原因，但从本质上看，欠缺诚信理念却是滋生“婚外情”的根源。婚姻中的诚信意识或诚信理念非常关键，立法者也意识到了这一点，所以在《婚姻法》中规定“夫妻双方应当互相忠实”。当然，如果夫妻一方或双方不能容忍这种“感情走私”情况的存在，那么，只要危及到了感情关系（属于精神利益关系的范畴），就可以作为提出离婚的一大理由，解除婚姻关系。

看来，不仅结婚被看做常态下走向幸福的命题，在婚姻契约的环境下，离婚也同样是步入幸福的喜事。如果说结婚需要办酒席、搞庆典，离婚同样也可以广发请帖，饮酒相祝。

需要指出的是，强调“契约婚姻”，并非意味着偏向主张或有意提倡离婚。恰恰相反，这是从优化婚姻环境、改善婚姻条件、提高婚姻质量的目的出发的。如果以离婚为借口或手段，来达到玩弄异性、逃避债务等非法目的，不仅道德上不欢迎，法律上也不允许。现在兴起的所谓“试婚”一族，大多数就是抱着“玩玩”“享受享受”的态度乱来的；许多“假离婚”一帮，也是冲着躲避债务、偷逃税金的意图瞎搞的。显然，这都是对“契约婚姻”的滥用。

滥用“契约婚姻”，或者说滥用婚姻之契约性，不仅是契约理念不成熟的反映，也是主体理念、权利理念和诚信理念欠缺的暴露。从主体理念上说，尊重他人人格尊严、权利与自由，这是民法主体理念的要求，即把婚恋对方看做完整的人，而不是随意更换或玩弄的物；从权利理念上说，以契约建立起来的婚姻关系本身就包含丰富的权利义务内容，遵守婚姻义务，尊重婚姻权利，是履行婚姻契约的要求，也是守约的证明。通俗地说，就是爱家人、顾家庭，做个好男人、好女人。如果仅仅妄想婚姻契约之形式，想结就结、想离就离，而不能真正、诚心履行契约义务，那么，这样的婚姻契约理念是有重大瑕疵的，不止不具备成熟的契约理念，恰恰相反，背离了婚姻家庭领域的权利理念；从诚信理念上说，夫妻之间互相忠诚，这是诚信理念的起码要求，诚信理念不是说夫妻之间绝无谎言，善意的谎言在特定状态下可以有，为了促进和谐家庭也应该有，但这种所谓善意的谎言，在此时此刻、此情此景也就不再是谎言了。但为了追求婚姻契约之自由，又有多少人能做到杜绝恶意的谎言来欺骗自己的另一法律伴侣?

诸如上述主体理念、权利理念和契约理念的欠缺，不仅违背了家庭法律的原则和规则要求，触犯了法治家庭的精神，也与家庭道德伦理规范相悖，触犯了德治家庭的精神。因此，“契约婚姻”可以为现代婚姻家庭带来浪漫的情调，应当极力提倡；但同时也会为有些“不本分”的人提供了破坏婚姻家庭的空当，所以也要防止滥用，倡导“德治家庭”。

二〇一〇年一月二十一日

博士难嫁

前一阵子，读到一则“女博士被书本夺取贞操”的新闻。某位女博士担心“博士帽压坏意中男士脆弱的心”，只向婚介所提父了自己的本科毕业证书。后来，当女方认为两人情感已经被锁定在“二人世界”时，便将“本科面纱”揭开，露出了“博士身世”。不料，心爱一年的男友立即提出分手，并跑到婚姻介绍所，指责他们当时没有把好关、验好货，让自己受骗上当。

怀着“澎湃的心潮”读完了这则新闻，不禁“蜡烛有心还惜别，替人垂泪到天明”。据说北京和上海 30 岁以上的未婚女子各有百万之众，特别以女博士嫁人为难，往往是“门前冷落鞍马稀”。女博士到底怎么了？为何还有“男人，女人，女博士”的流传？凭什么？

“坐在路口对着夕阳西下，白云深处没有你的家”。女博士嫁人难，可分解的原因颇多。有人认为是遗传因素在作怪，因为根据英国剑桥大学和日本东京的科学家联合做实验，发现母老鼠照料幼鼠的母性源自一种称为 Peg3 的基因，而这种基因是母老鼠的父亲遗传给它的。没有这种基因的母老鼠的后代成活率仅为 8%，而拥有该种基因的则有 83% 的成活率，他们还发现了一种 Mest 基因能促使产生一种与众不同的蛋白质，也能使老鼠母性昭然，由此实验推断“大男子主义”可遗传；有人认为传统社会的“男权主义”观念在作怪，一直影响着“霸道男子”的支配之心和驾驭之意；也有人认为，这是一个心理问题，是男人的自卑心戕害了女博士的婚嫁机会；还有人认为，是女博士自身要求太高，过于挑剔的心让女博士们“抽刀断水水更流”。

“世事茫茫难自料，春愁黯黯独成眠”。一觉醒来，笔者忽然想到了长期呐喊的民法理念。于是，一种尝试着从“民法理念”的角度剖析“女博士难嫁”的欲望油然而生。

民法理念的园地里有高贵的“主体理念”、神圣的“权利理念”、天然的“平等理念”、挥洒的“自由理念”、浪漫的“契约理念”、厚重的“诚信理念”以及美轮美奂的“程序理念”。简单的分解开来就是，主体理念强调人与人之间应当相互尊重、理解和人格认可；权利理念强调每个人必须时刻“为权利而斗争”，同时要履行自己的义务；平等理念强调人与人之间不能相互压制、歧视和干涉，每个人都应有平等的机会进行自我发展；自由理念强调人要有自主意识、开放意识，而必须拒绝封闭、猜疑、嫉妒等劣性；契约理念强调人与人之间进行人际交际行为、发生人际交际关系必须有着浓厚的“连带”关系意识；诚信理念强调不欺不诈、以诚相待；程序理念强调为人、处世、求学、务业、嫁娶要本分、按部就班、有条不紊，而不能急于求成、“一步到位”“直奔主题”！民法理念不同于民法规则，它是人们为人、处世、求学、务业、嫁娶的制胜法宝和巧妙指南。人际交际行为（包括人际交流行为与人际交易行为）的方方面面都需要民法理念的指导和润滑。

据此原理可以寻求到解析“女博士难嫁”的方法论。本能地排斥女博士，甚至把女博士归入男人、女人之外的“第三类人”，表象上是似乎把女博士看做一种“人”（只是在性别上作了嘲讽处理），但本质上是抹杀了女博士“人”的属性，显然这是欠缺“主体理念”的极端表现，而这个结论的有无不以被批评者是否承认为转移，此其一；其二，本能地排斥女博士，表象上似乎可以认定女博士还有与他人结缘的机会，这种男人形式上是“把伤心留给自己”，“把快乐带给别人”，好像做了一项“公益事业”，但本质上是对女博士权利的一种变相剥夺，是欠缺权利理念的典型表现，因为某一个观念一旦形成了规模效应，聚集成“大众理念”，那么，无疑要耗费大量机会成本，造成相对应领域的利益失衡。于是，当“本能地排斥女博士”的负极观念一旦蔓延，女博士的结缘机会将在无形中减少，这其实是在蚕食女博士的择偶权利；此时，有人或许会拿出“自由理念”来挡箭，但民法理念中的“自由理念”要求人们具备成熟的自由理念，易言之，成熟的自由理念必须是建立在对他人人格的承认（主体理念）、权利的尊重（权利理念）基础之上的，以否认他人人格、消磨他人权利为代价而换来的自由，是对自由理念的滥用，本质上是不自由，此其三；其四，本能地排斥女博士，还透视出排斥者欠缺起码的“平等理念”。“平等理念”在性别上的反映就是男女平等，传统社会中的“男权主义”或者“大男子主义”其实就是在制造“男女不平等”的异性交际之变态格局，凭什么女性就不能有高学历？古时，大量的才女被湮没，今天，如果仍然留恋这种婚姻生活模式，那就是彻头彻尾的倒行逆施！其五，本能地排斥女博士，甚至在“激情过后说分手”，也是欠缺“契约理念”和“诚信理念”的人格暴露。恋爱是社会契约的一种，一方发出“以青春赌明天”的要约，对方作出“以真情换此生”的承诺，一个恋爱合同就成立生效，“契约必须遵守”是“契约理念”的应有之义，以“女友是博士”为借口任意撕毁恋爱契约，显然是既缺少了“契约理念”的这根筋，又缺少了“诚信理念”的那道弦！最后，本能地排斥女博士，与“程序理念”也是背道而驰。女博士与其他女子的一个重要区别就是学历高，但学历高是否意味着不适合做“爱妻”？这就需要双方通过彼此的了解来作出判断，这是理性恋爱的必经程序。然而匆匆忙忙跨过这道坎儿，“迈过锅头上炕头”，不假思索地本能排斥女博士，何谈美轮美奂的“程序理念”？

可见，当前婚恋领域内出现的“女博士难嫁”的异化现象，完全可以用民法理念来解读。民法理念是现代法治的“垫脚石”，因此，在全社会普及民法理念，铸就民法理念，不仅有利于法治社会的稳步构建，也有利于女博士婚嫁率的正常上升。

“真情伴你走，春色为你留”。学历是学历，爱情是爱情。婚恋的激情不会因学历的高低而必然消长。大量的女博士在经历过寒窗苦读戴上“博士帽”之后，其女性温柔的本色不仅没有褪减，反而会因学术修养的提高而更有柔情，令好多男子发出“今生复何求”的感叹。呼吁更多的男子快速培育丰盈的民法理念，并理性的作出决定：娶个博士做爱妻！

二〇〇五年四月三日

开心与关心

百无聊赖时，不禁想到一个问题：与“开心”相对的词语是什么？迟迟没有找到答案。忽然想到小学语文教育中，往往叫学生填写一些词语的反义词，要是找个小学生求教一下，没准会有惊喜。拿起电话，问家乡一亲戚的孩子，也许是望文生义，这小子立刻回答：开的反义词是关，那么，开心的反义词就是关心。

要是这孩子参加语文考试，这道题目无疑是零分。但在我这里，却因着创意而给出了满分。答案就这样产生了，就是这样一个信口拈来的答案，却留给了我无限的遐想。

开心和关心，意味深长。一方的关心，可给对方带来开心；一方的开心，也会赢得对方更多的关心。缺少了应有的关心，开心也就不在；缺少了必要的开心，也就意味着给关心的启动传递了信号。我想，其中不乏深厚的法律意义。在婚姻恋爱领域，这一组对应性极强的词语，却有着浓郁的家庭法意蕴。

例如，作为夫妻关系的双方当事人，应当履行忠诚义务。我国《婚姻法》规定，夫妻之间应当互相忠诚。忠诚义务的履行，要求配偶一方必须懂得将心向谁开放，又向谁关闭。如果一方将本来忠实于配偶的心，随便为婚姻关系之外的人敞开，那么，有真实情感的对方肯定也不会开心。缘此，夫妻双方应当把持住自己的心。不能随便红杏出墙，也不能擅自引狼入室。这是关心在法律上最直观的意义。质言之，关心就是要关闭很容易被摧垮的欲望堤坝。否则，违反忠诚义务的后果将会不堪设想。

再如，夫妻有相互扶养的义务，这同样是我国的家庭法律准则。这里的“扶养义务”不仅指物质扶养，也指精神扶养。其中，关心、体贴、牵挂本身就是一种精神扶养的形式。相反，如果一方不尽精神扶养义务，对配偶毫不关心或者不能给予应有的关心，甚至使用家庭暴力，则对方就难以开心起来，或者由开心变为不开心。这与《婚姻法》规定的夫妻法定义务是背离的。

又如，我国现行家庭法制度中，存在夫妻关系的“感情主义”立法模式。婚姻关系的维系采取的是马克思主义的爱情观，尤其是离婚判决的标准更是采取了“感情破裂主义”而不是“婚姻关系破裂主义”，更说明了感情在夫妻生活中的至关重要地位。而感情的维系在很大程度上就是指望靠心房和心室的开关运动的，即“关心——开心”。相反，如果缺少了持续的关心，没有了经常的开心，感情就会渐渐冷淡，走过几年之痒，可能会陷入危机。尤其是一些办事草率的青年男女，对待婚姻都是闪电式的，不开心就散，婚姻危机问题更加突显。

再比方说，即便在离婚制度的设计中，也会有关心和开心后续义务要求。现行婚姻家庭法中，强调离婚一方对另一方的经济帮助。这一“经济帮助”，就是典型的法定关心义务。尽管两人走过一段姻缘，现在分道扬镳，但基于人性的后婚姻义务却不应立刻化为世间的冷漠。带上一份关心分手，陪着一份开心再见，何乐不为？

还有，在家庭关系存续期间，对子女的抚养教育，也是最需要关心投入的。尤其是未成年子女，父母基于亲权关系，有义务给予子女应得的开心。可是，生活中，人们又常常看到针对子女的家庭暴力，无论是软的，还是硬的，摧残着处于幼稚期的孩子。没有足够的关心，孩子就缺乏应有的开心，如此不良关系的循环，将会滋生诸多家庭教育问题。越来越突出的少年犯罪现象，多与家教有关。假如，假如父母能够有正确的“关心——开心”教育观，可以避免许多孩子误入歧途，健康成长为对自己、对社会有益的人。所以，尊重孩子，多给一些关心，让他们开心度过成长岁月里的每一天，对家庭教育承担者来说，必要性十足。

如此等等，可以看出，关心和开心的辩证关系在婚姻法上是有法律依据的。或者反过来说，《婚姻法》之所以确立以“义务”和“责任”作为保障的配偶权利及其他家庭权利，其理论基础说到底就是开心和关心的关系原理。应当说，家庭法立法者在这一最具伦理性的部门法里，无不在贯穿关心与开心的主线。有了这一条人文线索，家庭制度设计就会更加贴近生活、贴近人性。

从关心和开心的家庭法意蕴说开去，在未步入婚姻殿堂的恋爱时期，作为情感主角的双方，岂无关心开心之理？假如恋人原本很合情缘，最终却因为闹的不开心而分手，这无疑是叫人伤心的。痛苦的失恋者，也许只好以“不合适”“无缘分”或者“有缘无分”而作为其选择离开的最有力却又最苍白的理由了。

再说开去，人与人之间的单纯交往，原本就需要彼此之间的真诚关心。关心别人并不难，难的是关心意识的启蒙及其自觉化的培养过程。这是一份真挚的爱，一旦当这份无言无声的爱，在人世间洋溢开来的时候，无论是世界变幻有多么无常，也无论是人间遭遇多大灾难，开心总是有的。而正是这份心灵最需要的开心，最能诠释人类精神世界的环境质量。

重新回到男女情感话题上来，关心和开心确实是润滑关系、升华感情的精神纽带。当有情人怀着对未来美好生活的憧憬而并肩迈进婚姻殿堂时，无不在筹划着、向往着生活质量的持续上扬。可是，婚姻关系尽管有感情因素作为联结纽带，但也无法脱离纷繁的现实，有时候还很残酷。越是面对激情过后的平淡，越需要更多的关心带来更自然的开心。因为，期盼百年好合的配偶担心的就是离婚登记时都在场。

同样道理，当有缘人怀着对缔结婚姻关系这一成果归属的期待而牵手走进相爱的世界时，也无不在想象着、勾勒着浪漫的明天。可是，一份负责任的恋爱关系也同样不应仅仅与燃烧着的激情画上等号，再多月光下的故事，也要面对风雨与阴晴。因而对关心和开心也有着旺盛的需求。因为，期盼开花结果的恋人担心的就是对方领证的那天，自己不在场。

硬把关心和开心与民法挂钩，似乎很荒唐。说起来，用民法对付女人，也是很幼稚的。因为我听人说，情感的维系不能靠晦涩的理论，更不能靠僵化的程式；我还听人说，和女人是不能讲道理的。看来，纵使我将存活一两百年的法国民法典和德国民法典搬过来，用上吃奶的力气，也不可能真正读懂比它们更有难度的女人。

二〇〇八年六月二十七日

π 的生日

今天是 3 月 14 日，也就是圆周率日，也形象地称为“π 的生日”，它是从圆周率常用的近似值 3.14 而来。通常是在下午 1 时 59 分庆祝，以象征圆周率的六位近似值 3.14159。这一天有不同的庆祝方式，一些圆周率会的人们会聚在一起思考圆周率在他们生活中扮演的角色。

这让我胡乱联想到了性权利。中国知名性问题专家李银河在前几年接受《华声视点》采访时，提倡以个人的快乐为特点的新型性道德。她说，目前婚外性增多的原因，是有一部分人认为，婚姻已经不是性的许可证了，他们可以选择婚外性。在谈到目前一些女性在社会上利用性来获取利益、机会的问题时，她认为，只要不侵犯别人的利益，女性有支配自己的身体的权利。在 π 的生日，结合李银河提到的性行为和性权利问题，想乱弹一下性权之琴。

性权利行使的正当与不正当

身体权是现代《民法》赋予的公民的一种人身权，身体权的一般客体是身体，具体客体是身体的各个组成部分，内容是对身体利益的处分，包括积极的身体行为、身体保护以及消极的身体行为限制（权利不得滥用）。与性有关的身体部位是身体的一个组成部分，民事主体（自然人）对与性有关的身体部位的性利益的处分是性权利。因此，性权利是身体权的具体分支，可以称为具体身体权。民法理论大多有一般人格权和具体人格权的划分，但在属于具体人格权的身体权上，很少见一般身体权和具体身体权的划分，其实身体权同样可以作出如此划分，以规范民事主体对具体身体权的行使。

民事权利的行使有一定的限度或者界限，这一界限其实是对作为民事权利内容的民事利益处分的圈定，超出了这一界限，就是对民事权利的滥用，被滥用了的“民事权利”由于超出了圈定的民事利益的处分范围，所以也就不是属于民事权利了。基于此，属于民事权利的身体权不能滥用，属于身体权的性权利仍然不能滥用，即不能以侵害他人和社会利益为代价行使性权利。至于双方同意一些对于自身身体权利的处分行为是否理所当然成为在法学理论中找到合法根据的理由，其实这里需要考查一下当时民事主体的这个“同意”是否超出了民事权利行使的界限，如果超出民事利益处分自由所圈定的界限而作出的处分该民事利益意思表示（同意），这就是典型的民事权利的滥用了，根据刚才的结论，这种超界限的处分（民事权利的行使）已经不属于民事权利范畴了。换句话说，其实就是属于法律规则所圈定的民事利益处分范围，既然已经有了法律圈定，而民事主体再去超越这一圈定处分民事利益（行使民事权利），当然就不是在行使民事权利了，也就没有什么合法依据了。

顺便指出，艾滋病病毒感染者和艾滋病患者性权利的限制同样是这个道理，因为任何民事利益处分的圈定都不是抽象的，而是具体的，所以然者何？皆因为民事权利在权限上的非平等性（民事权利能力平等但民事权利却因人而异），对不同的民事主体的民事利益会有不同的圈定，比如公众人物的隐私权的隐私利益处分的圈定就与一般公民的圈定范围不同，同样，对于艾滋病病毒感染者和艾滋病病患者的性利益处分圈定依然会有特别的或者不同的圈定结果，所以，在一般意义上可以认为，艾滋病病毒感染者和艾滋病患者的性权利在行使方面的自由空间会小于“非艾群体”。

根据前文所说的身体权“是对身体利益的处分，包括积极的身体行为、身体保护以及消极的身体行为限制（权利不得滥用）”的结论，性利益的处分内容中也有一个积极的性行为问题，又因为性权利是一种具体身体权，是对“与性有关的身体部位的性利益的处分”，所以，诸如亲吻、抚摸性器官、性交、双方性自慰等都属于性行为，是民事主体对性利益的积极处分行为，因而“性行为是性权利行使的一个性利益内容”。并且，只要民事主体在圈定的民事利益范围内进行民事利益的处分，都是自由的，不应受到他人干涉（彼方干涉就是侵犯此方民事权利），也就是说，民事权利具有行使自由的法律特征。既然民事权利的行使是自由的，那么，就性权利而言，“性权利意味着性行为自由”。

婚外性行为对民法的违反和不违反

婚外性是合理的或是可以允许的吗？性交易是支配身体的权利吗？性活动应不应该受到道德的制约？我们提倡什么样的性道德？下面我就从民法角度来分析这些基本问题。根据上文的分析，任何权利都不能滥用，性处分权也不例外。如果不顾性交易伙伴的意愿以及利害关系人的利益而发生性关系，那就是滥用性权利了。例如，我国《婚姻法》规定夫妻之间有相互忠诚的义务，这一规定尽管仍然属于“太监法条”，即只规定了忠诚义务，没有直接规定违反该忠诚义务的法律责任，但是，这种倡导性的道德色彩极为浓厚的法律条款，毕竟昭示了我国法律对夫妻之间忠诚相待的立法态度，这当然包括性方面的忠诚。不过，这一规定也仅仅是从一般意义上的一种倡导，而具体到对是否履行忠诚义务的判断，依然要通过个案分析来作出具体评判。因为每个人对忠诚义务的界限要求不同，自然也就会产生容忍和谅解之界限的不同圆周。另外，如果行使性权利不顾社会公共利益，也会因为违反公序良俗而导致权利滥用。例如，聚众淫乱、具有明显性行为内容的淫秽表演等。

同时，民法基本原理认为，人有身体权和自由权。身体权包括人处分自己身体的权利，比方说理发权利、允许医生做手术的权利、修剪指甲的权利等，而身体因素包括性因素，所以身体权也当然包括处分自己性利益的权利，比如同意与某人性交或者让某人触摸自己的性器官等。另一方面，从自由权角度来看，人具有人身自由，非依法定程序不受非法限制甚至剥夺，而性自由是人身自由的一个环节，所以与他人发生性行为是行使人身自由的典型体现。可见，从民法上讲，性行为的进行至少是人行使身体权和自由权的表现。从这个角度讲，无论发生婚前性行为还是发生婚外性行为，都是在依法行使自己的私权，他人无从干涉。只是在具体到每个个体时，要具体分析其权利界限的圆周有多大，即其行使权利的范围有多大。

结　论

从民事权利发生学上看，民事权利一般被认为是由法律所确定和认可的民事权利，因而法定性成了民事权利的重要特征。也就是这样一个特征，使其与自然权利加以区别。但民事权利不仅具有法律性，还具有道德伦理性。民事权利的法律性所指示的权利之界限，有的以法律直接确定，有的则以合同加以约定。民事权利的道德伦理性所指示的权利之界限，则是由社会公共伦理道德和每个人或者一定群体内的具体道德伦理规范所确定。相比民事权利的法律性所指示的权利界限，民事权利的道德伦理性所指示的界限，会更为灵活，并且会因为权利主体之不同而导致每个具体权利界限之差异。

这就好比是每个个体对圆周率 π 的具体数值掌握不同一样，

有的人只允许自己或者自己只有能力记住 3.14，有的则却可以记住后面若干数值。这一类比，其实就是民事权利的道德伦理属性在不同权利个体上的差异。但不管有多少差异，不管每个个体能够记住小数点后面多少位，但这个无穷大是无论如何也不应超出 π 的，因为这里的 π 就好比是民事权利的法定性所指示的权利界限。就性权利而言，法律只是笼统地规定了身体权和自由权，但没有精确地划定其具体界限，因此它的伦理道德性就更为浓厚，如何来正确行使该权利，完全依靠个体在法律规则和社会公共生活道德规则框架内进行自由裁量。社会提倡的性道德应该是在“你情我愿”又不“殃及池鱼”下的现代性道德；法律所确定的性权利，也应该是在 π 的 3.1415926 与 3.1415927 之间的范围内根据不同个体情况自由波动。这样理解性权利，既可以彰显法律对起码人性的基本尊重，又可以减少道德谴责和法律问责的多余尴尬。

法律是灵活的，但不能放荡不羁；法律同时又是严谨的，但也绝不能像僵尸一具。所以，现代法治生活不妨也多来点 π 的思维。

二〇〇六年三月十四日

官命

一个月前的今天，重庆市大足县人事局副局长李福多22日在家中自杀，引起了大足县有关部门的高度重视。24日，县外宣办透露了李福多自杀前后的详细情况，确定李自杀原因为工资微薄无力尽孝道。近年来，官员非正常死亡事件频繁出现，而民众则反应不一，有拍手叫好者，也有表示惋惜者。在诸多议论中，有人提出，在官员的非正常死因的对外公布上不应敷衍了事，应该追根问底，查个水落石出；还有人建议，要在每一个官员自杀之后将其死因纳入政务公开的范围。反对者则主张公布死因不应草率，也有人认为不应有“仇官”情绪，此论一出，又有人撰文指出“仇官是假，仇腐是真”。

然而，在争论之余，似乎应该收拢一下思维的缰绳，别再纠缠于种种具体死因的猜测，也别再忙于一些“扯得太远”的评说，应冷静地反思一下“官员自杀”这一“非正常死亡”现象本身所隐含的一些“非正常”的近距离原因。参考包括官员自杀在内的大量自杀案例之后，将“官员自杀”现象放置于具体的“为官”时代背景下分析，会发现，之所以屡屡出现此种现象，主要基于以下几个方面的“非常环境”：

非常心理环境

自杀这一行为的根本诱因便是自杀者的自杀意志，这一意志何以产生，与自杀者在一定阶段的心理活动密不可分。相对于自然死亡而言，自杀属于非正常死亡，所以，自杀者的心理环境在自杀之时甚至在自杀之前的一段时间是处于非正常状态的。因此，从自杀的内因角度来看，主要是因为自杀者的“非正常”心理。就官员自杀而言，其非正常的心理环境主要包括但不限制于：

一是为官心态失衡。为官的终极目的应该是为民，而不是掌权。掌权是为官的动机因素，从科学人生观的角度来说，这本不应作为人生价值来追求甚至追逐。如果能够牢固树立“为官就是为民”的工作理念，那么，所谓掌权动机将会合理地转化成为民服务的信念。反之，一旦“掌权”成为为官的主要动机或目的，则将会收不住权力膨胀欲望的缰绳，为官心态将会逐渐失衡。欲望无限膨胀，必须有相应的现实利益得以兑现，以冲淡权力欲望。然而，事实则是欲望越膨胀，越会感到现实难以满足。于是，这些官员心里将会产生欲望膨胀的无限性与现实可获利益的有限性之间的矛盾。由于这对矛盾始终困扰着这些官员，若不进行思想上的改造，矛盾将会愈演愈烈，他们的心态失衡也就会加剧，当达到一定程度时，就往往容易引发极端行为。

二是为官心理压力。上述心态失衡自然可以制造心理压力，但除此之外，一些官员的心理压力还来自其他一些层面。这既包括内发心理压力，也包括外来心理压力。前者主要是人为因素，比如有些官员尽管为官动机相对比较纯洁，但对自己的要求过高，甚至会超出自己的能力限度或者职责限度，当其实际工作实践无法满足他们的要求时，就可能出现精神负担，要么自我责备自己能力不够，要么进一步给自己提出更高的一些不切实际的要求，这都会使思想包袱更重，心理压力也渐增；后者主要是来自外来的一些因素，包括上级领导、人际关系、婚姻家庭、组织调动等，都对官员的原本健康、平衡的心理带来了负担。比如“李福多事件”据报道就是因为来自家庭的负担，给自己施加了巨大的心理压力，最终不堪重负，切腹自杀。这说明，外来的因素给官员带来的心理压力也不容忽视。

三是为官心术不正。有些官员为官过程中由于心术不正，把自己的权力凌驾于他人和社会利益之上。在侵犯到他人利益之后，可能会遭遇法律意识淡薄的人的打击报复，包括杀害。即便没有遇到他杀，在遭到报复之后，有些心理脆弱的官员会感觉蒙受羞辱，而寻求短见以获解脱。这种死亡主要不是因为为官本身的一些心态失衡，也不是因为心术正常情况下带来的其他心理压力，而是由于自身思想道德品质恶劣，心术不端正，而招致报复之后的一种不光彩下场。

非常官场环境

教科书和正式发布的宣传材料上都说，当前的领导环境总体上来说是好的，领导干部形象经这么一宣传，基本上可以说是廉洁奉公的，腐败仅仅是“支流”。但是，不得不承认的是，在官场上确实存在诸如争权夺利、钩心斗角、迎上欺下、权力交易等非正常现象，有些地方可能还比较严重。这种官僚风气直接影响了部分官员的所想所为，于是，要想得到提拔或升迁，有些官员不择手段，充分运用官场“潜规则”，把人民的利益抛在一边，一心只想往上爬，一旦“仕途”受挫，可能会造成消极对待工作、消极对待自己。这种“非常”的官场环境直接给有些官员带来精力上的耗散、心理上的不专以及思想上的波动。那些经受不住官场风雨的官员，将会遭遇精神创伤甚至心理扭曲，选择“非正常”的途径予以解脱，也就成为必然。

非常人际环境

良好的人际环境是让为官者安心、舒心地在领导岗位上为民服务的“润滑剂”，有了它，为官者可以心情舒畅地投入到本职工作中去。但是，并非所有的官员都会如此幸运，也并非所有的官员都能够对人际关系驾轻就熟，做到左右逢源。毕竟人际关系本身就是错综复杂的，普通人有时都会因为交际而感到心累，更何况官员所处的人际关系可能会因其社会地位、受关注程度、工作需要等因素而显得更为复杂。如何才能在人际交际这场游戏中赢得胜利，则是官员们热衷思考甚至喜欢玩弄的一个重量级课题。搞不好，则会常常抑郁。此时如果再有下属、亲属、家属等不理解，或者反而提出更高的甚至是一些非分的要求，那么，处于这样的人际环境当中，无疑会给官员带来许多烦恼。这种人际环境与普通人的人际环境相比，是“非正常”的。在“非正常”的人际环境左右下，众多的烦恼聚集在一起，将会爆发出一股难以阻挡的力量，逼迫部分官员连自己的命都不能再要。

非常舆论环境

官员，尤其是职位相对比较高的官员，是受公众关注的一类特殊群体。执政能力如何、执政效果怎样，都会成为人们议论的焦点话题。因此，官员在为官过程中，不可能不受到来自舆论的一些干扰。鲁迅在《论人言可畏》中说：“然而我想，自杀其实是不很容易，决没有我们不预备自杀的人所藐视的那么轻而易举的。”可以说，不同的舆论环境给人带来的心理感应是有区别的，官员也无法例外。如果遇上糟糕的舆论环境，比如影响较大事件的重大误会或者不实评论、别有用心者的无事生非和妖言惑众、官员失职或者渎职之后的舆论评价等，这些“非常”的舆论环境，都会冲击到官员的内心世界。2004 年 6 月 21 日，福建福鼎市质量技术监督局局长翁华铭在单位上吊自杀，就是因为不堪舆论的打击而导致的一起“非正常”死亡案件。可见，非常的舆论环境也是官员自杀的一根导火线。

非常物质环境

心理学认为，人的生理年龄越大，往往越容易与自己的过去进行纵向比较，与别人进行横向比较。不同的人、不同年龄段的人在比较之后会有不同的感受、体会和实践，有的人在比较之后会理性地认识自己，加倍的爱惜自己，但也有一部分人在作出横向比较发现自己的不如人处之后，而陷入苦恼。特别在乎物质生活条件进行攀比的人，在这一点上恐怕表现得会更为明显。不容否认，在有些地方，公务员待遇并不乐观。当对比之后发现自己的收入是如此微薄时，可能会产生久久不能抹去的失落感。当自己收入的确定性和有限性与需要支付的不确定性和无限性形成矛盾时，这种思想压力会更大。因此，“低薪”这种“非常”的物质环境也会造成部分官员的自卑心理，一方面要为公效劳，另一方面又只能获取达不到自己心理价位的收入，这显然会让有些心理调适能力差的官员降低对自己的认可度，达到临界点，就很有可能会选择逃去西方，求得在天堂的更好发展。

非常情感环境

不少案例显示，有些官员自杀的原因是缘于情感纠纷。（有些）官员包养情人已不再是新闻，有些女人喜欢傍上一位官员，也不再是怪事。国内某位知名法学学者曾说“权力的大小同性欲成正比”，不管这一说法是否成立，但我却一直纳闷：为何有些人官做大了，就越是感叹“人生短短几个秋，不醉不罢休”，于是“爱江山更爱美人”呢？在中国，女色一直没有从人的生活作风所包含的范围中脱离出来，尤其是作为有权在握的各级领导干部，沾染上了这种东西，一旦被发现就意味着成为竞争对手或者社会民众纠缠不清或者纠缠得很清的一个污点，尽管法律上没有明确禁止，但在公共道德和社会舆论的范围内，却难以得到豁免待遇。即便这种事情没有被外人发现，但是有些爱较真、好吃醋的“官夫人”却不能轻易饶恕自己的花心老公，主动跑到单位一把鼻涕一把泪地“闹腾”几下子。这比起外人发现暴露出来带给人的印象似乎更为“真实”，此时，郁闷便开始光临那些好色官员。还有些案例显示，有些“二奶”或者“三奶”在风流过后，却不能容忍官员“激情过后说分手”，也不满足于只做花前月下的官妾，而是一心想成为正妻，做上名正言顺的官太太。于是，一场争风吃醋之战必然上演，如此一来，麻烦就更大了。忽悠功夫不强的官员，在经受不住折腾之后，绝望到极点便选择死给几个女人看。

上述几个“非常”原因，尽管尚不足以囊括所有的官员自杀情形，但在诸多案例中却不同程度的存在，这绝不仅仅是因为所谓“腐败”等单一原因所致。所以，对待官员的非正常死亡现象，应给予一定的理解，毕竟事出有因，处于领导岗位上的官员也同常人一样，有喜怒哀乐，有悲欢离合。况且一些人民心目中的“好官”的非正常死亡，对人民来说，也是一笔损失。但在分析了上述几个原因并予以理解的同时，应该思考这样一个问题：如何尽量避免或者减少官员的非正常死亡现象？我以为，从官员自杀的原因上来分析，可以试图寻求这样一些对策：比如，在心理环境方面，一要摆正为官心态，端正为官之目的，为官不应是为了追逐权力，而是维护国家机关正常运转并且通过此来实现为广大人民群众服务，真正做人民的好公仆。这就要求各级官员要认真学好领导科学，树立正确的权力观、政绩观。二要调适为官心理，领导心理学告诉我们，健康的心理素质是干好领导、当好公仆的一个前提条件，也是必要条件。面对心理压力，如何进行缓解、疏导，这是各级官员调适自己心理压力的一门必修课。在遇到思想包袱和精神负担时，应该及时学会合理调整心理需求结构，排除杂余心理障碍。三要端正为官心术，与人为善不仅是对普通大众的做人要求，也应是对官员的做人要求。在担任领导职务期间，心术是否端正，则直接影响到一个领导干部在上级、同级、下属和人民群众中的印象，也会直接影响到具体工作的方向、质量和效果。当然，还可以预防因心术不端给他人权益的侵犯，同时也就有效避免来自报复者的打击和伤害。

其次，还应优化官场环境，这是一个宏观意义上的求解对策。当前，我国正在构建社会主义法治国家，行政行为也要求走法治化道路，实现依法行政；另一方面，我党也一直在抓党风廉政建设，抓领导干部的廉洁自律。因此，作为领导干部，尤其是党员领导干部，应该培育法治意识，塑造法治观念，依法行使职权，按照《宪法》和法律规定的权限和程序为民办事。同时，也应该树立正确的人生观、世界观和价值观，弘扬正义，铲除邪气，“出淤泥而不染”，为优化官场环境作出自己的努力。只有这样，才能形成良好的党风、政风，才能让各级官员安心投入到履行自己职责的岗位上来。官场应处于人情上的“陌生状态”，而不是努力搭建一个“熟人社会”。在“熟人社会”的官场中，很容易造成诸如“跑官要官”“买官卖官”“官官相护”或者“你争我斗”“你死我活”的恶劣人际环境。官员应耐得住寂寞，应把自己定为于部门负责人，工作（服务）的对象就是广大人民群众，工作的程序应是“部门”“单位”之间的程序性活动，而不应是官员之间的你来我往。唯如此，才能为真正优化官场环境提供一个规范化的生成条件。

另外，人际、舆论、物质、情感等诸方面的环境也应同时改善。一要妥善处理人际关系。“好的人际关系是生产力”。官员人际关系的复杂性决定了其必须具有驾驭、处理好各种人际关系的意识和能力。面对上级的批评，面对同级的指责，面对下属的抱怨，面对亲属的需求，应该冷静地妥善处理好各类人际关系。只有不断提高自己的协调沟通能力以及处理棘手人际关系的应对能力，才能营造好比较好的人际环境，而不至于被“非正常”的人际环境所压垮。二要正确对待社会舆论。为官，就不可能不遇到种种社会舆论。有时候来自公众或者社会的舆论评价，将会对官员产生一些负面影响。那么，面对形形色色的社会舆论，应该有一个理性的正常心态，正确对待各种社会舆论。发现问题及时纠正，以“实绩”去回应社会舆论，而不是以“死亡”来证明自己的苦劳。三要深化薪水制度改革。研究制定切合实际的物质待遇措施，让各级官员在没有过多物质生活压力的状态下，以饱满的热情、平衡的心态去践行自己的岗位职责。国家应该尽量为公务员（包括各级领导干部）提供殷实的物质保障，以让官员们无后顾之忧，而不是在“养不起自己家人”的时刻以“死相相待”。四要在情感上树好“红旗”，别树“彩旗”，工资可以不动，但老婆不能不用。

二〇〇六年二月二十二日

社情

面子

一

和谐社会的本质是什么？我看就是“给个面子”。说过来，说过去，其实也就是这么回事。

“和谐社会”这一治理社会的目标一出台，各大媒体便广为散布，直至家喻户晓。就连俺村里的二大爷、三婶子都晓得这个时髦新词儿，上次我返回故乡时，他们问“和谐社会与国法有啥区别”“和谐社会到底咋和谐”。这两道题看似十分朴素、简单，但当时我却哑口无言，无法作答。因为在我的幼稚印象里，连自己名字都认不出来的男女公民，难以相信他们会对“和谐社会”的本质这一问题竟也如此地一往情深！尽管他们在不经意间表达出了对和谐社会的好奇、茫然或者困惑，但同时却让我了解到他们都知道还有“构建和谐社会”这么一桩子事。这不，当饭后散步至村西路口时，只看见在一块老土房子的墙壁上写着一串歪歪扭扭的字：“不打不抢也不偷，构建和谐地淤沟”。我这才明白，原来中央精神老早就贯彻下来了。

这让我联想到了当初“依法治国”方略提出来之后，各地纷纷兴起的“依法治市”“依法治乡”“依法治厂”“依法治校”等口号；同样，“以德治国”方略出来之后，上述口号中的“依法”二字都查找替换成了“以德”。更为滑稽的是，有一次我在一家民用门窗批发部的门口还看到一块牌子，赫然写了四个大字“以德治窗”，看后连忙为友人作了一次中文谐音翻译服务，把“以德治窗”翻译为“你得痔疮”。友人笑完后，骂着说让他差点笑掉大牙，我荒谬地反驳道：“你大牙万一笑掉，按照侵权法上的因果关系理论，我和门窗批发商应该承担连带责任，共同赔偿你的‘牙损’，迅速陪你去医院，做到‘依法镶大牙’、‘以德看医生’”。

之所以啰里啰唆说这么多故事，是因为我对这样一种现象感到特别有趣：上面有个“新提法”，下面就铺天盖地地迅速“贯彻”“落实”，恨不得连高粱地里、墙旮旯里都要拉上横幅，大挥几笔。记得有一次去贵州开会，那一带多是山区，悬崖绝壁多，我透过火车车窗望见，在那么高的峭壁上也能写上“高举邓小平理论伟大旗帜，全面贯彻‘三个代表’重要思想”。当时我就纳闷：“人定胜天”这话还真没错，在如此险要的悬崖上，竟然也有人能够爬上去挂上这么伟大的旗帜，写下这么深刻的思想！写到这里，我又联想到前一阵子在某省级电视台播放的一段销售种子广告里，竟然还有这么一句广告词：“购买优良种子，构建和谐社会”。

这样的例子恐怕一时半会不能列举穷尽。更有意思的是，与这些“贯彻”方法反差很大的另一个极端是：大量的专家、学者、教授也把诸如“和谐社会”等中央精神生硬地搬进自己研究的领域中来，凡是撰写文论，不管有无联系，也不关有多大联系，言必称“和谐社会”。更有些能工巧匠，实在是能耐得很，竟然可以专门就这类话题鼓捣出一本“砖著”来，本事可真是不小。以法学界为例，研究法理的人，能够把“和谐社会”的法治内涵、法理意义、法律价值等写得神乎其神；研究法史的人，则能够把夏、商、西周等各朝代关于和谐社会的起源、沿革、发展以及走向成熟等问题描述得叫你眼花缭乱，甚至有学者还把“和谐社会早在古代某某就提出来了”作为自己的重大发现，指出和谐社会并非今天才提出来的，而是来自“远古的呼唤”；研究宪法的人，又从宪政的高度把和谐社会搞得似是而非甚至面目全非；研究经济法的人，要么是在论述经济法在构建和谐社会中的任务、使命，要么就是在博士研究生招考中出一道题目：“从构建和谐社会的角度论经济法是社会主义市场经济的基本法”；研究民商法的人，最近似乎把和谐社会与《物权法》的制定又拉扯到一起去了，比如典权在草案中“三进三出”之命运，竟也有学者把“和谐社会”的大旗拉过来为它保驾护航；研究刑法的人，就更不用说了，比如针对同一个罪名项下的刑罚问题，主张应该重刑的学者往往拿“有利于构建和谐社会”当论据，而主张应该轻刑的人也是拿“有利于构建和谐社会”来“说事”；研究诉讼法的人，无论是以司法制度和司法改革为研究对象的，还是以诉讼法基础理论为研究对象的，都存在着与和谐社会难舍难分的一些学者。他们提出一个制度或者对策来，在论述“意义”时，肯定会死缠着“和谐社会”，如果感觉论据罗列得还不够多，就再加上一个“科学发展观”来凑数；研究国际法的人，如果慷慨地送给“和谐社会”一顶“国际”牌的帽子，戴在头上，便成了“国际和谐社会”，如果送给“和谐社会”一条“国际”牌的内裤，套在中间地带，便成了“和谐国际社会”，如果送给“和谐社会”一双“国际”牌的鞋子，穿在脚上，便成了“和谐社会的国际化”；研究环境与资源法、军事法等其他部门法的人也概莫能外。看来，单是在法学界，“和谐社会”就遭到了不少人的强行拉扯甚至蹂躏。

如上所述，一个是过于将中央精神僵硬地乱涂乱画，一个是随便将中央精神胡乱联系到自己的研究领域。这两个极端做法，在我看来都不是在真正“贯彻”中央精神，甚至可以说违背了提出和谐社会的本来涵义。说穿了，就是没有真正理解和谐社会的本质。要么把它“鬼神化”，要么把它“庸俗化”。认为和谐社会可以广泛且万能地用于社会各界，尤其在学术研究时动辄就拿“和谐社会”作招牌，似乎只有笼络了“和谐社会”才算“与时俱进”地搞研究，似乎只有拉扯了“和谐社会”才能显得学问有“时代气息”，在我看来都是把和谐社会“鬼神化”的极端表现；另一方面，认为只要在各行各业喊出一个“和谐社会”的口号，挂出一个“和谐社会”的旗帜，不分行业、不分场合地把一切琐事，都与“和谐社会”强硬地联系在一起，在我看来都是把和谐社会“庸俗化”的典型表现。而那些把和谐社会本来简明扼要的涵义节外生枝，通过一支笔或者一张嘴，把它写得玄玄乎乎，吹得怪怪兮兮，则不仅是对和谐社会的曲解和亵渎，更是在误导人民大众，让人民大众产生“和谐社会是奢侈品”“和谐社会是上层人物的专利”等游离于和谐社会之外的感觉。这对认真贯彻和落实中央关于“构建社会主义和谐社会”的精神极其不利。中央提出构建和谐社会的社会治理目标，本想让社会系统保持更加良性的运行，实现既稳定又发展的良好社会局面，但达到这个目的必须正确地理解和谐社会，采取喜闻乐见的形式和手段，让构建和谐社会的社会治理之益惠及最广大人民群众，建立起以人为本的健康、协调的可持续发展的运行机制，实现人与人、人与社会、人与自然的和谐发展，奔向美好社会。

和谐社会的定义非常清楚，也非常具有人性化、大众化，即“我们所要建设的社会主义和谐社会，应该是民主法治、公平正义、诚信友爱、充满活力、安定有序、人与自然和谐相处的社会”。从这个定义可以看出，和谐社会的概念并不具有“妖魔化”“鬼神化”的唬人特征，完全没有必要让有些手忙脚乱的学者大费脑筋，饭都顾不上吃、觉都顾不上睡地连夜赶出一本书来，到处宣讲，搞得听众和读者也不知“和谐社会”究竟为何物了。

二

和谐社会的本质是什么？要义是什么？其实就是在全社会培育

浓郁的民法理念的问题。民法理念是法治之路的“垫脚石”。“人治理念”与“法治理念”是截然相反的两种理念。前者强调“个人意志”（人治意志）的中心作用，一切以个人意志为转移；后者强调“国家意志”（法治意志）的中心作用，一切应符合国家意志。如果说，“人治理念”的要害是“自私”，那么，“法治理念”的要害则是“博爱”。所以，“人治理念”容易导致愚昧和野蛮，而“法治理念”则会产生进步和文明。“法治理念”有其核心和精髓，就是“民法理念”。可以说，“法治理念”的本质就是“民法理念”。

从民法理念的原理出发，根据和谐社会“28 字”的定义分解阐释，我认为，和谐社会的本质就是“给个面子”。具体说来，第一，所谓民主法治，“就是社会主义民主得到充分发扬，依法治国基本方略得到切实落实，各方面积极因素得到广泛调动”。这里主要体现的是“主体理念”，强调人民当家做主，切实给人民一个“面子”，真正把人民的“主人翁意识”挖掘出来并加以尊重和维护，只有这样才能在通往民主法治的道路上把人的积极因素充分而广泛地调动起来。第二，所谓公平正义，“就是社会各方面的利益关系得到妥善协调，人民内部矛盾和其他社会矛盾得到正确处理，社会公平和正义得到切实维护和实现”。这里主要体现的是“平等理念”，强调在社会各方利益关系中寻求一个平等之衡量，合理之协调，政府给处在多元利益格局的弱势群体一个“面子”，逐步克服社会不公现象，最终实现公平正义。第三，所谓诚信友爱，“就是全社会互帮互助、诚实守信，全体人民平等友爱、融洽相处”。这里主要体现的是“诚信理念”，强调在全社会形成讲诚实、守信用的友爱秩序，互相“给个面子”，不欺不诈，相处融洽。第四，所谓充满活力，“就是能够使一切有利于社会进步的创造愿望得到尊重，创造活动得到支持，创造才能得到发挥，创造成果得到肯定”。这里主要体现的是“自由理念”和“权利理念”，因为只有赋予人以充分的自由，给每个人以“面子”，而不是随意约束、越权管制，才能让人真正充满活力，飞扬激情，让人在意思自治下，自由活泼地发挥创造力，产出更多优秀的物质和精神成果，不仅如此，要对创造出来的财富给予尊重，保障权利人创造和拥有财富的权利。第五，所谓安定有序，“就是社会组织机制健全，社会管理完善，社会秩序良好，人民群众安居乐业，社会保持安定团结”。这里主要体现的是“程序理念”，程序理念在今天的中国社会依然处于幼稚甚至麻木状态，不管是政府还是民众，都存在欠缺程序理念或者程序理念不成熟的问题，而树立程序观念，也就等于给了每个人以“面子”，才能让人民群众安居乐业，进而社会也就安定团结。第六，所谓人与自然和谐相处，“就是生产发展，生活富裕，生态良好”。这里主要体现的是“契约理念”，人和自然之间存在着一个“契约”，人要是不给自然以“面子”，那么，大自然就会报复人类，给人类带来生存不便甚至是灾难。

“这些基本特征是相互联系、相互作用的，需要在全面建设小康社会的进程中全面把握和体现”。同样，和谐社会这几个特征分别体现出来的主要民法理念之间也不是孤立的，而是相互联系在一起的，形成了一个体现浓郁民法理念的有机联系的和谐系统。也就是说，各个方面的“面子”也不是相互独立的，而是契合地描绘出了“人给人面子”“人给社会面子”“社会给人面子”“人给自然面子”“自然给社会面子”的美好社会图景。

需要指出，之所以提出和谐社会的本质就是“给个面子”，也主要是考虑到就国内“和谐社会”之目标而言，这是在中国这一特定国度建立，这就不能不考虑中国人的传统人文观念，其中就包括中国人“爱要面子”的根深蒂固的国民心理属性。既然是在一个“爱要面子”的文化背景下提出构建和谐社会的社会治理目标，那么，在构建和谐社会、理解和谐社会的本质时，就不妨互相“给个面子”，满足“要面子”的心理诉求。如果人人都能领会到了和谐社会之“给个面子”的本质，并且身体力行地去实践，这种和谐社会之构建思维指导下的贯彻效果，可能要比单纯地在悬崖绝壁上写几个大字，或者在高楼大厦上拉几条横幅，或者是玩弄于深奥学者的笔杆子之下，要来得快、来得好。当然，和谐社会的本质只能界定为“给面子”，而不能界定为“要面子”，因为前者是在尊重他人、尊重社会、尊重自然的思维模式下的行为方式，有利于构建和谐社会，而后者则有可能出现“要面子不成反而撞一头灰”的尴尬场面，反而不利于构建和谐社会。因此，“给面子”是和谐社会的必然要求，也是和谐社会的本质；而“要面子”则与和谐社会正好背离，因而不可能成为和谐社会的本质。只要人人都“给个面子”，而不是一心想着去“要面子”，那么，和谐社会构建起来将会容易得多。

笔行至此，突然想到还有几天就放寒假了，这次回家，俺村里的二大爷、三婶子要是再问“和谐社会到底是啥”时，我就会理直气壮地告诉他们：就是“给个面子”！

二〇〇六年一月三日

别跑偏

当前，科学发展观的学习实践活动正在热火朝天地进行。究竟什么是科学发展观？它的本质是什么？按照权威文献记载，科学发展观是“坚持以人为本，树立全面、协调、可持续的发展观，促进经济社会和人的全面发展”，按照“统筹城乡发展、统筹区域发展、统筹经济社会发展、统筹人与自然和谐发展、统筹国内发展和对外开放”的要求推进各项事业的改革和发展的一种方法论。科学发展观第一要义是发展，核心是以人为本，基本要求是全面协调可持续，根本方法是统筹兼顾。

这些知识内容及其拓展和延伸体系，细心认真的学习实践者可能早就背诵得滚瓜烂熟了。然而，学习实践科学发展观的目的不在于机械记忆这些“新提法”“硬条框”，而是要把科学发展观的内涵和本质真正搞清楚、弄明白，不打折扣地贯彻落实到实践中去。这就要求在理论学习中，既要端正学习态度，又要提高学习效率。提高学习效率的途径之一就是，将深邃厚重的理论用最简约、最易懂的表达方式一语道破，不仅能在人民大会堂站得住脚、说得出口，更要让它在大街小巷、田间地头迅速而广泛地扩散和蔓延。

可是，如何概括科学发展的本质才能达到这样的神奇效果呢？我认为，如果说和谐社会的本质是“给个面子”，那么，科学发展的本质就是“别跑偏了”。

先来看“第一要义是发展”。权威文献说，必须坚持把发展作为党执政兴国的第一要义，要牢牢抓住经济建设这个中心，坚持聚精会神搞建设、一心一意谋发展，不断解放和发展社会生产力。要着力把握发展规律、创新发展理念、转变发展方式、破解发展难题，提高发展质量和效益，实现又好又快发展。事实上，这些理论表达可以简约为：发展不能“跑偏”。以发展理念为例，发展理念不能“跑偏”。发展不等于增长，但在某些地方领导骨子里，将“发展是硬道理”简单地理解为“增长是硬道理”，将“发展是第一要义”简单理解为“增长是第一要义”；将“以经济建设为中心”简单地理解为“以速度为中心”。于是，在这种严重“跑偏”的理念指导下，弄虚作假、欺上瞒下，热衷于大搞政绩工程、形象工程。其实，这些都是典型的劳民伤财工程，算不上发展，更谈不上科学发展。这就造成“只盯速度和数量而忽视质量和效益”的局面，实际上这是“耗子给猫当三陪——挣钱不要命”的跑偏局面。可有意思的是，某些地方和领导在实践这些“跑偏”的理念时，还特别喜欢拉出“科学发展观”的大旗，越不符合科学发展的，越是打肿了脸充胖子，岂非掩耳盗铃?!

再来看“核心是以人为本”。权威文献说，坚持以人为本，就是坚持人民群众是历史创造者的唯物史观基本原理，坚持全心全意为人民服务的党的根本宗旨，把依靠人作为发展的根本前提，把提高人作为发展的根本途径，把尊重人作为发展的根本准则，把为了人作为发展的根本目的，始终把实现好、维护好、发展好最广大人民的根本利益作为党和国家一切工作的出发点和落脚点，解决好人民群众最关心、最直接、最现实的利益问题，尊重人民主体地位，发挥人民首创精神，保障人民各项权益，走共同富裕道路，促进人的全面发展，做到发展为了人民、发展依靠人民、发展成果由人民共享。可见，科学发展离不开人。离开了人，或者冷淡了人，就是“跑偏”的发展，不是科学发展。可是，实践中真正以人为本了吗？最近某地有一副局长面对媒体口出雷人之语：“你准备替党说话，还是替老百姓说话?”这句憋了不知多少日夜的真心话、肺腑言，赤裸裸地暴露出了某些官员“跑偏”的思维，这其实就是党群关系的严重跑偏！如果不把人真正当人看，反而像某些领导干部一样，把人当成“算个屁”看，或者像某些公职人员一样，摆出一幅“我这么大一盘饺子，不缺你这瓣蒜”的架势，扬言“花100万弄死你这个农民”，那么，轰轰烈烈的科学发展观的学习实践活动，哪怕是持续千年万岁，又能治愈多少“神经跑偏症”呢？

接下来再看“基本要求是全面协调可持续”。权威文献说，必须坚持全面协调可持续发展，要按照中国特色社会主义事业总体布局，全面推进经济建设、政治建设、文化建设、社会建设，促进现代化建设各个环节、各个方面相协调，促进生产关系与生产力、上层建筑与经济基础相协调。据称，21世纪的中国不可避免地遭遇到六大基本挑战：人口三大高峰，即人口总量高峰、就业人口总量高峰、老龄人口总量高峰；能源和自然资源的超常规利用；加速整体生态环境“倒U形曲线”的右侧逆转：实施城市化战略的巨大压力；缩小区域间发展差距并逐步解决三农问题；国家可持续发展的能力建设和国际竞争力的培育。根据联合国开发计划署（UNDP）在其年度报告《人类发展报告》中的研究，人口资源向人力资源的转变，首先要把人的“体能、技能、智能”三者合理调配，置于可接受的状态之下，达到人口与发展之间的理想均衡。显然，这也要求人口发展不能“跑偏”。以高校毕业生就业为例，所谓“就业人口总量高峰”，大学生占了一大块，未来一段时间还将持续走高。“跑偏”的扩招政策造就了“跑偏”的放牧式的培养模式，进而又造就了“跑偏”的人才质量以及“跑偏”的就业形势，可以说，整个高等教育已经“跑偏”。教育跑偏了，所谓全面协调可持续，恐怕只是空中楼阁。

最后来看“根本方法是统筹兼顾”。权威文献说，必须坚持统筹兼顾，要正确认识和妥善处理中国特色社会主义事业中的重大关系，统筹个人利益和集体利益、局部利益和整体利益、当前利益和长远利益，充分调动各方面积极性。既要总揽全局、统筹规划，又要抓住牵动全局的主要工作、事关群众利益的突出问题，着力推进、重点突破。但在实践中，一些地方借“统筹”之名搞新的形式主义，如打着“统筹城乡”和“城乡一体化”的幌子，动辄提出搞什么“国际一流”“超一流”；有的热衷于贴“标签”、炒概念，以口号代替对“五个统筹”的具体贯彻落实。这种“跑偏”的思维和“跑偏”的实践，其实歪曲和背离了科学发展观的真正内涵。越是伸长脖子装公鸡，越是无法真正统筹兼顾，反而使贫富之间、城乡之间、区域之间、经济社会发展之间的不协调状况越来越让社会难以承受。近年来，群体性事件大量增加，规模趋于扩大，手段趋于激烈，一定程度上反映了发展的“跑偏”。此时，不能一味地指责群体事件的当事人“跑偏”。上梁不正下梁歪，在人民群众面前，政府的思维千万不能“跑偏”，动辄就给维权者扣上“反动”的帽子。政府要是老老实实地不“跑偏”，人民也不会受到惊动。通俗地说，在处理各种重大利益关系时，不能“1256789——丢三落四”，而是要“统筹兼顾”。

看来，所谓科学发展观，说来说去，就是“别跑偏了”。跑偏了的发展不是科学发展，中央一再强调科学发展，就是提醒“别跑偏了”。实践中，没“跑偏”的事儿应有尽有，但“跑偏”的事也不计其数，单是公开曝光的就叫人眼花缭乱了。“仁者不忧，智者不惑，勇者不惧”，对“跑偏”的人和事儿，应当鼓足勇气行使监督权，能公开透露的，尽量别遮遮盖盖、躲躲闪闪！其中，网络是个好东西，能在网上首先快速揭批的，就先别麻烦其他媒体，以让“跑偏”的官员们继续感叹“以前没有网络的时候多好啊”。

二〇〇九年六月二十日

和谐不破公正

凡流行语，要么出自官员，要么出自明星，极少出自草根。即便成就斐然、影响广深的大学者，也难以制造出飘散到祖国各个角落的流行话语。真有个别叫得开的学术词汇，也至多在真文人或假文人内部自娱自乐地穿梭，很多时候，都当做标签了。

不过，同样是流行语，发明者或倡导者是官员还是明星，则大异其趣。官员抛出来的，往往通过正式文件和指示，要求认真学习、深刻领会、贯彻落实，因而多是因为上面的意志而流行开来；明星抛出来的，可能仅仅需要一个剧本和舞台，就可被民众自觉地广为流传，无需下发红头的东西一再强调、逐级下达。

这本无可厚非。因为两者流行的目的不一致，明星鼓捣出来的流行语大都为了娱乐，人们反复拿来当作聊天说话的注释，也只是逗笑消遣而已；但官员的流行语则大都是集体智慧的结晶，是治国之要、发展之需。"和谐"即是一例，自从提出和谐社会之说，该词颇为流行。无论是地方官员还是普通百姓，都知道国家在提倡和谐，于是以和谐为修饰定语的各种词汇踊跃登场。

但流行了的，也会走样。就像"领着孩子常回家看看"，流行起来之后，就被人改装成了"领着小蜜常出去转转"。和谐社会建设，也不例外，能走样的还是走样了。最上面说得一点都不错，要

“深刻领会”和谐的内涵。可是，一些地方、一些部门，却只记住了“和谐”这俩字，而且在贯彻落实的过程中，把“和谐”当作了对付所有事情的借口。在官气十足的老爷那里，甚至把进谏、维权、检举揭发也当作了不和谐。一有人上访，有人控告，就以“和谐”“大局”相阻拦，全然不顾上访者或控告者的正当理由。这种把和谐的内涵简单化、歪曲化的做法，是对和谐社会建设要求的亵渎。更有甚者，把和谐的判断标准定格在个别官僚手中，老大说和谐就和谐，老大说不和谐就不和谐，和谐与否，全凭个人意志判断，把和谐与个人官位、政绩、前途紧密嫁接。凡是殃及到个人官位与形象的，就是不和谐；凡是对个人政绩、前途有利的，就是和谐。更蹊跷的是，这些官老爷从不抖搂内心算盘，而是往往打着一大堆的冠冕理由。官僚与权术的游戏往往就是这样，所想所言所行脱节得多，联结的少。

如此一来，和谐被扭曲成为了“平安无事”“万无一失”。这种思维仍然停留在过去的“稳定压倒一切”的刚性政策层面上，现在提倡和谐社会、提倡公平正义，过去的政策已有重大调整，不大再渲染“稳定压倒一切”。通过网上搜索引擎，查找这一提法的最近搜索结果，大多在一些体育比赛的运动员那里才找到引用之处，再就是一些对此商榷与反思的文章中提到这句话。现在强调和谐社会建设，各级领导干部理应与时俱进地领会中央精神，而不是错解和谐涵义，并且试图来压倒属于和谐之内涵的公平正义。更何况，“稳定压倒一切”的提法也不能简单理解为“平安无事”“万无一失”，而是强调在改革、发展中的前提与保障功能。

对照一下和谐社会界定的权威定义，丝毫找不出“平安无事”的表述，而是“民主法治、公平正义、诚信友爱、充满活力、安定有序、人与自然和谐相处”。在这个定义中，民主法治与公平正义显赫置前，自有其深刻意义。“加强社会主义民主政治建设，发展社会主义民主，实施依法治国基本方略，建设社会主义法治国家，树立社会主义法治理念，增强全社会法律意识，推进国家经济、政治、文化、社会生活法制化、规范化，逐步形成社会公平保障体系，促进社会公平正义”，是构建社会主义和谐社会的基本原则之一。同时，社会公平正义是社会和谐的基本条件，制度是社会公平正义的根本保证，必须加紧建设对保障社会公平正义具有重大作用的制度，保障人民在政治、经济、文化、社会等方面的权利和利益，引导公民依法行使权利、履行义务。

把和谐等同于“平安无事”，是最容易牺牲和谐社会内涵的。如有人遇到不公正待遇，把话说出来，把事捅出来，甚至上访到上级有关部门，曝光到有关媒体，那很可能就会惹火地方“一把手”。官僚主义严重一些的“一把手”或者“二把手”甚至他们组成的所谓“班子”，就会指责这个人没有顾全大局，没有贯彻和谐精神。其实这完全是颠倒是非，混淆视听。显然，制造不公正者是在制造不和谐、叫板不公正者是在维护和谐、拯救和谐社会内涵中的“公平正义”。可是，情况完全有可能相反，制造不和谐的人首先跳出来，利用“官大压死人”的先发制人优势，给那些所谓的“刺头”扣上一顶“破坏和谐”的帽子，倒霉的，还有可能遭遇撤职、开除等可怜下场，而这些手段往往是一些滥用权力的领导乐意玩弄的卑鄙伎俩。

究其因，依然是人治思维在作祟。人治的本质不是人之主观能动性的阐释，人不是“人治”的行为主体，而是“人治”这一治理模式的行为客体，亦即个人意志标准化，一切以领导的意志、好恶、注意力为转移。官僚主义作风不可能一时铲除，在今后相当长的一段时期内，只要有官员存在，就会有官僚作风。官僚作风不仅存在于党政机关，在以教育与学术为业的高等院校，也盛行起来。高校也有级别划分，高校领导干部也有部、厅（局）、处、科等级别森严的区别。一些教授做官之前还看几本书、写几篇文章，但一旦做上了什么处级、局级，立即翻脸不认学术，唯官、唯上、唯高、唯大，一派官僚作风。智商的大小与对社会的破坏力往往成正比，学者一旦官僚化、“老爷化”，整起人搞起乱来，那绝对是一流的，给他一个杠杆，绝对能支起一个地球，贪心大的，恨不得整个宇宙都想掀翻。在类似这种实非“德才兼备”的政治游戏中，学问再高，影响再大，只要不是“圈内人士”，谁不服从谁就是不和谐，一旦不和谐，必整无疑。不必说圈外人士，就是圈内的，也不是一团和气，“窝里斗”时有发生。但斗争的结果还是以官职大小、权力强弱为裁判。有学术情感的学者看是非，有政治情感的官员看输赢，这就是学者与政客的最大不同。以“和谐”为幌子进行整人的高校事件，最近时有报道，看了之后叫人心凉。试想，教授与教授互斗，博导与博导互骂，院长与系主任玩权术，对“上”有意见，就是不和谐，再闹到媒体，那就是更不和谐，有这种“平安无事”的和谐思想作为指导，结果可想而知。

“公平正义就是社会各方面的利益关系得到妥善协调，人民内部矛盾和其他社会矛盾得到正确处理，社会公平和正义得到切实维护和实现”，权威文献说，一定要在党的领导下，尊重人民群众的主体地位和首创精神，最大限度地激发广大人民群众的参与热情和创造活力，最大限度地实现好、维护好、发展好广大人民群众的根本利益，把共同建设、共同享有和谐社会贯穿于和谐社会建设的全过程，真正做到在共建中共享、在共享中共建。巩固和发展社会主义，必须认识和把握好两大任务：一是解放和发展生产力，极大地增加全社会的物质财富；一是逐步实现社会公平与正义，极大地激发全社会的创造活力和促进社会和谐。

公正是和谐的内涵，这些起码的道理，领会起来并不难，贯彻起来转化为实际行动，按理说也不难，但在有些领导干部那里，却像是遇到了如虎猛兽。上面说得很好，“维护和实现社会公平和正义，涉及最广大人民的根本利益，是我们党坚持立党为公、执政为民的必然要求，也是我国社会主义制度的本质要求。只有切实维护和实现社会公平和正义，人们的心情才能舒畅，各方面的社会关系才能协调，人们的积极性、主动性、创造性才能充分发挥出来”。如果在构建和谐社会的道路上，牺牲了公正，使人们的心情不再舒畅，那么，大谈什么“发挥积极性、主动性、创造性”就会成为空话。

其实，群众的监督以及对群众监督的认可很关键。一个领导好不好，是否真正懂得“和谐”，是否真正贯彻“和谐”，群众的眼睛是亮的，群众很有发言权。但提倡群众的监督，是历来的，可是如何体现出群众的监督、是否以及怎样认可群众的监督与评价，则是需要反思和建设的。现在的不少情况则完全相反，群众没有实质上的评判权，对“德才兼备”的信任不是来自“下面”，而更多的是来自“上面”。显然，如此一来，“和谐”的判断权也就包揽在个别有实权的领导干部身上了，说你和谐你就和谐，说你不和谐，你肯定不和谐。

总之，和谐不能以牺牲公正为代价，相反，和谐应该包容公正、体现公正、实现公正。任何以牺牲公正价值为代价，追求到的所谓“平安无事”，都不是和谐，也不是社会主义和谐，而是打着“和谐”形式之幌，扮演一种实质上的“不和谐”。在构建社会主义和谐社会中，以牺牲公正为代价，以潜规则与人治搭建起来的暂时的“平安无事”，都是偷工减料的非法建筑，背离了社会主义的本质，背离了中央精神，都应该及时果断地拆除、铲平。在这一点上，领导干部应该责无旁贷地带好头、领好队，千万不要无视公平、无视正义，把“和谐”等同于“平安无事”，制造出一些看似和谐实则不和谐的虚假和谐。

和谐不能以牺牲公正为代价，公正是和谐所应有的涵义之一，失去公正价值的和谐，肯定是不和谐。这既是中央反复强调过的重要论述，也是属于常人都能领会的起码常识，本没必要重来复去。可是，为什么像这种最简单不过的朴素道理，却又往往被喜欢较真的人提笔大书特书呢？

二〇〇七年三月二十五日

如鼠摊贩

一

上海市将在“五一”前出台《城市设摊导则》，并于下半年正式开始实施。根据导则，市区部分路段经市民同意，可设置部分便民摊点，对马路摊点不再一律封杀。读罢这则消息，不禁感到欣然，为这项便民利民措施拍手叫好。

有统计显示，上海无证摊贩可能在5万以上。过去，对待这些马路摊贩，有关执法部门往往是一律封杀。马路摊贩就像过街老鼠，穿制服的大盖帽就像抓老鼠的猫，市民经常看到他们在马路上出演猫捉老鼠的滑稽游戏。早在来上海读书的时候，学校附近一条马路，摆摊卖菜修鞋的外来务工者多的是。市民下班后顺便买菜回家，极为便利。学生上好晚自习回宿舍的路上，也会出去买份蛋炒饭、烤鸡翅、韭菜饼什么的，个个吃得都很香。一个山东老乡还在那里卖煎饼果子，每天放学路过那里我总要买一个，那位大妈每次说的那句“老乡又来了”“明晚再见”，还有那熟悉的乡音，至今还清晰地回荡在脑海中。

可是，他们做这些生意，也是战战兢兢的。因为时常有穿制服的来把他们赶走，甚至强行没收这些摊贩的推车、炉灶、油锅等生计器具。两个河南兄弟以卖肉夹馍为生，他们简直“太有才了”，做的肉夹馍“相当的”好，我和室友都爱吃。有一天再去买时，老地方不见人了，次日一打听，原来是那套工具被“上面的人”收走了。这样一来，搞得所有爱吃肉夹馍的人都很不爽。那个时候，吃了肉夹馍，文思泉涌，可以即兴创作；没有了肉夹馍，就等于损失了一篇文章，怪心疼的。

从此，我就开始思考马路摊贩的规范管理问题。马路设摊的，大都是外来务工农民，也有一些是当地无业人员。他们之所以在马路上摆摊设点，也是生计所需。或许遥远的家乡有年老的父母，年少的子女也在外地借读，成了民工子弟学生。老要养，子要教，生活夹缝之处寻求谋生之道，赚点填饱肚子的口粮，容易吗？但凡有点人性滋味的，看到此情此景，想到贫苦百姓的拮据生活，都不会存有偏见，又是喊打又是驱赶的。而那些不知民生疾苦的，对社会阶层有等级意识和贵贱观念的，看到这些马路摊贩，就本能地露出那种廉价的一点档次都没有的轻蔑与歧视。这种故作高贵的现代都市虚伪人，不必说指望他们去同情底层、支持弱势群体民生了，就连那些摊贩买的自制小吃，他们也会投以鄙视的目光，仿佛闻到那些味道就染病、吃了民工卖的羊肉串和萝卜丝饼会倒头就死一样。更没有涵养的，当属那些刚在城市落户的部分小青年，有男的也有女的，本来就是农民爹娘养大的，来到城里反而瞧不起民工了。和部分城市人一道，共同歧视外来工，甚至过起了洋人生活。在这些穷酸的不知自己姓啥的人眼里，吃街头麻辣烫就是没档次，吃洋人的肯德基、麦当劳才算有品位。

事实上，在我看来，鄙视外来民工、歧视弱势群体，那才叫没品位。实在的过一生，那才叫有档次。有些人动辄张口一个“农民伯伯”、闭口一个“农村大妈”，表面上看来对农民还挺尊重的，自己宁愿做小辈，也要把农民朋友加上长辈身份加以称谓，但在骨子里仍然隐藏着尊贵与贫贱的人格差别，虚伪至极。这不是胡乱猜测，而是这些蠢人的举动暴露了自己的虚伪。那些甘愿傍大款贴大官、挽小款挎小官的都市姐妹，似乎没有一个叫她们情人为“伯伯”的，反而代之以“宝贝”“阿宝”或者姓名最后一字的叠称之类的嗲声奶气的称呼。不能做到尊重他人人格的，也当然不懂得如何尊重自己。在他们眼中的强人面前，只要有利可图，不管物质利益还是精神利益，就甘愿人格减等，即便比别人矮一大截也丝毫不觉得委屈。“愿意为你，我愿意为你”“就算多一秒停留在你怀里，失去世界也不可惜”“什么都愿意”，多么浪漫的倾诉，多么神圣的游戏。都市里，每天每夜都会有新的多彩故事，当一个人被浮华、荣贵与绚丽占据心灵时，所有的暗淡、疾苦与凄惨都会抛到九霄云外。但人生有时又如梦，当那些本不属于自己的浮华、荣贵与绚丽突然消失时，迎来的又往往是暗淡、疾苦与凄惨。

所以，人不能太把品位当回事。品位无非就是人之品格、品德的位阶，不过就是人之品格、品德的格调。如果下意识地把人分为三六九等，冷漠对待社会生活中的弱势群体，摇尾乞怜地向所谓高贵者贴心又贴身，享受普通人暂时或永久无法体验到的灯红酒绿、歌舞升平，那根本就谈不上品位。真正比试一下的话，这应该算最没品位、最没档次的。但时下引领时代潮流的，似乎又都是一些物质财富先行者。这部分消费群体的消费思想与消费行为，直接起到一种行为模式的示范效应，把品位的原始意义扭曲为以物质财富作指标的妖魔化概念。于是，整个社会陷入精神空虚，不少耐不住寂寞的时髦一族，纷纷患上了精神贫瘠症，过着在他们看来常人所不能企及的品位生活。如此一来，没品位的，成了有品位的；有品位的，则变成了品位人眼里的没品位的。于是，在马路上摆地摊的，本来实实在在靠勤劳谋生，很有品位，但在品位人看来他们没有在大都市开豪华酒店，就变得没品位了。一些摊贩自己甚至也承认低人一等，活的一点也不体面，很没尊严。伦理秩序一颠倒，道德界线一混乱，人们就只有感叹了。

每一个人都对自己生活方式有选择自由，他人不能任意干涉。

因此，无论是愿意逛马路扒地摊的，还是那些拒绝买摊贩叫卖的小吃的，都是一种生活方式选择自由，是行为方式选择意志支配的表现结果。即便对品位的不同理解，也是一种认识自由与思想自由，他人也无权干涉，更不能“吃不到冰糖葫芦说它酸”。然而，选择也是一种行为，选择的结果便是一种行为表现，自然会映射出行为的内在价值，不同的选择行为体现出来的内在价值自有差别。做女人，漂亮不是罪；做男人，富有不是过。不能嫉恨美人，也不能仇视富商。恨美与仇富情绪，都是不健康的心理，实在要不得。但漂亮不等于美，漂亮也不应成为逍遥的当然优势，更不充当作制造生活情趣污点、歧视弱势群体的天然借口。同样，富有也不能于高贵，富有也不应成为奢华的炫耀资本，更不应当做超人一等的绝对理由。

作为个体的人，有歧视心理与歧视观念，尽管可以作出道德评价，但在本质上也是思想自由。消除歧视，并非一日之寒。在包含人类的大生物圈内，优胜劣汰法则依然具有普及适用的效力，所以才有了所谓“天行健，君子以自强不息”，鼓励人们奋发图强、乐观向上。但与此同时，社会还要倡导反歧视，做人相互尊重，所谓“地势坤，君子以厚德载物”。如果说，民与民之间存在相互攀比、羡慕甚至嫉妒的交际秩序，属于社会系统运行中客观存在的一种现象还可以理解与宽容的话，那么，为官者再要对处于生活弱势的群体施加歧视性政策的话，那简直就是天理不容了。

二

作为市容、环卫、工商等执法者，对待马路摊贩的简单粗暴管理态度，不仅是执法者执法方式的单一、粗糙，也是执法者对待马路摊贩之价值观的反映。为官者，无论是官府还是官员，权力来自于人民，也应该服务于人民。官是民的公仆，已成公理。但在现实中，从一些官民关系看来，似乎颠倒了，民成了官的仆人，成了官的管制对象而不是服务对象。“权为民所用、利为民所谋、情为民所系”说起来很动听，但在有些地方、有些部门的实际操作中，却成了忽悠老百姓的幌子。时间久了，就会在民众中产生“狼来了”效应。显然，这对政府形象与威信是一种破坏，这种破坏不是来自民众，也不是来自批评者，而是来自政府自身，属于自我糟蹋与毁坏的结果。

以马路摊点治理为例，实事求是地说，在马路、街道摆设摊点，确实与市容环境卫生管理秩序相冲突，对乱摆放、乱设摊的现象，有关部门也确实有职责也有职权进行规范与管理。但规范行为本身要做到规范合理，对马路摊点不加区分地封杀与堵截，不仅不能治本，也不能治标。堵了这么多年，摊点不但没有减少，在一些地方、一些地段反而多了起来。可见，采取不问青红皂白一棍打死的治理办法，实践证明行不通，弄不好还有可能引发新的社会问题，影响干群关系，损害稳定局面，殃及社会和谐。城市摊点为何存在？必须先理性地分析其成因，然后对症下药、合理引导、科学规范。

从社会学的角度观察，不容否认，这些年来贫富差距越来越悬殊，失业工人与失地农民不断涌现，而与此同时，消费成本在逐渐提高，有些诸如医疗、教育等领域的支出越来越大，已经超出了大量普通收入和低收入群体的消费能力。而我国的社会保障体系仍然处于不完善状态，惠及程度低下，仅有社会保障只能维持基本的正常生活秩序，一有其他无保障支出，便很容易陷入“揭不开锅”的无助状态。在这种情势下，寻求活路是人的求生本能，大量农村居民流入城市，寻找市场空间，谋求存活之道。这是客观存在的社会现象，并且越来越“问题化”。在这种情况下，堵截了这些外来人员的摊点，没收了他们的谋生器具，就等于剥夺了他们的收入来源，抹杀了他们的生活自我保障体系。因此，堵截摊点就等于堵截活路。这种简单粗暴的执法模式是非人性化的，只考虑了所谓的城市市容，而忽略了更高价位的人的生存危机。

从经济学角度观察，为什么在城市马路街道设摊的人，有经营且持续存在的市场？道理很简单，是因为广大市民有实际的需求。城市居民与农村居民的职业分工不同，各自向社会提供的产品与服务有别，双方的劳动投入所产出的结果恰好起到了互补的作用，各取其需。有需求即有供给，反之亦然。这是市场与价值的自发机理，属于经济规律，不可能人为改变或者破坏。实践也证明，这些年来马路摊点提供的商品或者服务确实便利了城市居民的生活，尤其是中低收入居民，在自家门口就可以享受到摊贩提供的便利服务，价格合适，又不用太多支出交通与时间成本，算计起来总归是便宜的。反过来，有了这样的需求群体，又活跃了摊贩的生意，使摊主有了收入来源，提高了生活水平。这是一种双赢效果，不仅于摊贩有益，于附近居民也有利。

在这种互惠互利的态势下，政府若要无视民众利益，一概取缔马路摊点，损失的不只是摊贩利益，也损失了城市居民的利益，因为增加了他们的购买或消费成本，本身就是一种损失。并且由于这种简单执法是对供求规律的背离和破坏，今天取缔了，明天又会出现；取缔了这一批，另一批还会来。这样一来，不仅损失了摊贩和居民的利益，而且也没有达到治理市容的目的，还影响了政府在百姓中的良好想象。折腾来折腾去，由本来可以达到的“双赢”变成了不折不扣的“四输”，一点都不划算。

明白了这些起码的常识性道理，城市有关部门就应意识到人性执法的意义了。出台的公共政策也应该以人为本，实现摊贩与居民之间、政府与民众之间、市容与生活之间的良性互动。但不主张堵截式管理，不等于主张不去管理。相反，城市市容环境也是城市居民的受益源，乱摆摊点不仅污染环境，而且还影响道路通行，甚至会引发人际间的矛盾与摩擦，不规范管理必会影响和谐。所以，应当本着人性化、便民利民的原则，从摊贩经营的场所、时间、项目等进行有分类、有区别的规范管理，形成一套完善的城市“摊贩经济体系”。搞好了，不仅对市容没有破坏，反而还会美化市容，成为城市发展中的一个亮点。

上海《城市设摊导则》在不久将来的出台，即是这种人性化、便民利民服务的良好举措。这不仅彰显了政府对百姓生活的真切关注，也彰显了外来农村居民与城市居民的互通有无的和谐关系。让农村人走进城市，让城市人了解农村。这也与我国正在进行的新农村建设主题相吻合，因为实现增加农民收入的目标，在土地资源有限的情况下，就必须要在农民主体上下工夫、找出路。除了提高农民主体自身的劳动能力之外，就是要减少固定生活在农村的农民数量，让一部分农民脱离农业户口在城市就业，让一部分农民流入有需求的城市务工。让留在农村的农民感到在家有利可图，有钱可赚，从而必将使一部分农民固定在农村土地上，建设新农村。要实现农民分流，就必须要求城市有接纳外来农民的气度与政策，出台具体的行之有效的便民利民措施，让农民在城市有饭吃、有活路，逐渐淡化城市与农村的原始差别，使城乡聚合、契合、融合，共同生活在温暖的中华大地。

“作文课上我们写下了这样的话，别人与我比父母，我和别人比明天。打工子弟和城里的小朋友一样，都是中国的娃，都是祖国的花。”这是中央电视台 2007 年春节联欢晚会上的《心里话》朗诵会上的一段。这一节目是由北京某农民工子弟学校的学生演出的，说出了感人的话，表达了真实的心。我想，拿来借用一下，用在城市政府对待马路摊贩的人性化规范上，也是恰如其分的。

文章即将结尾，我突然想起了六年前在上海某马路上的一幕。我和同学去逛街，在一条马路上几乎都是摊贩，几个穿制服的执法人员来了，有一些摊贩早有准备，收拾好撒腿就跑，而跑不及的摊贩，则倒霉了。他们卖的洋葱、大蒜、生姜、冬瓜等蔬菜，被那些执法人员哄抢，装进了一个大麻袋。眼看着这一“猫捉老鼠”“猫抢鼠粮”的场景，我实在看不下去了，以纯朴善良的厚道心态和山东人所具有的豪爽耿直性子，一个箭步跑上去，抓住一个戴袖章的，大声呵斥：“你们这些人是干什么的？执法岂能这么没人道？

这些葱啊蒜啊，你们带回去给谁吃？全给我放下！”这时，在场的摊贩们一见有壮胆的，不约而同地围上来、哄起来：“对，对，给我们放下！”那几个穿制服的，扔下手中的生姜和冬瓜，扬长而去。

六年过去了，这一为马路摊贩维权的场景依旧清晰，始终没有从记忆中消逝。欣闻上海今年要出台人性化的摊点规范措施，我也衷心期待：马路摊贩尽早走出“老鼠史”，堂堂正正地做持证摊贩，而不是战战兢兢地当过街老鼠。

二〇〇七年二月二十六日

洋相

一

据《新闻晨报》报道，在1月27日召开的上海市政协十届五次会议上，有政协委员就自己的所见所闻、亲身感受提交提案，呼吁上海市民在重视“脚”和“手”的同时，管住自己的口，免得祸从口出。脏话、粗话往往容易激化人与人之间的对立，导致纠纷产生，“一言不合，大打出手”的案例举不胜举。提案委员认为，除了加强宣传力度、营造文明氛围外，还应该有一个可以约束市民行为的措施，引领市民逐步走上健康、文明的礼仪大道。“要让上海市民相互礼让，需要有法治手段来制止、杜绝不良行为。”据悉，上海市文明办已经会同有关专家着手调研关于制定《上海市民公共行为条例》的可行性，其中就涉及规范包括“不说粗话、脏话”在内的不文明行为。有法学专家指出，制定《上海市民公共行为条例》有助于规范市民的日常行为，促进上海市社会文明水平的提高。

该篇报道以《上海拟约束市民不文明行为 说脏话粗话可能受罚》为醒目标题，并且还登上了新浪网新闻首页。看到此报道，顿觉在经济上处于领先地位的“大上海”，要准备在规范市民公共行为上进一步下工夫了。过去，上海市曾出台了市民“七不”规范，即“不随地吐痰、不乱扔垃圾、不损坏公物、不破坏绿化、不乱穿马路、不在公共场所吸烟、不说粗话脏话”。这些道德条款实施几年之后，现在又准备将它们上升为法律条款，通过立法的方式直接对违背市民公共行为规范者课以程度不同的法律意义上的处罚。

必须承认，无论是国民的私域行为还是公共行为，都可以通过国家立法来调整。同样，无论是市民的私域行为还是公共行为，也可以通过城市地方立法来规范。但也必须承认，正如并非所有的国民或者市民私域行为都可以通过立法来规制一样，国民或者市民的公共行为也并不能一概指望法律来统一治理。上海市把《市民公共行为条例》列为地方立法计划，召集专家进行调研，据说可行性报告已于去年年底完成。应该说，这反映了上海市地方立法对市民公共行为规范的重视，也表达了政府对构建和谐城市、法治城市、文明城市的态度与决心。然而，立法行为是一项容科学性和民主性于一体的重要事项，不仅要有立法的决心，而且还要讲究科学与民主，尤其是尊重社会实践与生活实际，尊重立法科学规律。如果忽略了法律自身的基本原理和立法自身所内含的行为规律，那么，必然会导致法律规范与其他社会规范相混淆，没有把“上帝的归上帝、恺撒的归恺撒”，到头来可能会收效甚微或者适得其反。以治理脏话粗话这种市民公共行为为例，法治整治脏话粗话行为并非上策，也绝不可能指望通过立法或者处罚而使所谓的脏话粗话杜绝。甚至可以不去危言耸听地说，假如立法规范有失科学、执法规范有失水准，那么在该地方立法生效实施后，不必说“杜绝”脏话粗话，就是能不能“减少”脏话粗话，也是一个完全有理由提出来的疑问。

二

如果非要把粗话脏话与道德水平联系起来，那么，在一般意义上制止脏话粗话行为，在排除因脏话粗话引发的其他后果可能性之后，单就其本身来说只不过是一种道德伦理规范和行为礼仪规范。道德规范与法律规范都存在于社会规范的规范系统，尽管两者存在统一性，甚至某些道德条款可以直接或者间接上升为法律条款，但两者又是一对矛盾，也存在其对立的一面。有些领域、有些行为的社会规范可调整性只能止于道德规范，而不便也不应上升为法律规范。这是亘古以来就已定型的一个结论。比如儒家伦理道德思想的创立者孔子，就意识到法律和道德是两种不同的治国手段，认为善德观念只能以道德教育来引导，仅靠刑罚是不行的，即所谓“道之以政，齐之以刑，民免而无耻；道之以德，齐之以礼，有耻且格”（《论语·为政》）。现代社会治理以法治为目标，但法治却并非意味着一切行为都要有法律来规范，法律规范不能替代道德规范，否则会招致祸乱。历史上不是没有类似教训，秦代的严法酷刑，就是对道德的一种排斥，结果短命而亡，才有了西汉时期的“礼法并重”以及“德主刑辅”思想的另一个极端。时至今日，仍然存在道德问题法律化的现象，也出现过由此而来的连篇笑话。五六年前新婚姻法出台之前，曾经为了是否惩罚“婚外情”而争吵不休，以至于闹出了“捉奸”笑话，立法者最终没有越过道德问题法律化的底线；也是在五六年前的全国人大会议上，有 32 位代表建议在刑法中增加“见危不救和见死不救罪”，也遭遇了同样理由的批判；还是在五六年前，陕西省延安万花山派出所民警接到一居民举报，称张某家中正播放“黄碟”，几名民警前去调查，要求夫妇交出“黄碟”，双方发生冲突，一名民警手部受伤，当事者也因妨碍警方执行公务被带回派出所接受处理，这也是私人生活道德问题法律化的一个经典案例；又是在五六年前，四川省泸州市发生的著名的“二奶继承案”，某区法院经审理认为，遗赠人的遗赠行为违反了《民法通则》“民事行为不得违反公共秩序和社会公德”法律的原则和精神，损害了社会公德，破坏了公共秩序，应属无效行为，二审法院也维持了原判。这一事例把自然人遗赠这一法律行为与包养情人的这一事实行为混为一谈，道德问题又一次法律化。另外，在一些部门的文件中，也常有把道德问题企图通过禁止性规定来加以阉割，出过洋相、闹过笑话的例子也不胜枚举，无锡市教育局下发一通知，“禁止教师与异性学生在僻静场所单独谈话”，显然，订立规矩的人把教师尤其是男性教师首先假设为“色魔”；四川省也很有意思，禁止男性领导配备女秘书，真不清楚立规矩者是把男领导假设成了“淫棍”，还是把女秘书假设成了“祸水”。

事实上，脏话粗话也未必一定与道德与修养有关。不能忽视的一个事实是，脏话粗话还有可能是与道德修养没有牵连的一个个性问题。通过立法一概禁止脏话粗话，也是对自然人个性的一种戕害。从文化层次最底的文盲或者东流西窜的氓流，到高级学历与职称的博士、教授，都有可能出现脏话粗话。在公众人物中，脏话粗话更是常见，包括一些电视节目主持人、影视歌舞明星、文化名人，都有说脏话粗话者，甚至还会以脏话粗话作为打口水仗的主要武器。近日看到李敖在接受某媒体访谈时，也是脏话粗话一大堆，当记者问：“您曾经说过女人不该搞政治，而您最欣赏的女人陈文茜却骄傲地说自己搞政治比您成功，您怎么看呢?”李敖回答：“女人搞政治成功没有什么意义，我觉得我搞女人成功才有意义!”在这次采访中，他还提到对自己未来怎么死掉的希望，那就是希望“以后自己能够死于别人丈夫的枪下”。如果李敖是上海市民，如果《上海市民公共行为条例》出台，还真不知道他要为此缴多少罚款呢。因此，从人性中的个性出发，立法者也不能就此完全忽略。尤其在现代社会特别是上海这样的大都市，竞争日益激烈、人性压抑感有增无减的情势下，更应该对原始人性以及具体个性多一些尊重、多一些引导，而不是动辄就去立法甚至轻言惩罚。

继续说开去，多元性的精神世界有脏话粗话存在的空间。脏话粗话是人类文明的组成部分，没有脏话粗话存在的城市，其文化缺少了多元性，也未必是一个文明城市，充其量是一个没有说脏话粗话的城市。适当的脏话粗话是一种客观存在的文化现象，而不是千篇一律地指责为不文明或者无修养。从语言知识与语言实践上来看，也许世界上没有哪一种语言文字不含粗话脏话，无论是茶余饭后的笑谈，还是文学作品的语言，粗话脏话着实是一种再正常不过的语言现象了。尤其是后者情形，某些作品人物的三两句脏话粗话，正是他们心理描写的需要，也是作家对人物形象的一种生动而真实的刻画。在语言犀利的评论文章里，有时适当使用脏话粗话不仅不会降低评论的理性和价值，而且还会提高作品本身的讽刺与批判意义或者强化其他表达效果。显然，这不仅在中文世界的是被允许的，在其他语言世界里，一些脏话粗话也是被视为一种正常的语言现象而客观存在。例如，在英文中司空见惯的“damn”一词，就是中文里常用来骂人的那个“该死”一词；“son of a bitch”则可以翻译成中文里的“婊子生的”或者“狗娘养的”。可以说，它们都是出现频率极高的脏话粗话。这正如在我国民间尤其是长江以北的北方地区广为流行的“狗日的”一词，也是一句用来骂人和侮辱人的脏话粗话。另外，即便在国语世界里，也会因为地方语系之不同而存在品种繁多的脏话粗话。在北京、上海等大城市，也有不少方言是专门用来骂人的，完全可以归入脏话粗话之列，但它却形成了所谓的“京骂、沪骂”文化现象。在一本名为《最新中国俚语》的工具书里，也收录了一些地方粗话、脏话，有专家评论说，“一些粗俗的语言、带有地方特色的语言也应算是民族文化，国外也有很多俚语词典包括骂人语言”。其实，一个修养再高的人，也总会有说脏话粗话的时候与场合，但不能因为其说了一句脏话粗话而否认这个人的修养水平。同样，由市民组成的城市主体，也不能因为存在脏话粗话而否认该城市的文明程度。城市治理固然包括对市民行为的规范，但企图通过立法来制止脏话粗话的出现，在我看来这是对城市多元文化以及市民多元精神的不折不扣的屠杀或者活埋。

市民素质的提高，尤其是公共行为文明的生成，不是一蹴而就的，也不是采取一些强制措施即可获得的，更不是单纯通过立法即可轻易换来的。它必须借助各种可行途径潜移默化、循序渐进地形成。强扭的瓜不一定会很苦，但它一定是不甜的。单就脏话粗话立法来说，首先一个问题是，如何界定其涵义？什么话才算脏话粗话？其次，市民在公共场合中的一些脏话粗话，也并非只有道德评价，有时可能是用作权利救济的一种口头表达手段，可以归入权利的私力救济范畴。确实如此，在一些场合，不动用脏话粗话，似乎不足以使受到侵犯的权利得到及时而有效的救济，提高快速反应能力，适当地来三两句脏话粗话，对权利的恢复与保障，有时还真是一种妙用。所以，脏话粗话的判断标准及可惩罚性，判断起来是很复杂的，恐怕没有立法者设想得那样简单。再次，脏话粗话法律治理的可操作性，也是值得质疑的，包括执法的主体、权限、程序以及效果等诸多方面的因素，如何安排才能做到操作规范、执法畅通，以真正体现法的实效，确实是一个需要三思的问题。市民的承受能力存在客观差距，对违法行为的处罚种类和程度怎样把握才能做到公平、公正，不无疑问。最后，这样的立法一旦通过并付诸实施，对市民的公共行为会带来一种什么样的影响，正面多于负面还是积极大于消极，也不能简单定论。

我认为，在权利理念远未成熟之前，在市民权利保障法治尚未完成之前，多一些保障市民权利的立法，少一些限制市民权利和自由的立法，尤其是把道德规范管辖的领域如实地交给道德规范去调整，法律始终做到保守自己的阵地，不去抢占其他社会规范的地盘，似乎是转型时期的社会治理和城市建设中必须要树立的正统理念。一些法治化程度较高的国家和城市，确实制定了一些细致入微甚至看起来仿佛面面俱到的法律规定，有的还让我们感到稀奇古怪，但由于每个国家和城市的国情与市情不同，国民和市民的法治理念有异，这种情况下，当然不能照抄照搬，也不能随意模仿。对于纯粹不文明的脏话粗话，善良道义的公众自然会去谴责，舆论也会给予道德制裁，但比对当代中国市民所处的现状，指望通过对脏话粗话行为予以法律意义的惩罚这种快捷途径，来实现文明大都市的城市建设目标，向国内社会乃至整个世界标榜城市立法有多么完善，这种“立法妄想”和“天真梦想”，依我看，这不是心血来潮，就是故作姿态。用一句“脏话粗话”来描绘的话，就是“母牛翻跟头——牛 B 过了头”。真要鼓捣出这么一部立法，来有模有样地惩罚那些说脏话粗话的市民，说不准还要来一个定期不定期地罚款收入汇总，弄出一个各区县、街道、社区排行榜，并再据此分析勾勒出市民素质升降曲线，到时候“洋相”可就出大了。

二〇〇七年一月二十八日

科学与民生

一

这些天，我一直在电脑旁边关注汶川地震的实时报道，心情焦躁不安。死难者数字在滚动增长，倒塌的房屋和校舍，成为一片废墟，废墟底下，掩埋的是一具具尸体以及在生命最后一刻垂死挣扎的人，有孩子，有妇女，有老人。抢险救灾队伍艰难推进，顽强奋战，无数个感动故事不时传来，无数个揪心镜头不断出现。敬爱的温总理，一位年过花甲的老人，作为总指挥，在第一时间赶赴灾区，亲临现场，热泪盈眶，哑喉破嗓，身体受伤，投身抢救，使救灾工作得以持续推进。与此同时，各地群众纷纷援助灾区，“一方有难，八方支援”的爱的奉献再次齐声唱响。

此时，想到了震前动物异动现象。我虽然不是地震专家，也不是主管地震的行政官员，但也大抵对动物异动与地震预测的常识稍微了解一二，知道地震学、灾害学、预测学中都有关于地震征兆的研究成果。大量研究成果表明，地震是有征兆或者预兆的，当这些征兆出现时，应该引起有关方面的特别注意。动物异动未必一定有地震，但却足以提醒有关当局。此时，专家或者官员的对动物异常行为的解释不能仅仅局限于动物界，例如说什么“纳凉”“生态优美的象征”“正常迁徙”等，而应当如我文章中所言“不惮以最坏的恶意推测大自然”，因为这种异动很可能涉及人类利益。但在这次蛤蟆迁徙事实面前，有关专家、官员却解释为蛤蟆外出“纳凉”，没有使解释更推进一步。

这样的解释，轻而易举，甚至还可以列举无限种可能的解释，诸如蛤蟆纳凉、搬家、迁徙、游行、示威、罢工、结婚、竞选、演出、马拉松比赛甚至说蛤蟆也在传递奥运火炬，等等。这种仅仅局限于动物界的解释，对可能损及人类利益之险情发生的预防，几乎毫无意义。如果以此解释逻辑，那么，当猪拱栏门狗狂叫时，是不是要解释为猪和狗在发情或者叫春呢？

当面临大规模的动物异动现象时，应当宁可多往坏处着想，也不要牙齿和舌头一商量，上下嘴唇一接触，就作出轻描淡写的轻浮说辞。更何况，本次大地震之前的预兆还不止蛤蟆集体迁徙游行一例，甚至不止四川绵竹蛤蟆迁徙一例。从目前的报道来看，这次地震前夕的征兆显然不是单一的。人类在进化过程中，一些本能在逐步蜕化，已经远比不上动物对自然界的反应能力和灵敏度，从这个方面说，在预测地震方面，动物可能强于人类，但动物最单纯、最善良的表现是它们在提前预测到会有灾害出现时，会通过各种可能的方式向人类“建言献策”。这足以帮助人类作出及时预防，此时，有关负责方面应该更加提高警惕，加强预警机制。

如果说，目前的地震监测预报科技水平确实有限，地震专家的研究预测能力也远远没有达到一个足以准确预测的水平，同时也没有动物异动、显著地震云等地震预兆作为协助或提醒，那么，一味地谴责地震专家和地震官员，确实对他们有失公平，甚至说过于苛刻，或者说没有“宽容”地震专家。问题是，地震学和灾害学的基本原理中都包含有地震预兆这一重要环节，大量的证据已经表明此次大地震也确实有过前兆，应当说，已经对地震专家和地震当局给予了较为充分的提醒。在这种优势信息引导下，在投入大量资金购置地震监测设施、设备和仪器的优势硬件环境下，显而易见的事实是：汶川大地震之前没有任何权威预警信息发布，当无数人群正在上班、上学时，地震突如其来，生命瞬间化为幽灵。

更进一步的事实是，这次地震波及的范围十分广泛，除少数几个省份没有震感之外，大半个中国都不同程度的发生了地震，绝不只是汶川一个小小的山城发生了意外地震。木已成舟，人们只能倒推，如此大规模的地震、局部地区几十年才一遇的高强度地震，又有如此显著的地震前兆，难道当前的科学技术水平真的不能做到哪怕是最小可能的预测吗？

或许有人又要开始拿“诸葛亮”说事了。但我认为，作为非地震学专业的纯粹外行，人人有权选做“事后诸葛亮”，而作为专门从事地震研究以及地震监测预报的专家、官员，则有义务尽量做到“事前诸葛亮”。否则，国家和人民花费重金去养活这么一批专家和官员，不仅徒劳，而且无益。与其大伤钱财养专家、养官员，真不如划拨专款养蛤蟆。

因此，这不是什么“宽容”科学家的问题。真要说到宽容，我认为，对待抽象轻过失和具体轻过失，可以去有条件的适当宽容，毕竟科学界有无数难题等待攻关和突破，但对于重大过失或者故意，我们无法容忍，更无法去慈善地施以宽容。在职业责任和职业使命方面，社会上有两类人基本上不应随意给予宽容：一是官员，一是科学家。尤其在当前学术与权力经常轻易挂钩的环境下，更不应随意宽容科学家。宽容科学家的理念一旦在社会上流行甚至深入民心，那么，人们对科学家的指望就大受挫伤；科学家的自我要求以及钻研责任就会发生怠惰；权力和科学就会更容易发生千丝万缕的不当关联，更有助于助长权力与科学、官员与科学家的不当聚合，尤其是腐败的权力和伪科学的聚合，这是极其危险的！当然，强调对科学家宽容的谨慎态度，并不意味着要求科学家万能，或者对科学家提出超前、过高的非分要求；同时，非科学家对科学家的正常追问，也不等于对科学家的不宽容或者过分要求。其实，作为非科学家的民众，出于起码的好奇心里和科学信息的知情要求，对科学家提出种种疑问甚至质问，这都是无可厚非的，科学家不但不应当回避，相反，还应当给民众一个满意的答复。显然，这已不是宽容与不宽容的问题。这更是权利行使与责任意识的辩证关系问题。我再继续较真一下，真要宽容，要应该宽容大自然、宽容地震，而不应该宽容地震专家和地震官员。

退一步说，即便当前的地震预测能力确实不能做到准确预测，那么，国家对地震研究作出的巨大投入，究竟有没有激活地震专家的研究意识和研究能力？我国《防震减灾法》第九条也明确规定："国家加强地震监测预报工作，鼓励、扶持地震监测预报的科学技术研究，逐步提高地震监测预报水平。"但科学研究能力和监测预报水平的提高，不仅需要国家的扶持，更需要主管领导以及科研人员的爱岗敬业精神与职业责任意识。无论条件有多么优越，待遇有多么丰厚，如果地震专家和官员不潜心于学术研究或者对学术研究给予充分重视，以浮躁的心理、怠惰的作风勉强应付科研项目，机械追求科研任务的量化完成，不注重提高科研质量和实力，仍然不可能取得符合社会效益、能够转化为现实生产力的科研成就。

当前，学术研究领域存在着虚无浮躁、急功近利等不正之气。真正热爱学术、献身科学的人究竟还有多少？在市场经济大潮滚滚而来的精彩世界诱惑面前，能够真正坐得住冷板凳、沉得住寂寞心、收得住物质欲、稳得住不安身、留得住真精神、受得住苦磨难、经得住大考验的，究竟又有多少人呢？我禁不住提出这样的疑问，旨在说明责任心和敬业精神是万万不可丢的，政界和科学界尤其如此。在一片浮躁的科研作风和唯利是图的工作作风熏陶下，即便聚集全球资本，照样也会养出一堆科研的懒汉、学术的庸才和渎职的官员。

假设目前的地震预测能力已经达到了相当高超的水准，但科学家的科学精神在政治家的从政精神面前，也会扭曲变形。不知何时，也不知出于何故，诸如地震、疫情之类的信息，国家总是以高度戒备的态度加以对待。这种态度直接体现于现行立法，《防震减灾法》第十六条第三款规定："任何单位或者从事地震工作的专业人员关于短期地震预测或者临震预测的意见，应当报国务院地震行政主管部门或者县级以上地方人民政府负责管理地震工作的部门或者机构按照前款规定处理，不得擅自向社会扩散。"这条规定是国家对地震预报实行统一发布制度的进一步阐释，明确强调了统一发布的预报机制。从稳定立场出发，统一发布制度有其必要性，可以有效防止非权威信息甚至是谣言信息在民间蔓延。但是，统一发布制度并不意味着对地震监测预告信息的封锁。易言之，统一发布制度不等于统一不发布制度。

二

在地震监测预告信息的发布制度上，我认为，立法在确认统一发布制度的同时，还应当进一步明确发布的运行机制。

一方面，要正确理解科学精神。科学精神不等于精确数据，如果将科学精神与精确的数据等同起来，这不能算是科学精神，这是一种非科学精神，或者说是对科学精神的歪曲。当前在科学界有这样一股"数据作风"，即数据说明一切，一切借助数据。并且随着科学技术的发展尤其是科学仪器的诞生，数据大都借助科学仪器获得。于是，凡提到科学，必然涉及数据；凡提到数据，必然涉及仪器。不看到精确的数据，绝不轻易给出任何结论。这种"数据依赖主义"风气非常流行，例如在医学界，医生尤其是专家门诊的医生不敢轻易下结论，不管什么病症，几乎要借助仪器，通过数据来分析结论。

不是依赖数据有科学过错，而是说科学不全是数据，也未必全部借助数据说话。离开了数据，也有科学存在的空间。甚至可以说，科学就是在缺少数据的未知空间得到发展的。有些科学领域，除了依赖数据之外，还必须考虑到对可能性的大胆推测。在地震学领域，当有属于地震前兆范畴的大量信息可以掌握的情况下，一面是消极等待准确数据精确预测地震然后上报统一发布，一面是积极大胆提出可能性设想并且向民众发出预警公告，究竟哪一面更符合以人为本的科学观？道理应该不证自明。况且，后者并不违背科学精神。因为前文已经反复说过，科学既包括现实也包括可能。在科学哲学上，可能性和现实性共同存活于科学哲学。承认科学现实和科学可能，符合科学精神；只承认科学现实而不承认科学可能，不符合科学精神。科学精神绝不只是科学现实，包括也当然包括科学可能。甚至可以说，即便在精确的数据面前，科学仍然没有止境，它仍然是一种可能。天气预报结论以数据为判断标准，但这种以数据作为基础的天气预报仍然是一种可能，所以才有所谓不准确的预报。这都是科学所拥有的正常品格。

问题是，对科学精神的理解，往往出现偏差甚至扭曲。尤其当科学精神面临一些非科学性干扰时，科学精神就会无条件输给非科学性干预。在这种制度环境下，即便是最具科学精神的科学家，也只能一声叹息。不敢对抗非科学精神的科学家，严格来说难以谈得上具有科学精神。科学精神的生命力在于，除了科学没有其他。随着民族的进步和政治文明的推进，国家越来越重视科学，尊重科学家。这是好事，但享受科学成果的人们，或许更希望对科学以及科学家的尊重继续往前推进。尊重科学、尊重科学家，就必须尊重科学精神。尊重科学精神，就必须让科学家大胆说话，防止科学精神输给非科学精神。

另一方面，要正确对待民众的信息渴求与合理质疑。不可否认，现在的言论自由以及公众知情权，在不断朝着进步的方向发展。也不可否认，对待一些违法性煽动言论必须依法追究责任。我国《破坏性地震应急条例》第十五条第二款也规定：“任何组织或者个人都不得传播有关地震的谣言。发生地震谣传时，防震减灾工作主管部门应当协助人民政府迅速予以平息和澄清。”对待谣言，国家法律当然应该禁止，有关方面也有义务有职责予以平息和澄清。但在对谣言的认识问题上，应该注意将谣言与信息渴求、合理质疑严格区分。例如，在地震信息面前，如果有人搜集到了关于地震前兆的信息，及时向有关部门汇报，哪怕是信息报送者在报送信息时大胆作出了关于即将发生强烈地震的预测，也应该慎重对待，不应该草率将之界定为谣言。当地震发生之后，有关地震损失及救灾信息，民众有权知悉。为了满足公众知情权，国家建立了信息公开与发布制度，但公众之间也应该有权分享自主获得的有关信息，哪怕这些信息赶在了权威发布之前。这些信息的交流，除非纯粹是为妖言惑众、图谋不轨，否则，绝大多数信息分享者或者交流者可能也仅仅是在本能地满足一种信息渴求。因此，在界定信息的可传播性上更应该持谨慎态度，不便动辄作出处理。同样，对待公众的合理质疑，也应该予以尊重，防止将合理质疑作出扩张解释甚至歪曲处理。

因此，在地震预防信息的检测预报中，有关专家和当局不应忽视民众信息。或者说，当局在对待重大灾害监测预防信息时，应当避免“唯专家信息是真，群众建议置之不理”的片面态度。群众工作路线也要坚持，这也是一贯倡导的优良工作传统。尤其是在事关人民群众生命财产安全的特重大灾害方面，更不应忽视任何足以有助于监测和预防的信息搜集与占有。这同样也是一种科学精神。

有了这样的科学精神，在人的生命权与以生命权为代价换取来的暂时安宁之间，作出何种选择，就不言自明了。人的生命是最宝贵的，这话一点都没错。但这话不能只是在生命丧失之后才格外强调，应该赶在生命丧失之前倍加关注。生命权这一最大的人权，是社会长治久安和生产力持续发展的根本保障。为了尊重人的生命权，防止生命在瞬间即逝，暂时牺牲局部生产力之发展是完全“事有所值”的，因为那是为了更好的安定和更快的发展。如果把科学精神局限于精确的数据，笼罩于严苛的政治，则只能是以牺牲人的生命权为代价去换取暂时的安定，损失的是高昂的救助成本，毁坏的则是长期发展、持续发展以及有关当局的声誉累积。

前文已经提过，科学精神不仅包括科学现实，也包括科学可能。在科学可能的领域，出现错误预报的可能性仍然存在，但这不违背科学精神。以地震为例，假如政府错误的预报了地震，让可能发生震灾的有关地区群众暂时采取防范措施，哪怕是地震终究没有发生，民众也不会有无理的抱怨和伪装的冤屈，反而会感激政府对人民的关爱。退一两步说，即便有民众会有对预报能力低下的指责，也总是好于未等来精确“数据”之前就丧失生命的悲惨后果。因为，这事关人的生命，人的生命不仅是宝贵的，而且只有一次。

三

这不仅是一个科学精神的问题，也是一个民生责任的问题，科学精神与民生责任并不矛盾。民生责任之履行应当贯彻科学精神，科学精神的核心价值目标应当锁定于民生责任。换句话说，科学精神应该以促进和优化民生为价值定位。仍然以地震为例，地震灾害重在预防。我国《防震减灾法》第三条规定：“防震减灾工作，实行预防为主、防御与救助相结合的方针。”预防地震比消极等待地震发生之后去救助更有利于保证民生。当然，预防地震的责任不只是地震局，《防震减灾法》规定，在国务院的领导下，国务院地震行政主管部门、经济综合主管部门、建设行政主管部门、民政部门以及其他有关部门，按照职责分工，各负其责，密切配合，共同做好防震减灾工作。以建设行政部门为例，该法第十九条规定：“建设工程必须按照抗震设防要求和抗震设计规范进行抗震设计，并按照抗震设计进行施工。”显然，建设工程质量如何，对地震的预防和损失的减少功能关系甚大。在此次汶川地震中，不少学校发生了倒塌，人们就不禁纷纷质问：为什么学校的校舍在地震面前显得如此脆弱？而受伤和死亡的却是大量茁壮成长的孩子。因此，民生责任绝不只是一个部门的责任，是全社会的责任，涉及责任心、敬业精神与依法履职的关系问题。《防震减灾法》第四十七条规定：

“国家工作人员在防震减灾工作中滥用职权，玩忽职守，徇私舞弊，构成犯罪的，依法追究刑事责任；尚不构成犯罪的，给予行政处分。”

民生责任不仅体现在地震的预防上，也体现在地震发生之后的救灾上。此次汶川大地震发生之后，党和国家高度重视应急救助工作，人民群众也积极投身援助行动，真正彰显了国家对地震灾区灾民的关心，也极具凝聚力地体现了国人的爱国热情和世人的无国界爱心。然而，在此次地震灾害问题上，以履行职责和奉献爱心为主线的民生责任，与对政府有关部门的合理质疑和正当问责，并不矛盾。无论是一边谴责一边自觉奉献爱心，还是先奉献爱心再等待“秋后结算总账”，都不影响民生责任的履行。更何况《防震减灾法》还明确规定“任何单位和个人都有依法参加防震减灾活动的义务”。如果以地震发生之后质问有关地震官员和专家，就想当然推断质疑者没有爱心或者将爱心置于第二位，这是对质疑者不公平的评价。

事实上，之所以在此次地震发生后，出现这么多的谴责意见和质问之音，无非是在表达一种对灾区遇难群众悲痛之心，以及对造成如此高强度、大规模地震却没有任何事前预报的愤慨或失望之情。两者显然并不彻底决裂，而是都统一于民生责任这一永恒主题。我也相信，即便再冷血、再硬心肠的人，在自己的同胞遭遇如此震惊世界的灾难时，也总不至于仍然若无其事甚至幸灾乐祸。如果真有这种冷漠者，只能认为这部分人确实是人心冷漠，而并非因为他们“忧国忧民”或者“哀其不幸，怒其不争”。

总之，在汶川地震面前，我们需要科学精神，也需要民生责任。科学精神不是消极指望精确数据，民生责任也不是忘记正当问责。在对待科学精神上，应以民生责任为主流价值判断，不顾民生责任的科学行为与科学精神，不能算真正贯彻科学精神，应当受到符合科学精神本质的质问；不仅包括有精确数据作为依据的现实性的专业质问，还包括没有精确数据作为依据的可能性的非专业质问；在对待民生责任上，应以科学精神作为正确指导，不顾科学精神的民生口号与民生实践，不能算真正履行民生责任，应当受到符合民生责任原理的质问，包括对事后救济过程履行民生责任的质问，也包括对事前预防过程履行民生责任的质问。

二〇〇八年五月十五日

断肠

30 年前，在一个黑色的可怕瞬间，河北唐山发生 7.8 级大地震，整座城市夷为平地，24 万人丧生，成为一场震惊中外的巨大灾难。还有 5 天就是唐山大地震 30 周年纪念日，我的心情像灌了铅一样，显得格外沉重。

1976 年 1 月的一天，我来到了这个世界，那一天是“大寒”节气。30 年前的这个时候，那些与我一样刚刚来世不久的唐山孩子们，却永远地从地球上消失了。如果没有那场灾难，他们如我一样，今年也过而立之年了。此时此刻，我似乎悲痛地感到，我在 30 年前就失去了那么多同龄朋友们。

或许是降生于严冬的缘故，我的身体抵御严寒的能力胜于挑战酷暑，可是，心却很容易怕冷，也很容易受伤。今天凌晨，熬到 3 点多就疲倦了，睡前看了一会儿中央台新闻频道，看到“碧利斯”引发的凄惨的灾难，看到一个村庄在瞬间被洪水冲得无影无踪，家园化为大水过后的泥沙，我再也没有了丝毫的睡意。5 点多，突然下起了暴雨，打湿了窗户，更打湿了我的心，“快爬起来，写点东西”，一股力量在紧急地催促着。

台风、洪水、地震……这是常见的自然灾害。年年有发生，年年有伤亡。今年，又是一个多灾之秋。一起接着一起的矿难就不说了，任凭善良的人们怎么去责难，“官煤勾结”吞噬的人命也依然年复一年的持续着，似乎让人觉得这已经是不治顽症了。最近一周以来发生的“碧利斯”特大暴雨与“7·22”地震灾难，一幕幕惨象摆在活人面前，家园化为瓦砾，村庄变成淤泥，生命、健康与财产受到重大损失。遭遇天灾的人们正陷入无限的精神与肉体之痛，但作为平安无事的我们，似乎应该从中反思点什么。

按照今年年初发布的《国家自然灾害救助应急预案》的“名词术语解释”条款，自然灾害是指给人类生存带来危害或损害人类生活环境的自然现象，包括洪涝、干旱灾害，台风、冰雹、雪、沙尘暴等气象灾害，火山、地震灾害，山体崩塌、滑坡、泥石流等地质灾害，风暴潮、海啸等海洋灾害，森林草原火灾和重大生物灾害等自然灾害。可见，自然灾害是一种自然现象，遭遇自然灾害的地区和人们，也只能将其理解为“天意”了。然而，面对如此频繁的自然灾害，面对如此惨重的人身与财产损失，人类难道就真的无能为力吗？不能要求避免自然灾害的发生，但是否可以说尽量减少一些损失呢？预警机制有没有建立起来？有关政府部门是如何执行呢？这里不得不提及的是，要警惕一些官员所标榜的“灾害难免论”。我特别留意每次地震、洪水发生之后媒体对官员的采访，可是，很多时候听到的论调却是诸如“来得突然、来得猛烈”“难以预料”之类的说辞。

去年，联合国人道主义事务协调厅负责人埃格兰在日本神户国际减灾会议上，呼吁各国本着以人为中心的原则加强抗灾力度。他首先希望各国将抗击自然灾害的承诺转变为实际行动，特别是易于遭受灾害的国家，更要采取明确的减灾政策，并投入足够的资源。埃格兰强调，成功建立灾害预警系统和预防灾害工作的要素并不只是到位的硬件设施，以人为中心的意识才是最重要的。我国早在1997年就通过了《防震减灾法》，该法规定：“省、自治区、直辖市人民政府负责管理地震工作的部门，根据全国地震监测预报方案，负责制定本行政区域内的地震监测预报方案，并组织实施。”

同时还规定："可能发生破坏性地震地区的县级以上地方人民政府负责管理地震工作的部门或者机构，应当会同有关部门参照国家破坏性地震应急预案，制定本行政区域内的破坏性地震应急预案，报本级人民政府批准；省、自治区和人口在一百万以上的城市的破坏性地震应急预案，还应当报国务院地震行政主管部门备案。"这部法律对地震监测预报、灾害预防、地震应急等问题作出了较为明确的规定。同样是1997年通过的《防洪法》也对洪水的防治作出了相应的规定，措施细致，责任明确。这里不仅要追问一下：我们的灾害预警系统建立得究竟怎么样？真有还是假有？有的话是否失灵了？有关部门对联合国的精神以及我国相关法律执行的效果如何？据报道，在这次"碧利斯"特大暴雨灾害中，广东乐昌市民称洪水预报延迟导致损失严重。相当一些乐昌市民认为，当地政府部门没事先发布灾情预警通知，使得大部分人措手不及。因此，灾难过后，在为那些死去的人们感到悲痛、为那些受伤受害的人们感到惋惜的同时，更应该思考一下面对灾难，如何把"人定胜天"的思想化为实际行动，通过提高预警与应急意识和能力，来尽量减少生命、健康与财产的损失。尤其是政府，在自然灾害的防控行动上，更应该把"以人为本"的精神真正贯穿进来。

有关地方政府在抗灾减灾的能力方面也存在诸多问题。据报道，面对暴雨后的洪水灾害，某市城内没有救灾专用的冲锋艇，发水后市里临时向附近的一家漂流公司借了几艘漂流用的橡皮艇，但是这些艇在水里没走多远就被划破沉掉了。最后还是从外地调来了专业的抢险队，但是冲锋艇也不多。灾民爬到树上，看到有一辆冲锋艇经过，大家都挥手叫救命，但是艇上的人说"等一下"，结果十几个小时过了也没等到。有专家认为，尽管这次灾害与"碧利斯"行进路线怪异有关系，但更与地方政府的预防措施是否得力有关。亲历这些灾害的灾民们也不会如有些政府官员想象得那般愚蠢，他们心中有数，有些损失本是可以避免的。有灾民也给政府写信分析原因，如某地在洪水来临时电站的闸口关闭，没有及时泄洪，导致洪水涌进村庄，而想到之时再去开闸，闸门却已被洪水顶住，根本无法打开。我不禁纳闷：有关部门早干吗去了？这是最起码的防洪常识，可是还是让洪水淹没了本可以避免受难的村庄。究竟是防洪意识不具备，还是根本就“放任自流”？每问及此，我就觉得被气炸肺、气断肠！

在现实中国，绝大部分人，包括我本人在内，灾难发生后基本上属于“看客”。既然事不关己，也无需多管多问。充其量，为了满足好奇心多查点资料了解一下灾情罢了。这说明了一个问题：我们的公益意识还很淡薄，尤其是公益捐助的观念还没有真正培育起来。在遇到重大或者特大灾难的时候，即便捐助也是在“单位”的号召下为之的。即便在这些捐助活动中，单位名义上是号召，实质上有谁不知道这些号召在事实上也是一种变相的要求呢？甚至有些单位直接以命令的方式让职工奉献出爱心。而捐助的人群里，又有多少是出于真心诚意的单纯捐助？把捐助当做在领导面前“好好表现”的人又有多少呢？企业也是如此，尽管我国《公司法》规定了“社会责任”条款，但公司的社会责任理论却绝不是一个条款、一个概念所能包容的。目前我国的公司社会责任规范尤其是标准化规范并未建立起来，从而导致公司的社会责任意识在整体上来说依然淡薄。而公益捐助是公司企业社会责任的一个表现形式，面对自然灾害，又有多少公司主动承担此类社会责任呢？当然，也无法否认确实有一部分公民、公司及其他社会组织的公益意识很浓厚，作出了自己的表率。但与一些社会公益活动搞得比较好的经济实力同类国家相比，我们做得还远远不够。“在没有心的沙漠，在没有爱的荒原，死神也望而却步。”我国也有《公益事业捐赠法》，对捐赠与受赠的程序以及捐赠财产的使用和管理等问题作出了较为明确的规定，可是在执行过程中却存在诸多让人揪心的问题，这或许也是导致不少人不愿意公益捐赠的一个因素。因此，在自然灾害过后，公益捐赠法律与政策及其实施，也是我们要认真反思的问题。

还有一个问题需要提出来。保险企业在自然灾害面前，是否也建立起了应急机制？灾民保险意识状况又是如何呢？据说在广东乐昌，买了财产保险的企业和个体工商户只占全城的 20% ~30% ，买家庭财产保险的更少，有 10% ~20% 。如此说来，在没有充分的社会保障机制的情况下，灾难后的大多数财产损失只能自认“倒霉”了。尤其是受灾群众大多数在农村，而那里购买保险的家庭少得更为可怜。事实上，从地区经济发展以及个人财富增长的角度来看，没有保险的经济发展秩序与致富环境是糟糕的，特别是在容易发生自然灾害的地区，这种境遇更加显著。当洪水、地震等自然灾害来临之后，经商链条被掐断，地区经济的重新启动以及人们的重生与发展只能依赖政府政拨款或者社会救助，显然，这延长了经济扭转与个人财富增长的周期。因此，灾民应该培育起敏感的保险意识，这也是一种迈向市民社会所必须具备的民商法理念。而作为保险经营者，也应该做好充分的准备，科学预测与计算自然灾害的损失，这样既能提高保险企业的竞争力，又能发挥保险的补偿功能。今年上个月颁布的《国务院关于保险业改革发展的若干意见》显示，据保监会统计，2005 年沿海地区遭受的 7 次台风中，国内保险业共支付赔款 13. 3 亿元，成为国家灾害救助体系的重要组成部分。意见认为建立国家财政支持的巨灾风险保险体系，符合国际通行做法，也必将鼓励国内保险公司多为社会提供巨灾风险保障，更好地发挥保险业灾害补偿的社会职责。

最后我想说说在自然灾害面前的新闻媒体。相对于灾民来说，他人都不是事件的亲历者。作为公共突发性自然灾害事件，公民应该享有知情权。而知情权的正式满足，通常是通过官方媒体的新闻报道实现的。可是，新闻媒体在报道这些重大或者特大自然灾害时，根本不是为了满足观众、公民的所谓“知情权”，而是在宣传党和政府的“战绩”。事实上，从新闻心理上来说，在遇到类似自然灾害之后，作为观众与读者主要想了解的倒不是党和政府在灾后如何“送温暖表慰问”、怎样“及时赶到现场”的，而是灾民受难的情况以及党和政府在灾害来临之前到底做了些什么。可是，我们的新闻媒体一个也不例外地在“弘扬主旋律”，什么“某某领导亲自现场指挥”“某某领导亲自电话慰问”“政府送了多少面粉、药品”“灾民怎么怎么感谢党和政府”，镜头和图片也往往是对准官员的肥脑袋、大耳朵、啤酒肚以及八字步。这些信息不是不可以报道，但不能主要是这些，更不能全是这些。所以，严格说来，表面上媒体似乎报道了这些自然灾害，但实质上是为领导人高唱赞歌。老百姓看电视、读报纸，所能听到、看到的信息也只不过是“哪里哪里发洪水了”“哪里哪里又地震了”，但是就灾害的来龙去脉却根本无从知道。我认为，在一个要构建法治的国家，公民对公共突发性事件（包括自然事件与社会事件）的知情权应该得到满足，而新闻媒体承担了保障这一权利有效实现的任务。如果新闻媒体无法做到这一点，而是只顾如何让政府与官员心情舒畅、精神满足的话，那么，所谓的法治，真要实现起来恐怕并非那么顺畅。

今天夜间，我将踏上开往齐鲁大地的列车，那里是我永远的家。行程很辛苦，下了火车上汽车，下了汽车再上摩托车。加上刚才熬的这一个通宵，肯定又是一个累身归途。可是，当想到那些洪水和地震之后无家可归的人们，想到那些揪心天灾后的断肠思考，我已经算很幸运、很幸福了。

二〇〇六年七月二十三日

书呆独董

在谈到完善上市公司独立董事制度时，成思危先生曾说，“我不太赞成经济学家去当独立董事，因为经济学家对企业管理、企业的一些猫腻不清楚。”看到这则消息，立刻扔掉叼在嘴里香烟，甩开椅子，对着电脑桌，连拍三下。我之所以兴奋地如此“神经”，是因为成老先生道出了我压抑已久的心里话。说真的，我也不赞成经济学家当独立董事。

独立董事制度起源于美国，确立这项制度旨在规范上市公司治理结构，抵制董事会中“内部人控制”和“大股东控制”现象，维护中小股东的利益以及促进公司社会责任。最近审议通过的我国新《公司法》在“上市公司组织机构的特别规定”一节中，纳入了独立董事制度，“上市公司设立独立董事，具体办法由国务院规定”。可见，独立董事制度在我国已经上升到了“法律”的地位。其实，独立董事制度在公司法律尚未正式确立之前，已在我国公司实践中试行了五六个年头了，然而，“山雨欲来风满楼”，独立董事的引入并不必然保证董事会的有效运作，独立董事制度运作实践中出了一些问题，人们对此的谴责有增无减。因为道理很简单，要想真正发挥独立董事的作用，实现制度化功能，就必须确保选任的独立董事既要“独立”，又要“懂事”。可是，我们的独立董事是否真正“独立”呢？对此，质疑者接二连三，认为独立董事是“花瓶董事”“人情董事”“被大股东收买，并不能代表公众投资者的利益”，如此等等，不一而足。

另一方面，独立董事是否真正“懂事”也屡遭责难。一份调查报告显示，33.3%的独董表示，在董事会表决时从未投过弃权票或反对票；35%的独董表示，从未发表过与上市公司大股东或高管有分歧的独立意见；15%的独董表示，所在上市公司存在拒绝、阻碍、隐瞒或者干预自己行使权利的情况；35%的独董表示，并没能享有与其他董事同等的知情权，不能获取足够支持自己发表独立意见、做出独立判断的信息。这些数字像一束荆棘，直接刺向对独立董事制度一往情深的笑脸。这么诱人的一个制度，怎么一引进到中国来就立刻变味、走样呢？

不过仔细想来，也不能只责怪公司、内部董事或者大股东等利益掌控者，独立董事选任制度也存在不能回避的客观缺陷，证监会《关于在上市公司建立独立董事制度的指导意见》中对禁止担任独立董事的管理层“社会关系人”，仅仅解释为兄弟姐妹、岳父母、儿媳儿婿、兄弟姐妹的配偶、配偶的兄弟姐妹等亲属连带关系人，并不禁止公司管理层的其他具有特殊利益关系或者情感关系的社会关系人，这就容易导致独立董往往是老总的“铁哥们”“忘年交”“老战友”等局面的出现。在“面子中国”和“世故社会”的今天，公司董事、经理一旦做了“坏事”，损害了公司利益和中小股东的合法权益，独立董事们往往碍于“情面”，不愿让友人难堪。另外，关于“上市公司董事会、监事会、单独或者合并持有上市公司已发行股份1%以上的股东可以提出独立董事候选人，并经股东大会选举决定”的规定也有缺陷，因为现实的情况是：绝大多数上市公司由一个大股东实际控制董事会，大股东通过操纵董事会和股东大会，使上市公司与大股东发生关联交易或者其他损害公司和股东利益的行为。这么说来，独立董事的选任又很容易为大股东所操纵，这种独董运行机制是否还能符合原汁原味的独立董事制度，不无疑问。

问题是，中国现在的经济学家能否配得上上市公司的“独立董事”呢？没有理由不去反思，因为单从一年来的几场“旋风”“摇滚”，以及最近的“五个论”风波、中青报和搜狐网的民调结果来看，我就首先对他们的“独董”品德产生了抹也抹不去的怀疑。独立董事的设立本意，不是让独董们去做大股东的维权卫士，不是让独董们去做公司的形象大使，也不是让独董们去做董事、经理的辩护律师，而是通过超然的行使监督权，不仅为上市公司整体利益、股东尤其是中小股东（公众投资者）利益负责，也要为公司社会责任负责。这就要求独立董事要讲良心、说真话、走人路。可是，有多少经济学家把“独立董事”职责真正付诸实施呢？试想，公司开会时都以“我外边很忙”等借口推辞而代之以电视表决、传真表决和通讯表决的独立董事，能把多少心思花在其担任独董的公司上呢？

更为重要的是，经济学家是否同时也配得上管理学家、企业家的称谓，我没有获取实际调查数据。但从理论上来说，经济学家的本质属性是学者。作为学者的经济学家和作为商人的企业家，一个最大的不同就是前者以学术研究为主要事业，其思维应该是学术化的。后者是以实业经营为主要事业，其思维应该是实务化的。而担任独立董事绝非像写篇论文、做场报告那样单纯，而必须要对所担任独董的上市公司之情况非常了解，特别是对公司的“猫腻”要看得清清楚楚、明明白白，而不能仅仅浮于表面，雾里看花、水中望月，甚或全然不知其一二。调查显示，影响我国上市公司独立董事发挥作用的因素除了时间、精力、信息对称性等因素之外，主要是来自独立董事的素质和能力以及中国社会文化环境的影响。可见，独立董事自身的素质和能力是担当独立董事的一个非常重要的条件。据说，在美国，担任独立董事的人士囊括其他上市公司的总裁、退休的公司总裁、大学校长、退休的政府公务员、成功的个体商人、独立的投资者等。其中，前两类人士是最受欢迎的独立董事。为什么呢？因为这两类人士对管理大公司的复杂性有着清醒的认识和丰富的经验。独立董事如果不参与经营管理，他就对经营活动中的一些违法行为不可能了解。不了解情况，只是让公司提供的文件报表牵着鼻子走，这是很滑稽的，更是很危险的。所以，经济学家尽管有博士、博导、教授等头衔，但大都有一块不容否认的“硬伤”，那就是对宏观大道理满腹经纶，分析问题也把古今中外的各种学说抛出来“忽悠”几下子，但涉及公司经营管理的实际问题却往往是蜻蜓点水、避重就轻。要么死认理、要么硬较真，纠缠于空洞的学理或者死扣于细微的字眼。可以这样说，独立董事不仅必须在利害关系上具备最大限度的独立性和超脱性，也必须具备过硬的业务素质和能力。如果说，与公司和大股东存在“鱼水情深”关系的独立董事，不可能尽职尽责地独立行使董事职责的话，那么，一个对公司理论头头是道但对公司治理实务一知半解的独立董事，更不可能尽善尽美地担当一个合格的独立董事。

从公司治理结构的真正完善出发，从独立董事制度的原始功能出发，从中国理论和现实的实际情况出发，我国的独立董事制度在推行过程中，就选任对象的资质而言，应着力从具有企业管理经验或者实务能力的真正行家队伍中选任，而不是专家学者。比如其他上市公司的高级管理人才、具有企业管理经验的离任公司总裁、注册会计师、执业律师、金融中介机构中的资深管理人员等，都可以成为独立董事的最佳人选。这绝不是在低估经济学家的自身应有的价值，而是出于一种对独立董事制度的真心爱护，生怕其一再被扭曲，以殃及公司治理结构、社会责任和股东利益保护。

顺便说点题外话，经济法学家或者民商法学家也不宜当独立董事。国内有些知名学者似乎已经不再仅仅醉心于自己的博导、教授头衔了，在一些场合特意强调自己是某个或者某几个大公司的“独立董事”，似乎在向听众或观众传递着“我既能做学问也能搞实务”的寒酸信号。其实，这无非是在尽可能地炫耀自己的能耐，企图说服人们不要误以为他（们）是书呆子。其实，发表几篇文章、带几个博士，就可以想当然地以为自己能做公司的独立董事吗？这可不像超级女声“想唱就唱”，这可是关系公司价值和社会责任的开不得玩笑的大事，万不可“想当就当”。正如江平先生所言：“法律专业人士的作用最小，最多提一点法律意见，提醒注意哪些法律问题。”

因此，经济法学家或者商法学家可以去当公司法律顾问，但不适合去当独立董事。有学者甚至以“担任独立董事有助于法学教学和研究”作为理由，来为自己继续担任独立董事作辩解，显然，这是“纯书呆子”思维，试问，请你去担任独立董事，是去“董事”呢还是去搜集研究材料呢？简直是匪夷所思！

完善公司法人治理结构，践行新《公司法》确立的独立董事制度，就应该尊重制度创设的原意，请那些真正“懂事”的实务高手来当独立董事，而不应该言必称教授、博导、经济学家。让独立董事真正“独立”了，确实“懂事”了，这才有可能换来公司治理的“双喜”临门。

二〇〇五年十一月九日

制度依赖症

一

遇到问题，动辄先从社会、制度上分析，我很反对。不知是谁引领了这一“社会主义”“制度主义”的腐蚀性思潮，不先去剖析直接肇事者，而是径直去拷问社会、指责制度。这种思考方式既不深刻，也不能解决问题。同样的社会同样的制度，为什么有些主体不肇事、不犯事、不惹事？正常也是正当的分析思路应该是，先剖析完事情本身或事情的当事人，再去外围挖掘、表演“深刻”为好。

制度依赖，祸害无穷：不仅不利于人的进步、改善，反而会为人的退步、恶化提供舆论支持和理论依据；也不利于社会的进步、文明，反而会为社会的退步、恶化提供腐朽的土壤。“社会主义”和“制度主义”的最大弊端就是为肇事者提供免责、推卸的美丽借口。出了问题不先问责自己，而是先拿制度开脱。更为危险的是，这种思潮影响了不少年轻人，一遇到问题，不是去解剖、揭批、问责肇事者，而是先从制度上、社会上，“站在更高处”，可怜同情肇事者，进而指责那些对肇事者和所肇之事的批判者们。

制度依赖的谬误还在于，一概将不当行为和不良现象归罪于制度，是对制度的无理冤枉。无论回顾历史，还是近观现实，无论聚焦大案，还是盘算小事，真要较真起来，制度还真的未必有那么糟糕。以官场腐败为例，各种制度层出不穷，可谓蔚为壮观，无论是覆盖面还是打击力度，几乎是无可挑剔的，但仍然难免标的上亿的贪官；再以学界腐败为例，各种法规政策几乎密而不漏，抄袭剽窃不仅可耻，严重了还会构成犯罪，但偷文章、盗作品的文贼，还是捉不干净，层出不穷。此时，再去积怨于制度、环境，简直就是胡闹、瞎掰。这是对制度的最大伤害，也是对整个社会秩序的最大伤害。退几步说，即便制度漏洞百出，局限无尽，甚至没有制度，难道就可以无视人性、违背德道、放弃自觉、失去信仰吗？果真如此，那就是对做人的残酷拒绝。如此之人，再好的制度也无济于事。

不去问责人而去问责制度，这种欺骗性的分析术和“深刻把戏”，对分析者而言是很实惠的。这么做，既表彰了制度主义者的貌似深刻，“与众不同”，又避免或降低了对具体肇事者的得罪成本。制度不是人，无血无肉，再怎么痛斥、抨击、轰炸，都不为过。甚至说，即便是对具体制度的问责，对制度的最初设计者和最终定夺者也没多少触动，安全系数极高，得罪成本几乎为零。所以，多数人愿意跟这个时髦，特别是那些自诩为社会知识精英的“理性人”，更是玩味制度，流连忘返。有谁、又有多少人愿意或者说敢于“回到事情本身”，就事论事，先在问题本身上践行“学者的唯一使命就是批判”？

二

制度依赖的祸害源于问题分析过程中出现的问题主体认识错位，它蔓延于问题的解决或扩大过程。分析社会问题，制度依赖是正当的、必需的，因为制度本身就是社会运行的支柱，无制度无秩序就无社会。分析人的问题，制度是需要的，也是正当的，但制度依赖却是不正当的。将人的问题先入为主地上升或自视为社会问题，是对问题主体的错位认识，因而在归因、归责问题上必然出错。

制度依赖和社会依赖说到底是环境依赖。环境依赖对个人无益，对国家对社会更有害。无论多少问题、病症，先不走内因之道，不走技术路线，而是先去找算制度、怪罪体制、埋怨机制，最终的结局是：贪官都成了冤案、牺牲品；卖假冒伪劣的，都是制度、体制、机制作下的罪孽和祸根；卖淫、组织卖淫、援助交际的，都是可怜的；抄袭剽窃的校长院长、教授博导，都是环境所害，实属无奈；大学生药家鑫开车撞人后，拔刀霸道捅八刀，不应怪他，而应让社会担责，拿制度问罪，这种人不该杀，要“原谅年轻人的冲动”……

从人的角度看，人出了问题就是人的问题，不是社会的问题，不是制度的问题；从社会的角度看，社会出了问题就是社会的问题，不是人的问题。分析社会问题时，社会、制度是内因，人是外因，可以人的问题作例证，但人的问题本身不是社会问题，而是社会问题构成；分析人的问题时，人是内因，可以社会环境、制度环境作分析工具甚至归因，但社会环境和制度环境不是人的问题，确切地说不是人的问题的内因，只是人的问题的外因。人的问题的外因仅仅是外因，无从成为人的问题的内因，它只能通过内因才有机会发作。

人是根本。人出了问题，根本在于人，且一定是人自身出了问题，所以得先找人，再找社会、找环境。同样社会的同样的环境，同样的制度同样的法律，有些人在犯罪、违法、乱搞，一定首先是人的问题，应先从肇事者自身开始解剖，然后逐层逐角度挖掘，直至社会、国家。因为就人的问题而言，其自身才是内因，包括社会、制度在内的环境，尽管就社会的问题而言它们是内因，但就人的问题而言仅仅是外因，不会对人的行为起着根本的推动作用。

当人的问题无法从人的自身加以解决时，或者当人的问题成为社会问题或以社会问题看待时，制度才有资格进入讨论现场。利用制度阻断人的恶性或者“性恶”，从而既解决了部分人的问题和由这些群体人所形成的社会问题。其实，任何良性的管控性制度的设计，都是以恶性人的存在或人的恶性作为假设的。在这一意义上，良性的管控性制度都是管人的恶性的，从人的角度说就是管那些非属极端的“恶人”的，如果承认制度是对中间人的管控之说。良性的管控性制度对人的善性或善性的人，没有任何用场。为什么呢？因为善性的人所为之善事或之所以不为恶事，不是源于对管控性制度的畏惧，而是源于良心、理念和信仰。世界能够保持整体和平，真正的立功者不是制度，而是占大多数比例的善性的人。也许就是因着这一事实逻辑关系，我更愿意强调人性的养护、理念的培育、思想的启蒙、信仰的建构和文化的塑造。这需要全民自觉和一个漫长的时间，但一定是从点滴完成积淀的，其中就包括出了问题先解剖人和事情本身，而不是先去玩假大空，犯制度依赖的臭毛病。

三

制度的管理学意义一直被反复强调。其实，强调的多了，就会容易滋生制度依赖症，一脚踩空，即不幸掉进“钱穆制度陷阱”：一个制度出现问题，就会制定出另一个制度来弥补旧制度的缺陷，但是没想到这个新制度在实际中还是有问题，于是又弄出个修补的制度，结果是制度越来越多，都是在补窟窿，但最后的结果却是越补窟窿越大，事情最终还是没法办好。制度管理固然重要，但人性管理更有长效。用人性尊重人性比用制度摧残人性，更有理论根据和逻辑前提，大量的管理实践也早已证明。

同样，在观察和分析以人作为肇事主体问题时，人应该理所当然地成为首要分析对象，不应不顾人性只谈制度，对人而言，制度不过是外在环境，不是根本。质言之，制度是社会的根本，不是人的根本。人的根本就是人，而不是制度。所以，遇到触犯刑律、违反法纪、背弃道德伦理的不当行为，那种越来越流行甚至说更有欺骗性的“社会主义”“制度主义”本能思维，应该尽快去除了。如果置身于社会系统的问题场域，谈社会、论制度，无可厚非，也是理所当然，但若置身于具体的事情本身，还是先别动辄就拿体制、机制、制度、社会这些硕大的词汇，去刻意地赶时髦了。因此，理性的理性或者说真正的理性应当是，不昧因果，“如实观照”，不要用那些社会科学的理性遮蔽了事情本身。一旦形成了制度依赖的条件反射，恶的人性会被继续纵容，再完美无缺的制度恐也难以拉拢人性的天使一面，而只有可能去给人性的禽兽一面提供激情上演的精彩剧场了。这种理性，本质上是一种虚假理性，要不得。

二〇一一年十二月十日

官本位

官本位思想腐蚀中国几千年，至今也未见好转。照此势头，再流传千年，也不成问题。成问题的是，官本位与法本位是天敌一对，只要官本位存活一天，法本位就不可能有生成之日。有人乐观估计中国法治还有百年，我也常怀法治理想，巴不得一个晴天霹雳，送来中国法治。可是乐观不等于客观，我总以为这个数字应再乘以十，以千年计。即便是千年法治，仍需不断呐喊、呼唤、斗争、抗议、牺牲，方有丝毫希望。不然再过千年，法治仍不见踪影，官本位还会照旧。

官本位以权力思维为要旨。权力思维不是来源于法律、宗教、伦理、道德等某种社会规范，而是直接来源于人。官本位的社会，其治理模式并非依赖社会规范，不是规则之治，而是仰仗于人，是人力之治，简称人治。官本位社会就是人治社会，所谓人治社会，不是人人自治，也不是人人互治，而是那些掌握权力的人借助权力进行他治，即对除自己之外的他人进行管制、统治。最大权力一人享有，是为皇权，独裁至尊，说一不二；再次一点的权力，一帮人享有，大大小小，是为公权，耀权扬威，颐指气使。治理国家、管理社会、“服务人民”，统统靠权力的震慑，靠掌权人的指令，权力思维也就自然塞满整个脑壳，官本位思想也就不足为奇。于是，权力大于一切，是真正的“至上”。法律在其面前，狗屁不是；民权在其眼下，一文不值。

法本位思想则不同，法本位社会就是法治社会，所谓法治社会，不是法律自觉治理社会，而是实施法律的人运用法律思维、法治理念、法律规则和程序治理社会。法律仅是社会规范之一种，社会治理不唯靠法律规则，但一个成熟或者相对成熟的法治社会，在其法律可调整的领域，一定是以法律规则而不是权力威慑来规制的。以人格平等、私权神圣、意思自治、诚实信用、公平正义等为核心的法治理念会充盈于整个社会，成为人的行为之自觉和社会运行之普遍意识。即便是承认所谓“权力”，也一定是按照法律规则运行的，本质上仍然是规则之治，而不是权力之治。欲达法治社会，并非无动于衷，坐享其成，而是要在迈向法治社会的过程中，在通往法治社会的道路上，不断自觉地控制直至剔除权力思维，让法律思维取而代之，逐步形成法律信仰，让法律的威信、威力真正至高无上，成为唯一的“至上”、纯粹的“至上”，至少不会长期输给权力。显然，从官本位和权力思维的活跃程度来看，这需要一个长期斗争的过程。

权力不受控制则至高无上，可以支配所有，左右一切。官本位思想和权力思维是法治生长发育的最大障碍，是一切社会问题、矛盾和弊病的总的根源。观人间百态和社会万象，无不发现，官本位思想和权力思维是真正的祸害，尤其是官场腐败，更是如此。官本位思想和权力思维并不是简单的“权力欲”和“升官梦”，其本质是制造特权思想和等级观念，缺乏平等理念、博爱精神，重人治不重法治，重公权不重人权，重奴性不重人性。

“官本位”“一权独大”“政治第一”等恶俗思维，毒害中国不轻，这些与法治、民主、科学、自由、平等、文明彻底背离的思维，早已渗透到了各行业各领域。越来越深陷亚健康的国人精力极尽耗散，虚伪本性、空洞思维、形式主义等人神共知共愤的负面资源无限扩散。原本可以朴实、真实、踏实的幸福生活，被这些花枝招展掩饰下的乌烟瘴气破坏得一塌糊涂。《好日子》的嘹亮动听的歌声，遮盖的是人民趋向普遍的焦虑、抵触、无奈和麻木。“统一思想”的政治命令以及言论自由的有名无实，把越来越多的人民逼成了台面上的实名屁精、网络上的匿名愤青，把越来越多的好男人好女人逼成了单位里的特级演员、家庭里的一流打手，总之是特别祸国殃民的。

勤劳朴实的中国人，不时被地沟油、瘦肉精、毒奶粉等劣质食品侵蚀肉体，他们老老实实地认了、忍了；但作为肇事者，能不能在他们的思想和精神上，能够给予些许的补偿，哪怕是允许片刻的独处、稍事的休息和最底线安全感的自由？我想，这是由官本位向法本位过渡并最终迈进法治社会的应有之意。

二〇一二年八月十八日

民意

敏感

大千世界，问题多多。主体对处于客体地位之“问题”，在认识灵敏性上自然会有程度之差异。因而，社会上存在之诸多问题也便有“敏感”与“非敏感”之分。然而，什么问题算得上“敏感”，什么问题算不上“敏感”，却因判断主体和方法不同而会出现认识迥异的结论。

原本，认识客体反作用于认识主体之快捷程度，以及认识主体对认识客体之反应灵敏程度，必然存在快慢之差，敏感问题也只不过是一种客观存在。该是敏感者，自然会敏感，失去敏感性反而成为异常。然而，社会运行之现实则是，有些本不该敏感之问题，却由于种种原因人为变成所谓“敏感问题”，更不得其解者，如此敏感问题在绝大多数情况下，均会遭遇来自主体之回避，且是不约而同。

先是对问题之敏感度进行独断性划分，将本不敏感之常态问题有意敏感化，然后千方百计施以回避策略，这一现象已不陌生。尤其是在常有敏感问题之社会，长期身处其境之人对敏感问题则肯定更为熟悉。可是，敏感问题并非一个有确切定义之专业术语，欲给其规定一个标准化解释，实有巨大难度。不过，将敏感问题置于法治进程之中，以当局对待敏感问题之惯常认定与处理经验作为分析标本，或许具有在法治框架下作一粗略解读之可能和必要。

大凡社会问题，倘若挪至法学之庙，无不与权利义务相关。辩证观之，权利和权力均无小事。与权利义务有关者，无论是与私权相关抑或与公权相关，都是敏感问题，至少权利之享有者或失去者会自觉将其看重。尤其是在法治社会或者企图构建法治目标之社会，私权应受私权自身尊重（私权内在尊重或者相互尊重），更应受公权尊重（私权外在尊重）。私权之受尊重程度与法治之实现程度极其相关，甚至完全可谓之正相关。因而私权享有者更容易发现或遭遇敏感问题，私权享有者对其权利之敏感程度，亦为私权者法意识或法情感之写照，可借此检测法商之高低。

于是，当私权受侵扰时，敏感之私权主体无疑会忆起耶林名言，进而“为权利而斗争”。为权利斗争样态大致有二：一为私权主体之间互斗互争，一为私权主体与强势上下争斗。论风险和胜率，前者常小于后者。前者样态下之斗争风险相对较小，因惹弱势与惹强势之后果通常大相径庭。不过，于此种情形，倘若私权主体之间由权利斗争恶化为刑事层次斗争，抑或权利斗争之影响力升级，足以构成较大影响从而殃及政治容貌，则本为私人之敏感问题会演变为强势团体之敏感问题。此种敏感问题，当属本文所探讨真正敏感问题之一。此类问题从表象观察，为私权主体之间斗争问题，究其实质，此类斗争则往往生于私权受害者与私权侵害者之间。诸如此种问题，比比皆是。有一类群体，人们常谓之农民工，简称民工，民工工资权益、身体权益被侵害之事例，不算稀罕。民工为工资、为人权与雇主斗争，雇主则财大气粗，仗势欺人，一旦矛盾升级，则极易被强势团体界定为敏感问题。

第二类敏感问题，则存在于前文所列权利斗争之另外一种样态，即私权与强势斗争时。因其风险大、胜算小，故私权于自卫反击而对抗强势时，通常会吃败仗，不免一塌糊涂。强势团体要么借助问题之“敏感”而使私权主体诉求销声匿迹，要么则强行启动强势力量镇压私权主张之势，使私权主体输个精光，落得一地鸡毛。所以然者，依旧因问题属“敏感问题”。生在特定社会，长在特定环境，会发觉此类问题不计其数。例如，拆迁法律渊源并不少见，所定权利义务条文，亦发育正常，清清楚楚。然而，拆迁行为中，被拆迁方之权益是否均顺利受到公正待遇，则不便作出非常肯定之回答。一旦失去权益未恢复，则为权利而斗争在所难免，途径不一，上访为多。私权无小事，本应妥帖解决者，因前期未决招致事大，故又转化为敏感问题。此间官官相护、官商勾结之丑恶表演，在所难免。而正是此类拙劣表演，最易惹怒黎民。再如，强势团体对私权有直接欺负而又企图掩盖者，更有理由直接界定为敏感问题。

上述二类敏感问题皆与私权有关，但因强势团体容颜无光，故非作敏感问题处理不可。其实，还有一类敏感问题，即所谓国家大事。国家历来无小事，故未闻所谓“国家小事”之说辞，只见“国家大事”之修饰。在崇尚敏感问题文化之社会，国家大事，共商者限于极少数人，国民议论自由甚微至无。故此，凡抢夺言论自由而发表国家大事意见者，均被判以“乱说话”之罪名。不该说而说者，必定为乱说。此所谓“不该说者”何？敏感问题是也。当然，欲图学理研究，国家大事之界定则似应采扩张解释为妥。所谓“人定隐私”，为法定隐私之相对概念。大意可作如下解：本属法律上之非隐私信息（公众人物隐私限制），人人有权知晓，但却被人为界定为隐私，并不提供他人知情之机会，故谓之“人定隐私”。

典型敏感问题不外乎上述三类。社会生活中，除典型敏感问题之外，亦有非典型性敏感问题，或可谓之准敏感问题。此类敏感问题多生于非公权主体，如企事业单位、社会团体等。官本位一日不除，则非官府单位必定走官府之路、学官府之样。于是，在非纯粹官府单位，亦存在大量敏感问题。例如，食品安全问题人命关天，然而在部分企业却无法无天，非闹出一堆问题不可。一旦生事，则以敏感为由极力遮掩，直待无法捂盖时，或许才得以晒上日光，美其名曰某某事件，事件名称亦会以该食品名称取之。

无论何种何类，本不应成为所谓敏感问题。即便为敏感问题，亦应为珍视私权（包括知情权）之敏感问题，本应成为表彰私权主体之赞誉。然而，事实真相却全非，事关私权者，只要不触及强势团体之容颜，则不会升至敏感问题；反之，有损强势团体之容颜者，则自然升至敏感问题。因而，本文所谓敏感问题尽管难以定义或不可言传，但又仿佛可以意会。

极其可恨之处在于，敏感问题常被界定者霸占，成为强势者之垄断信息，未经其同意不得获取、传播或者论评。敏感问题之制造者、界定者，常以知晓或者界定敏感问题自居，仿佛谁有资格界定敏感问题，其权力就越大，越是威风凛凛。凡不老实者，即违反保守敏感问题之要求者，即为冒天下之大不韪，惹火烧身，后果很严重，吃不了兜着走。此为潜规则。凡触犯此规则者，均为不守革命规矩者，即为触犯规则者之主体称谓。一旦触犯潜在规则，其私权极易遭遇侵扰，且对此侵权行为不得张扬，应严守保密义务，为只为，此问题又一敏感问题也。敏感问题之制造者，往往有此癖好，于是先将非敏感问题敏感化，后使敏感问题复加、叠加，整出一堆敏感问题。至终，于敏感问题制造者处，制造敏感问题俨然变为其日常工作内容，成为工作量考核之重要指标矣！

敏感问题之思维传染性极强。敏感问题既为敏感问题，又为敏感问题制造者垄断，则媒体不得随意宣传报道。媒体之一丝一动，须听从口令。然而，媒体对敏感问题之辨别，有直接听令者，容易明鉴，但也有欠缺明令者，此时需运用自我把握能力。幸好敏感问题之思维因有极强传染性，受强势团体影响与操控之媒体，亦渐趋掌握敏感问题判断本领，故大多时候判断行为之推进并无多大困难。倘若判断失误，则必定会遭殃，媒体负责人或直接责任人之私权，会面临直接加害，私有权益、公职权益、雇佣权益或劳动权益于顷刻间会化为云烟。此类现象恐怕难言少见，有媒体人不堪忍受，愤然选择离开，与难以继续忍受敏感问题之风气熏染不无关系。相比之下，网络媒体似算幸运。然而，倘真遇敏感问题，则同样无所例外。敏感问题自然不得发表、不得议论，欺人太甚者，

“敏感文化”不限于问题领域，语言文字领域亦有扩散，遂形成所谓“敏感说法”“敏感字符”，云云。更干脆者，敏感字符与“非法字符”几乎可画上等号。

法治社会，不能前怕狼后怕虎。法治尚未生成之社会，最大弊病在于疑神疑鬼。强势团体一旦患有多疑症、多虑症，对人民怀有极大不信任，甚至视为“刁民”或者“敌人”，则其自身威信亦会大打折扣。因而，可以大胆坦白，法治政府无敏感问题。假如非言称有所谓敏感问题者，亦非其自身界定之结果，而为法律所确认者。易言之，凡法律确认之私权，在法治社会均应受到尊重与保护，此为真正之“敏感问题”——私权主体之敏感问题，而非公权主体人为界定之敏感问题！

不得不承认者，乃敏感问题对众生之害，则显而易见。最为滑稽者，“敏感问题”之说已进入公开政治，无论开会发言抑或新闻发布，不少地方官员大言不惭，张口一个“敏感问题不便说”，闭口一个“敏感问题不便回答”。如此荒唐，可恶至极！

如果时时处处充斥敏感问题，则人之生活行动如履薄冰，国家、国民、民族与社会有何生机可言？有何创新与和谐之说？创新型社会、和谐社会，不允许有所谓敏感问题。一旦有所谓敏感问题，即为社会不和谐、民族无创新潜力之典型象征。因此，构建立所谓法治国家、文明社会，自应消除所谓敏感问题！敏感问题多寡与社会文明程度与国家法治化程度成反比，即敏感文化越浓厚、敏感问题越多，社会越不文明、国家越非法治化；敏感文化越淡薄（或越欠缺）、敏感问题越稀少（或没有），则社会越文明、国家越有法治味儿！

以上寥寥，即为本文结论。由此稍作摊开：并非作为私权享有之言说者敏感，而是作为强势团体之“定罪”者敏感。一言以蔽之，我不敏感你敏感！

二〇〇八年十月二十八日

谱

一

了解的人都知道我性格单纯、幼稚，直线思维，很好对付。当被问到1加1等于几时，我会毫无掩饰地按照小学算术课本上的答案说等于2，但有些人可能要说等于3乘2加8减5乘20%减10除以3加1或者更复杂，复杂得让人顿时陷入哥什么赫猜想，进而嫌弃自己的愚蠢、土气和嫩，急得牙痒痒的时候，甚至会责怪爹娘的基因缘何那么简单。

不过，这么玩转转、兜圈圈的，总还算诚实，运算的过程虽然拐弯抹角，山重水复，但结果至少有谱也靠谱。然而，也有些人似乎显得更精明更会算，要么目空一切、置之不理，可能真出于无可奉告，也可能压根就不知几何，但那副姿态和腔调是一样一样的，这就不是有谱、靠谱而是摆谱了；要么满脸的热情诚恳状，脱口而出，但结果却等于3或等于30、300甚至3万，不摸实底的还以为人家帮了一个大忙，这就不是有谱、靠谱、摆谱，而是离谱了。有谱、靠谱的人少了，摆谱、离谱的人多了，会叫我等没什么阅历、没见多少世面的土人感到很没谱，用个流行词说就是“很无语”。

社会管理、行政执法又何尝不是如此呢？倘若人民有难求助政府，却置之不理摆起了谱，千推万拖，百姓大众只好陷入更为深重的苦难，诉求无门，走投无路，唯叹生之不逢时，命之无奈何。

法学上有个术语，称这种摆谱、推诿、不管不问叫“行政不作为”，当为不为，系属行政违法。在高喊依法行政、法治政府的当下，在有些地方，单纯的不作为逐步被一个个胡作的作、一个个非为的为所取代，明明是事实清楚、证据充分确凿的来信来访，却非要举着和谐、稳定、大局的旗帜，拿出一套放之五湖四海皆准的通用官方话语体系，将人民群众的口腔、喉舌和气管搪塞得满满的，有理无处讲，有话没法说，有气憋在心里倒出不来。谁要是稍有点小动作，就开始动用警力，要么关进看守所，要么送入精神院，活着出来算命大的。在里面螺丝钉上上吊、躲猫猫撞墙、喝开水烫死、半夜里睡死、吃打火机配件，死法就怕你想不到。出警已算很规范很给面子了，在个别强制拆迁工地、城管执法现场，则多有拿着大铁棍、开着挖掘机的“土匪”进村、进城，横行霸道，耀武扬威，格拆勿论，格杀也勿论。切身有过上访、投诉、维权、遭拆、被挖、挨揍经历的人民，会有更直观、更深刻的体味，这种离谱面积达九百六十万平方公里的治理乱象，并没有全面树立起地方政府的真正威严、威信和威望，相反在一天天吞噬着百信心目中所期待的政府“三威”。

二

以全球视野和世界思维观察，可信的当局、规范的社会、文明的国家，是和谐的支柱，也是人民优质生命和美好生活的源泉。可信的当局可以给人民带来安全感。在人民患难或维权之前，当局应事先提供充分的避难、脱险和行权通道，并为此时刻准备着真心实意付出卫护之责；在人民患难或维权之时，当局应首先同情人民诉求之求，认可人民维权之权，并将此视作光荣的人权事业，心甘情愿履行职责，依法办事，立德行好，而不是厌恶、排斥甚至欲加之罪。这种将人民的诉求和维权视作破坏当局形象、影响官员仕途的思维，本质上是制造官民阶级及其对立关系，将人民和政府置于敌我状态。久之，当局便失去了人民的信任，成为远离人民、背离人民、弃离人民的骗局，对立即会升级，人民也就渐无安全感，生命与生活质量必定下降。

规范的社会可以给人民带来责任感。社会的运行形态有三，健康稳定者为良性运行，只健康不稳定或只稳定不健康者为中性运行，既不健康也不稳定者为恶性运行。良性社会运行需要社会规范制约、保障，缺乏社会规范的社会运行不可能是良性运行，也不是一个规范的社会。无规则即无秩序，规则意识对社会秩序的构建和生成是至关紧要的。社会管理、社会治理应沿着科学规范的轨道推进，方可达至上乘的社会秩序和良性的社会运行。规范的社会，固然需要规范的人民履行作为社会成员的规范的义务，但表率和牵引依然是当局，因为当局是主导，就执政党而言，其处于绝对的领导地位；就政府而言，其有兑现社会契约承诺的天然职责，也有执行《宪法》法律规范的法定义务。当局不规范，社会规范即难以形成，规范社会也即遥遥无期。在由当局带头引导缔结起来的规范的社会环境，人民会因为当局的可信及规范而自觉地养成规范意识，在全社会广泛形成普遍的规则理念，深入人心。这是社会契约的对等义务，也是在当局兑现承诺后人民所要相应支付的对价。凡是拒绝支付对价者，则可视为当局、社会、国家和人民的敌人，罚之甚至除之。人民的规范意识或规则理念，必然包涵责任意识，并形成对社会、对国家忠诚的责任感，且是自豪的，因为人民已经深刻地感知和认识到其确实生活在一个规范的社会，讲规则、担责任，就会快感着“八荣”，不讲规则，不担责任，就会陷入“八耻”。规范的社会绝不是理想甚至空想，而是完全可以实现的一种现实社会模态和秩序。在中国，规范社会远未形成。潜规则从低调隐藏于社会角落到公然充斥于社会舞台，摆谱、离谱的事太多太多，逐渐腐蚀、阻碍着正当规则的介入。因此，人民的责任感也就不得而知。责任感也是一种尊严的象征，当其屡屡受到伤害，也就对责任感失去了知觉，从而落得大多数人的沉默、麻木甚至绝望。此时，所谓“优质的生命和美好的生活”之说，不是源于规范的社会，而是源于自身在潜规则甚至无规则的失范夹缝中努力寻求并用于自我解脱和慰藉的精神预设。

文明的国家可以给人民带来幸福感。文明的国家是以可信的当局、规范的社会为前提的。当局不可信，社会不规范，国家即无文明。广义解释，不可信和不规范也是一种“文明”，或者干脆说，一切野蛮的历史、反动的制度、腐朽的文化，都可归于“文明”范畴。但此所谓“文明的国家”之“文明”则专指顺应社会发展、合乎人类进步的政治、经济、文化与社会诸要素所缔结起来的秩序形态，它与野蛮相对立。很显然，文明秩序和文明国家的构建，并非由抽象的国家自身一条命令、几部法律所能轻易竣工的使命。“社会主义法律体系已经形成”，对此当然可以热烈庆贺，但这丝毫不意味着可信的当局、规范的社会以及文明的国家已经形成，相反，法治之路漫长遥远，法治社会与法治国家须祖祖辈辈、世代相传方可最终脱胎诞生。因此，文明的国家也必须由国家、当局、社会和人民共同缔造，逐步生成。虽然唯物史观说人民群众是历史的推动者，但当局的责任仍然不可推卸，无法旁贷。人民用呼声、用行动推进当局改革改良，本身就是在推动历史前进，符合唯物史观。只是其中蕴含着不可颠倒或捣乱的政治逻辑以及坚不可摧的契约机理，即天赋人权、民赋府权，府为人民，权力来自人民，当应无条件地服务于人民；在人民与当局的契约关系中，不存在同时履行的契约逻辑，只有当局先履行的顺位义务，当局没有适当、全面、正确履行，人民有权提出抗辩并拒绝履行。只要当局先行依约履行义务，人民满意或答应之后，其自会作出相应的履行，此时不履行者即为敌人，前文已及。

由是观之，以文明、法治为目标的国家，当局的义务只有服务人民，任何管制或统治都是背离文明、反对法治的，管制或统治的对象只能是秩序，而不可能也不应当是人民。相反，人民作为权力的授予者、信托方，则有权力也有义务监管当局，凡遇不履行义务的反动政府，当可抗议甚至推翻。唯如此，国家才会真正文明，人民才会真正有幸福感。若当局不自觉，不守信，只许自己放火，不许百姓点灯，国家将不会文明，人民也不会幸福。

三

当局失信、社会失范、国家失明，人民必然遭殃。中国社会转型时期、过渡时代，应着力防止“三失”，一旦有此倾向应敢于和甘于接受包括学者在内的人民的“批判”，勇于承认和正视，并及时承担起“建设”责任，因为批判在人民，建设在当局。任何关于学者应当多建设少批判的论调，都是当局为自己推脱建设责任并泯灭学者和人民的批判责任以维持当政者在任期间平安无事、万无一失的廉价利益和不当秩序。以如此思维执政，当局永远不可信，社会永远不规范，国家永远不文明，人民也就永远没有安全感、责任感和幸福感。

然而，我们所处的这个时代，尽管九十年来翻天覆地，六十年来覆地翻天，但不得不承认，在有些地方仍旧乱事不断，祸殃人间。从媒体曝光和上级通报出来的一些事件来看，完全是漆黑一片，暗无天日。用黑暗形容似乎还不够准确，应直接简明扼要，用“黑”来描绘，因为“暗”在我看来都显得太亮、太有光了。

但我依然信心百倍，期盼当局可信、社会规范、国家文明，所以一直没有放弃持续呐喊的公民义务。作为中国人口普查出来的十好几亿分之一，我不求效果，只求态度和表现。如此而已，如此，而已。

二〇一二年一月八日

作对作恶

不必专门做人口普查调研，就能当然且准确地推定，在当前气候条件下，绝大部分国民是不敢和政府作对的。政府有其强大的团体力量和权力高压，真要教训和整修想作对、作恶、扑腾的人民，那无疑像捏死一只雏鸡那般轻松，且不眨眼、不见血。

一言以蔽之，和政府作对就是找死。在任何国度，当人民惧怕政府时，每遇权益事件，就不大可能再去相信“有困难找政府”的鬼话了，干脆在家生生闷气，顶多摔摔笤帚骂骂娘。偶有不识相者，或者那些天不怕地不怕者，地方政府不能解决他们的诉求时，就带上一箱方便面、火腿肠，再塞上一本《宪法》，冒着严寒或酷暑，不顾路途颠簸，风尘仆仆，一下火车就去天安门，看看五星红旗是怎么升上去的，金色太阳又是怎么亮出来的，有时候连春节也干脆在那里一起过了。本想将维权的最后希望寄托于北京，求助于中央，不料没等天亮，老家来人了，宾馆开上，饭店订上，车票买上，好言送上，领回家了。光化日下的，就这些。这还算待遇好的。

每一个中国人，都有去北京旅游的权利，感受一下改革开放以来首都的变化。不管能否拿出旅游法律依据，北京总是欢迎你，“我家大门常打开”，不仅“为你开天辟地”，还要“在太阳下分享呼吸”。但要是打着宪法的旗号，寻着信访条例赋予的权利，通宵达旦连夜赶往北京，北京也会“开放怀抱等你”，但那是玩的守株待兔，正中下怀。记住，北京欢迎你，只对游客不对访客。对访客，那只不过是一首歌。当真了，是必定会被围追堵截的。

可是，偏偏有人信访不信法。法律、司法，这些本应极具权威的典章条令和裁判大权，在每个有所阅历的人那里仿佛早已失去了灵光。法失信，只好走上访的路子。殊不知，这条道绝非一般，一不小心上去了，就很容易进去了。一旦进去了，很可能就是“求出无期”。历来的政治气候，就是政府绝不允许人民乱动，最好是万籁俱寂，只准政府或者那些当官的、掌权的，尽情糟腾。今天，虽然提倡公平正义，鼓噪依法行政，但谁要是较真了，抱定正义不松，咬住法治不放，注定是要付出代价的。气急了，去政府大楼前坐一坐，摇着扇子，举着旗子，吆喝几声，简直是胆大包天了。这显然与和谐社会格格不入。这算搞大了的。就是弄点小动作，也是被盯得死死的。给政府写封信，提点意见，反映一下情况，或网上发个帖子，哪怕是用尽了最最女人的温柔，和和气气的，也得一查到底，报送单位，进行思想教育。弄不巧还被跨省追捕，横加“侮辱政府名誉”的千古奇罪。

当政府变为老虎，谁都摸不得，人民躲得远远的。此时，人民在老虎面前的一举一动，都是对政府虎威的挑战和侵犯。官老爷和官大爷那里，政府权威是神圣不可侵犯的。不仅如此，政府大楼还有“风水”，也是不能随意影响或破坏的。据报道，重庆市江津区一领导以“影响政府办公楼的风水”为由，要求当地一个合法楼盘“水映康城”项目停建。权力胜天，耀武扬威至此种程度。

“跟政府作对就是恶”，这话出自当代政府官员且是党委书记之口。如果这话代表的是政府，那么，是政府跟人民作对，而不是相反；如果这话代表个人，那么，是政府官员在跟政府作对，而不是人民在跟政府作对。其实，官员的这种雷人之语，早已司空见惯。把党和人民分裂开来，把政府和人民对立起来，恐怕只有个别飞扬跋扈的当官的才能想得出、说得出、做得出。人民是万万没这个胆量的，哪怕是不想被政府忽悠来忽悠去，也是老老实实地憋在心里，宁愿腐烂于腹，也不敢说出口造恶、遭罪。但个别掌权的政府官员，就不管三七二十一，心情好了，走街串户，拧拧人家的水管子，掀掀人家的锅盖子，握握孤寡老人的手；一旦不高兴了，就吐出真话，原形毕露，耍起流氓本性来了。谁不给面子，不按其意志行事，就要先定性“作对”“反动”，再侮其“刁”、辱其“恶”，再不老实，下一步就开始采取行动，宰小鸡了。

不禁疑问：什么叫跟政府作对？反动究竟是啥意思？以我之浅薄理解，反动之意为反面动作或者反向行动。狭义的反动专指与正义、正气、权利等正当价值反向而为的理念及在该理念指导下的行动。若人民如此行动，行为本身称为反动，行为主体称为反动人民或反动群众。若政府如此行动，行为本身称为反动，行为主体则称为反动政府。因此，凡是与人民追求的正当价值相向而行的政府为人民政府，就会受人民尊重和拥护。此时，与政府行为背道的人为反动人民，其行为性质是反动，行为状态可描述为造反，说其“恶”不为过；凡是与人民追求的正当价值相反而行的政府为反动政府，就会受人民谴责和唾弃。此时，与政府行为背道的人，从和政府比对后的行为方向上说是反动，但从行为性质上说不是反动，行为状态也不应描述为造反，说其“恶”，就简直不是人话了。

凭良心说，真正跟政府作对的只可能是政府官员，而不可能是人民。在这个社会，作对的刁民其实是很稀罕的。两级分化不断升级，富人越来富，强势团体是惹不起的。即便有点磕磕碰碰，也很容易摆平、搞定。但穷人越穷，一日三餐还要冥思苦想，哪有闲心去和政府作对，也没那贼胆。但凡真有跟政府“作对”的，以现代政府的种种德行，八九不离十是因为政府干了缺德的脏事，人民忍无可忍了。此时，正确的表达应当是，政府和人民作对，而不是人民和政府作对。真要强行说成后者，那也只能说“作对”的人民在为政府纠偏、纠错，一心帮助其提高执政德行。照这个理，政府应当鼓励人民与其作对，而不是一概打压，或者给人民戴上“恶”帽并威胁“奉陪到底”。

诺贝尔文学奖获得者秘鲁作家略萨在接受西班牙媒体采访时说：如果你想活下去，就要活到最后。国歌《义勇军进行曲》每天都在唱响中华大地：“中华民族到了最危险的时候，每个人发出最后的吼声！”其实，每个人都有权利也有义务随时发出自己的吼声，尤其是在当下这个气候条件下，权力腐败愈演愈烈，两级分化趋于悬殊，道德环境渐行滑坡，党的执政地位和执政能力亟需巩固和提高，此时，每个人更有资格也更有必要，为拯救自己更是为拯救中华民族而发出“最后的吼声”。人民政府不应当阻挡人民的吼声。

写到此，结论就非常自然了：倘若人民伤天害理，胡作非为，自应依法惩处；倘若人民为了捍卫真理、伸张正义，甚至只为自身权益发出一口哀求，或者多了一句吼声，也能被政府界定为“作对”，进而冠以“恶”的官方标签，那么，我还是坚决主张：这样的政府，誓死也要和它作对到底！活到最后，“恶”到最后。值。但我相信，随着法治不断进步，如此作对、作恶，应当会越来越少。唯如此，人民才会更加幸福，社会才会更加进步、文明。

二〇一〇年十月十五日

和世界谈谈

一

韩寒最近出版新作《1988：我想和这个世界谈谈》，友人劝我闲时看看。我是在地摊上买的，地铁上读的，地球上扔的。这是一部长篇小说，开本15万字，牛皮纸，瞧那封面颜色，卷起来更像一包土炸药。随手一抛，投进上海世博园区检票口的高雅垃圾桶里，也没引爆里面的泡面残渣和各色宣传单子。当然，也就没有围观群众以及前来驱散他们的警察。

按理说，文人不应该随便丢弃书籍。爱书、买书、藏书，是常情。宁可不要卧室，也不能没有书房。风流的读书人，对书的情感，更是浓于爱女人。阅人和阅书均可无数，但阅人之后可以一脚踹之，一手甩之，旧情忘得一干二净，绝不复发，且是高度私密的；阅书之后，则要当宝贝供起来，摆在书架上，公开作为展示知识、表彰学问的第一手证据。这年月，女人和书，一到了文人手里，命运的差距就是如此悬殊。这里没有为什么。

我倒利索，竟把新买来的名人畅销书弃若敝屣，不过，是理直气壮的。一来我不是文人，自然也就甭死守着那套流氓玩不起的时尚。这看似一副潇洒状，可在内心也不无愧疚，毕竟那是作者的一腔心血，扔出手的刹那间，也有过极为短暂的恍惚。但静下心来，托起猴腮，又觉得自己没必要那般自责，自己花钱买的书，有抛弃的自由，祸害的是自己的所有权，不是韩寒的著作权，这完全符合民法原理。

我当初并不愿意“喜旧厌新”的，带本小说，逛逛世博，读一卷书，行十里路，理论和实践会顿时密切结合起来。但促使产生扔书的念头的，不是够不上文人身份而扮出的冷酷，也不是自负于民法专业而装满的蒜泥，而是深深地发端于陪伴我两三年的那个杯具。

近年来，我骂人无数（但自认为树敌还是太少），喊破了嗓门，熬干了唾沫，所以出门必须携带一只水杯，也巧，它形如炮弹。这么强大的杯具，握在手里，特有安全感。遇到欺负人的武夫和泼妇，可作为男子防身器，一杯子夯过去，注定是一场悲剧；碰见招惹人的权力和官吏，我可赖在机关不走，坐下来打开杯子，喝茶聊天，和那些在上级面前是狗、在百姓面前是狼的得瑟官儿们，谈谈心、讲讲话，免费普及人权知识，义务宣传法律文化，友情导游动物世界。为的就是让狗缩缩舌头，少舔腚、少摇尾、多守门；让狼收收牙齿，少咬人、少做人、多做狗。大多时候，都是先赔进去大半个钟头的口舌，最后赚回一句“脑子有病”的四字鉴定，但我还是相信物有所值，杯子没有白带，它帮我一次又一次完成了针对政府的慈善公益事业。凡是大事业，没有白干的，总是要付出代价的。挨顿骂，又不会少二两肉，何况骂声来自当官的老爷、大爷、少爷，都是一些纯爷们，多有层次！

可是，月有圆缺，杯有离合。上海世博会开幕前夕，为检验世博运行能力，部分市民被派发世博预展门票进入园区，以帮助政府快速获得实验结论。于是，带上“炮弹”杯具上路。谁料，一到检票口，就收到志愿者掩耳不及迅雷的命令，不让带杯具进入世界级公共场所。那一刻，世博园区仿佛化作了国际大酒店，让我想起

“禁止自带酒水”的所谓餐饮惯例；又似是矗立于东方世界的一座大机关，让我想起屡次去法院告状、去政府调研时不让带水杯的安检经历。在那些人的眼里，我带的不是水杯，是“炮弹”；里面装的不是茶水，是易燃易爆危险品；我也不是普通的游客，而更疑似是恐怖主义分子。

幸好我的思想觉悟早已达到了一定的高度，且能胜寒，一时又想到了一连串的关键词：政治、大局、成功、精彩、难忘、平安、和谐……眼看着身边那位无奈的志愿者，想来他们只是“志愿”干活的，“志愿”早已止于报名，一旦穿上了制服、挂上了牌牌，就只有命令没有志愿了。民法学得再好，也不敢耍弄物以稀为贵的“意思自治”。上级一道命令，思想就得立刻统一，商量的余地也就荡然无存。再想想中国的面子文化，办一次世博会，其实就是办一次“世界碑”，图个国际名声，载入史册。突然，一股高尚的自觉，扑面而来，钻进鼻孔，越过咽喉，直奔心田：办好世界碑，从我做起。我必须舍弃小杯，顾全大碑。于是，握住“炮弹头”，就像扔掉《1988》一样，连同出门泡好的最尊贵的朋友送的最尊贵的茶叶，准确地掷向了五六米远的高雅垃圾桶。一发一中，成绩怎么也得十环。

这毕竟是政治，当个人利益与集体利益、国家利益发生冲突时，应毫不动摇地牺牲最前者。冲在最前面的，通常都是堵枪眼、塞炮筒的。这一本土化处世定理、中国式政治公理，自小学就开始教导，一直灌输到博士、博士后、工作后、死后，成了鬼也不会放过。我必须舍得，义无反顾、责无旁贷。

这个杯，可不是一般的杯，是在我人生的那个站点交往的一位很不寻常的年轻女子送的，是作为教师节礼物送的。虽然花费不多，但置换两张世博平日普通门票，绰绰有余。日久情深，也早已够得上所谓“人格象征意义的特定纪念物品”了，如有损坏，我可以主张精神损害赔偿金，以彰显出杯具的一套指导思想：代表最便利的饮水工具，代表最高效的防身武器，代表最深厚的男女私情。可惜，如今已被扔进了世界级垃圾桶，心不疼是假的。

没办法，政治的力量超越了爱情。在庄严的那一刻，不必说一只小小的水杯，就是把我这条活人扔进那个桶，也甘愿作出牺牲，还得首先依法感谢国家的“爱卫”运动，公开承认是自己酷爱垃圾，梦想和它们群租，才主动钻进桶里的。这种新死法，必会引来外媒客观、如实报道的，但世博新闻发言人也必须面向全球声称：世博安保措施到位，死者系精神分裂，自幼与生活垃圾有缘，且是当地知名“环保达人”，事发当天，自己蜷作团状，匍匐而入，蒙熏而死。也有可能是另一种更狠的发言版本：国外个别媒体称上海世博检票口有游客在垃圾桶身亡的报道，完全是不顾事实，颠倒是非，是不负责任的歪曲报道，这种图谋丑化世博治安环境、侮辱主办国管理服务水平的做法，是别有用心的，中方对此表示强烈谴责，并保留采取进一步措施的权利。

爱杯加盟垃圾之后，在我纯洁的心底已留下一时难以抹去的阴影。再到世博门口，带着刚买的《1988》，不禁忆起当时杯具的可怜遭遇，还联想到了机场安检时对所谓“禁书”的盘查故事，加之韩某人平时净是吐些酒后真话，与那些谎言无法做到高度统一。想到这些，我惊恐极了，本来就和许多国人一样，极度缺钙，这下简直要瘫软了。上次带一个茶杯，好端端的中国茶，却被疑似浓硫酸或者什么液、什么叶，闻来闻去，再令扔弃，已失掉几斤尊严了，还耽误后面排队的八方来客。这次我吸取了深刻的教训，没等到入口，就事先将这本畅销书扔进了我熟悉的世界级的桶。

也许是我多想了，因为没有规定不准携带书籍进入世博园区参观，由国际文化出版公司公开出版发行的这本新书，尚未有某部、某署宣布其为禁书的报道或通告。书名尽管以公元纪年作为标题，但离那个敏感年份还差一个数，只能算作准敏感、次敏感、类敏感或者疑似敏感罢了，何况很多情况下是“我不敏感你敏感”。至于内容，我在地铁上已大体浏览过了，自认为图书作者还是没有触及高压线，又何况，触不触、敏不敏、感不感、反不反，不是我来定调的。这年月，一加一等于几，往往不是靠算术算出来的，而是靠权术玩出来的，说等于二就等于二，说等于三就等于三。

看来我没有多想，头脑依然简单如初。之所以被吓得提早扔掉这颗“炸弹”，就是因为上次有被命令扔掉一颗“炮弹”的参观经历。我大概政治敏锐性超强，不是大概，是确定，看见真“弹”，绝不能乱扔；看见像“弹”的，必须干脆利索地全抛掉。

二

一个混迹于这个世界三十多年的书呆子、傻大叔，竟被吓成这样。在权力和政治面前，竟然成了真正的缩头乌龟，我还真想和这个世界谈谈。记得我念小学的时候，“五讲四美三热爱”，“小螺号，嘀嘀嘀吹，海鸥听了展翅飞”，“我们的祖国是花园，花园的花朵真鲜艳，和暖的阳光照耀着我们，每个人的脸上都笑开颜”。在刚读初中的1988年，也没什么特别的概念，就是每周骑着自行车，载着一包山东煎饼和萝卜咸菜，没有理想，也不知人生和未来，只是单纯上路，奔向离家很远的那几间瓦房教室。据说，如今中小学里不再是耳提面命，校园里不再是鸟语花香，很多人民教师的课堂教学都是“留一手”，关键解题步骤和重点讲解内容，要留待周末辅导班上首次亮相。连课桌座位，都要接近于“招标”竞争，要靠家长疯狂公关，才有可能让自己的儿女不至于太“偏见”、太“远见”。中考高考后的“谢师宴”，更是塞肥了、吃撑了、灌饱了一帮“园丁”和“蜡烛”。

我上高中那个年代，正好是市场经济体制拿来的时节。政治课程考试，题必及市场经济。这也是一部经典，念正了，就是法治经济；念歪了，就充斥着堕落、腐朽和垂危。终于有一天，市场经济的交易规则不再老老实实地待在经济领域，而是疯狂游走于各个行当。每个行当的核心客体都可以货币化，成为一般等价物，使权力、金钱、美色、机会等日趋活跃在这个世界。不少官二代、富二代肥马轻裘的奢靡生活，是天经地义的，开车酒驾飙车撞人，吃喝嫖赌抽、坑蒙拐骗偷，逍遥法外，权力作保镖，不过是豆芽一碟。“效率优先”就是本事，政策制定者三心二意，二三其德，鼓捣出来的政策，就像六月的天、小孩的脸、女人的心，说变就变。有谁出去“文化苦旅”一圈，亲眼看看那些竭泽而渔、杀鸡取卵的党政领导，只顾眼前政绩，不管百姓死活。不必样样看，也不必深究，就以政府大楼为中心做个表面文章，就很能说明问题。多少地方，把政府大楼、机关大楼建造成皇宫，所费不资，只为制造等级概念，营造官上位、民下位的姿势文化，风光得很。领导的执政，一方面满口坚持四项基本原则，但实际行动上又贯行“四拍”程序：“拍脑袋决定，拍胸脯保证，拍大腿后悔，拍屁股走人。”烂摊子留给下一任，重新“四拍”，折腾的最终是活在最底线的老百姓。所以，权力的本质或者政治的真相，就是一帮人在玩“四拍”，只是排列组合而已。每次翻牌，还必须打着很多旗帜，优化资源、干部交流、异地监督……花样多得是，还要弄个场合，组织部根据级别派个代表去讲个话，明明是“水库鼓了篓子”，还要先言必称上任领导在该地的辉煌成就，再言必称任用某某接任某某职务，是合适的。这样的版本放之四海而皆准，只是再怎么鼓吹、安慰、忽悠，也摆脱不了“四拍”的本质。

党和国家的良好教育把我送上了大学。那个年代国家提出了“依法治国”的治国方略。顿时，依法治省、治市、治县、治乡、治村、治厂、治校、治家，一哄而上，热闹非凡。现在想来，这些口号虽然多是烘托政治气氛，但多念念法治的圣号，也多少见点功效的。如今，十几年过去了，法治的进展鹅行鸭步，“依法治国”的口号似已成为如烟往事，进入了中国法制史的教科书。恶贯满盈的黑社会，破坏着法治理想，践踏着法治道路，一些政府官员也早已不再满足于“走红”“泛黄”，还要不失时机地“涉黑”，非整出点五颜六色不可。很多权利，《宪法》上不是看不见，也不是翻不出，言论自由就非常醒目，稳坐第三十五条，且是首席。可是，人民一不小心就容易“犯上作乱”，要么遭跨省追捕，要么被抢话筒、夺录音笔，封杀言路。最终害得想说话的人战战兢兢，说出来的话、写出来的文章，净是套话、空话、大话、瞎话。似乎出于本能，每个人都戴上了面具，穿上了护身盔甲，欲说一个字，先环顾四周窥探半天；欲出一本书，审查起来没完没了，这里得删、那里得改，面目全非。阉割了的文化，无论怎么代表，都会因为缺少了睾丸而不可能先进、精进。

其实，政府的存在意义，不是叫人民去追捧的，而是要博得人民批评甚至痛骂的。总理早就表态了，要创造条件让人民批评政府。人民有了冤情，有了意见，是可以表达的，表达的方式只要不害及他人，都应推定为正当。如果文字表达还不足以解决问题，那么，按照《宪法》规定的基本权利，到政府大楼面前有秩序地坐一坐，走一走，聊聊天，商量商量集体对策，以期引起重视进而最终获得求解，应该积极地被允许才是。地方政府若真要太过分，对国法和党纪熟视无睹，压根就不能解决，人们到京城去依法如实反映，顺便旅游一下天安门、人民大会堂这些首都景点，国家对其国民的这种疾苦应当充分理解，对国民的这种热情应当真诚欢迎，而不是动辄就不分青红皂白，兴师动众跟踪、“截访”、关押。试想，当强制拆迁演变为靠汽油抵抗的时候，当行政执法沦落为靠“钓鱼”凑数的时候，当劳工维权逼迫为靠开胸验肺的时候，当司法审判退化为靠权力操纵的时候，当食品药品安全的监督检查拖延为靠婴幼儿和广大患者纷纷陷入生命健康危机才启动监管程序的时候，当安全生产制度的贯彻执行以无数个遇难矿工的生命才廉价换来的时候，当平民百姓尤其是生活在最底层的人想为权利而斗争却走投无路、求助处无门的时候……再看看旗帜上飘扬的以人为本、《宪法》上写明的保障人权这些书法作品和文字作品，再听听各级领导干部台上挺着腰杆鼓吹、台下握住群众的双手承诺的各色口头作品，对比一下，这又是一个什么样的世界？这样的世界何时是一个尽头？

当权力变成恶魔，人民就会遭殃。权魔必须放下屠刀，立地成佛，人民才有幸福安康之日。

再回到韩寒的这部小说《1988：我想和这个世界谈谈》。通篇以嫖客身份，开着名为1988的旅行车，拉着“我”上过的一个旅店妓女，在国道上对话，中间再插叙“我”往日的一些情感故事。仅此而已。若要论有什么寓意，那只能靠五花读者的八门解读了。我也只是地铁上大致浏览之后就扔了，很多情节并不记得。但看到韩寒新作，激起了我些许共鸣，于是引发一个兴致：也想和这个世界谈谈。

其实，我以前也没少谈过。只是都告吹了，或许因为我是一个没用的男人。没用的人，谈上一万零一夜，写尽一万零一车，还是没用。好在有党的富民政策，让我这些年头越来越发福，体重已超0.08吨，肚量够大，不说容纳一艘航母，但撑下几条小船，还是不成问题的。所以，谈不成也要谈。

是为扔后感。

二〇一〇年十月九日

包

只要出门，我总不忘背个包或手提一个袋子。里面装的东西，每次不尽相同。但有两样东西，是每次必须要带的，只为应付自己，一个是《新华字典》，一个是《中华人民共和国宪法》单行本。前者在身，擦遍了一身汉语文字，遇到不认识的字，即可随手查阅；后者在身，绑定了一捆基本权利，出门在外便仿佛有了十足的安全感。一本字典，一本法典，“两典”在身，走路都觉得格外踏实，一步一个脚印，两步两个脚印。

一

包里装字典，纯粹是为了认字。我自幼就呼吸质朴的空气，尝尽苦头考上大学，奶奶夸“你认识的字肯定数不过来了”；毕业之时考上了研究生，很想知道奶奶这回再怎么夸，但回家报喜时却得知老人已离世。后来，村里一位老大爷听说我还要继续上学，便夸“文化很深”，逢人便连声赞叹：“这孩子真能，全国的字他都认识!”

家乡好多人以为，上学就是识字、数数，上学越多，识字就越多、数数也就越厉害。可惜，书读至今天，我也没能像乡亲们夸的那样“全国的字都认识”，好多以前认识的字，现在反而不会念不会写了。记得读初中或小学时，出于对汉字的好奇，经常翻阅字典，专找一些不大常见但又透露着幽默感的字，自娱自乐。例如，一个“行”字，本来两口子感情甜蜜蜜、如胶似漆，但只要离婚分手，就变成了“彳”和“亍”两个字了。还有一些汉字，可上可下，但读音完全不同，如“九”和“日”，九上日下，是“旮”；九下日上，是“旯”；九左日右，是“旭”。当时很是纳闷，“日”可上可下也可右，为何不可左呢？造字的人几乎所有部位都想到了，但唯独没有安排左位。

当年这份闲心和童趣，随着年龄增大，学历增高，越来越无法找回了。大学里多有语文教育，但是外文尤其是英文占据了绝对地盘。作为中国语言文字的“大学语文”课，估计也就极具象征性地开设一个学期。研考和博考都有语文科目，但全是测试外文，不去测试中文，非常遗憾。曾担任过复旦大学校长的数学家苏步青在一次讲话中说：“如果允许复旦大学单独招生的话，我的意见是第一堂先考语文，考后就判卷子，不合格的，以下的功课就不用考了。语文你都不行，别的是学不通的。”如今，戴着高学历、洋文凭帽子的人满地都是，从天上扔下一块石头，不用特意瞄准，砸中的很可能不是硕士就是博士。可是，翻一翻这些有知识、有文化的人写的文章，就会发现，表达不流畅、违背汉语规范的作品并不少见，要么就是书面语言和口头语言交叉出现在一篇学术论文中，读起来别扭得很。梁实秋说过：“好文章掷地作金石声，那也许是过分夸张，但必须可以朗朗上口，那却是真的。”在学术论文格式化的今天，不计其数的论文更像出自同一模具，千篇一律的格式和文风，代表特定作者思想个性及行文个性的论文十分罕见。

有一次，在书店购买徐国栋教授著译的《比较法视野中的民法典编纂（一）》，作者简介非常夺目：“别号东海闲人。1961 年生于湖南省益阳市，主编《绿色民法典草案》，主要研究民法基础理论和罗马法。从 1978 年到 1991 年，在西南政法学院、中国政法大学、中国社会科学院研究生院收尽学士、硕士、博士学位。又次第在江西大学和中南政法学院历尽助教、讲师、副教授、教授职称。最后在厦门大学法学院修成博导。可用一部《民法典草案》、两个领域、三个学位、四个职称、九种独著、一百三十篇论文等数字概括其到目前为止之所为也。”在类似“后记”的《徐国栋外国民商法典收藏最新清单》一文中，又写道，“过去，本人对外宣称收藏了51部外国民商法典，同行多不相信，说俺吹牛”，“结果发现俺不但没有吹牛，而且还谦虚了：总共收藏了109部，超过宣称量58部，谦虚率是53.21%，而且为了怕吓着同志们，同一法典有两种语言版本的俺都只算一种”。一贯的个性跃然纸上，即使匿名也能知道出自谁人之手。我年龄不小，但读书甚少，见过不少作者简介。作者简介其实就是广告、就是吹牛，但广告有广告的艺术和个性，吹牛也最好吹出个特色来。但翻阅能看到的作者简介，多是雷同的格式、熟悉的声音，以职务多、论著厚作为常规卖点，外加一堆唬人的鬼话；要不就压根没作者简介，活像野人出版的野书。一次在港台某学术期刊上看到大陆某法学教授的作者简介，其人是法学院副院长，但仅此介绍还不够，非要加个括号声明“主持工作”！我当时就纳闷：这篇论文质量优劣、学术高低，与作者是否“主持工作”关系多大？难道真的是“权大学问大”？实在没办法，社会就是这么运行的。

这些已不是纯粹的中国语文问题了，但驾驭语言文字的能力以及通过语言表达个人独立思想的意识，应成为人人自觉的行动。同样的思想，会因语言运用的技艺差异，产生不同的思想效果。我就深受此害，长期疏于对汉语言的学习，导致一动笔就出错，甚至有时候错字连篇。幸好我大多时候用手写，写好后打印店的打字员会善意地帮忙修正错别字。但我还是担心，写了几百万字的作品，还不知道错用了多少汉字、违反了多少语法和句法规则。

不仅书面表达要合规范、合习惯，口头表达更要尊重汉语言规范，尤其是读字发音要准确。不必说其他专业，单是法学一门，就有不少专业术语或名称常被人误念。以民商法为例，《证券法》中的“证券”就常被人错读为“证卷”。《婚姻法》第三十四条规定：“女方在怀孕期间、分娩后一年内或中止妊娠后六个月内，男方不得提出离婚。”该条中的“分娩”和“妊娠”，困扰我多年。最初，将“分娩”读作“分晚”，后来查字典终于记牢了；但“妊娠”却一直没记住怎么读，尤其“娠”字，时而读“辰”，时而读“神”。后来想了一个土办法，查准发音和涵义后，引“妊娠”为怀孕之意，粗糙理解，女人是否怀孕，认其身子即可，干脆就在我讲义的“妊娠”旁边注明“认身”，好歹才有底气敢公开念这个词儿了。

记忆中，我的语文考试及格的时候很少，不仅阅读理解能力和文学文化常识一塌糊涂，连起码的一些汉字也难以识别，这两个硬伤直接影响到作文成绩，印象中就没记得及格过几次，尤其是记叙文。作为一个中国人，这很不像话，我深感愧疚。文法、语法、句法，可靠多阅读寻找语感逐步加以改善，但汉字的念法、写法，却无法指望大量阅读。于是，我就在包里装上一本字典，一有必要，就可随手查阅，以尽量减少念错字的尴尬。记得最初执教法学院时，课堂点名总是出错，尴尬极了。以后拿到学生名单，我先将不认识或吃不准的字挨个查一遍，用汉语拼音标注在名单上，以防再闹笑话。我至今仍保持这个习惯，因为似乎总有认不完的字，不管走到哪里，只要遇到不认识的字，就赶紧拿出字典，翻阅查询。功利一点，可以说是为了认字；但拔高一点，又可以说是为了尊重中国语文。需要提及的是，为推动国家通用语言文字的规范化、标准化及其健康发展，使通用语言文字在社会生活中更好地发挥作用，促进各民族、各地区经济文化交流，国家早在九年前，就根据《宪法》制定了《国家通用语言文字法》。今天，教育部又公示了该法的配套规范《通用规范汉字表》，向社会公开征求意见。这一字表是现代记录汉语的通用规范字集，体现现代通用汉字的字量、字级和字形等。

二

作为中国人，不仅要尊重中国语文，也要尊重中国《宪法》。尊重中国语文，就是尊重中国文化；尊重中国《宪法》，就是尊重中国法律。包里装一本《宪法》，我读大学时就有这个习惯，刚知道自己被录取为法学专业那会儿，对法学院里究竟学什么，一无所知。从小学到中学，我听到的法制教育课，印象最深的一句就是“宪法是国家根本大法”“宪法是母法”。既然是根本法，又是大法，根本大法，还是“母法”，那么，其他法都是《宪法》的孩子，都比不上《宪法》。于是，我以为法学院里主要就是学《宪法》，并发誓一定要学好《宪法》。甚至还常常幻想，学好一身《宪法》功夫，要么当法官，要么干律师，说不定能“审遍全国的案子”“打遍全国的官司”。

大一上学期，开了一堆的课，记得有大学语文、高等数学、大学英语、马克思主义哲学、计算机文化基础、中国革命史、体育，法学基础理论等。课程表发下来，我就愣了：法学院一学期的课竟然只有一门专业课，也没看到我日夜思念的根本大法——《宪法》。到大一下学期，终于盼来了宪法课，叫中国宪法，终于可以学习国家的根本大法了。那一学期，法学专业课程还同时开设了民法总论、刑法总论。我对这三门专业课的兴趣不断发生变化，先是对《宪法》最有兴趣，后来又觉得《刑法》有味道，但最后还是彻底爱上了《民法》，并结缘至今。

那一学期结束后，我便把一本《宪法》单行本永久性地装进书包，每天与它结伴而行。说来羞愧，我读大学之前，对中国历史和政治的基本常识一无所知，唯一依靠的就是中小学的历史政治教科书。课本里灌输的那些，随着高考的结束，也早已忘得一干二净。后来，我从中国《宪法》《序言》中知道，中国是世界上历史最悠久的国家之一；从《总纲》中知道了我国的国体、政体、民主集中制原则、民族政策、法制尊严以及经济、科教文卫等制度；从《公民的基本权利和义务》中知道，作为中国公民，依法享有言论、出版、集会、游行、示威的自由及其他诸多基本权利和基本义务；从《国家机构》中知道，中国国家机构包括全国人大、国家主席、国务院、中央军委、地方人大和政府、民族自治机关、法院和检察院等。此外，还知道了我国的国旗、国歌、国徽和首都。

百余个条文的中国《宪法》，竟然传递了如此丰富的信息，是我前所未闻的，这是我学习宪法的一大收获。于是，我常常捧着宪法条文爱不释手。每次出门，包里装上一本《宪法》，感觉很神气，也很安全，就像装进去了一个颇有灵气的护身符。仰仗这部法典，我在无数次行权、维权、护权、夺权、救权等行动中，底气足、肚量大、心胸宽，干净利落。其实，倒不是《宪法》本身能直接帮上多少忙，而是从骨子里潜移默化地认定《宪法》的尊严与法律的力量。只有承认而不是否定《宪法》的尊严和法律的力量，才可能使纸面上的《宪法》和法律活灵活现地跳跃起来，让横行世道的大量潜规则，陆续夹着尾巴逃跑。可是，在中国法治远未生成之前，恪守宪法的尊严和法律的力量，反而成为了不懂人情世故、不圆滑、“不会来事儿”、不给面子的代名词。从而，《宪法》和法律在不少心目中往往不值一文。遭遇权利损害或利益纷争，先去掐指数算认识什么熟人、动用何层关系，而往往不会想到《宪法》和法律。显然，在非法治环境的人世间，处世的基本秩序是：《宪法》和法律抵不过熟人、抗不过关系。当熟人和关系可以压倒《宪法》和法律，也就意味着宪法和法律真的是一纸空文，法大于权的时代，仿佛遥遥无期。

德国法学家耶林在名著《法律的斗争》有言：“法律的目的是和平，而达到和平的手段则为斗争。法律受到不法的侵害之时——这在世界上可能永远存在——斗争是无法避免的。”“法律不是纸上的条文，而是含有生命的力量。正义之神，一手执衡器以权正义，一手执宝剑，以实现正义，宝剑而无衡器，不过暴力。衡器而无宝剑，只是有名无实的正义。二者相辅相成，运用宝剑的威力与运用衡器的技巧能够协调，而后法律才完全见诸实行。”“个人坚决主张自己应有的权利，这是法律能够发生效力的条件。少数人若有勇气督促法律的实行，藉以保护自己的权利，虽然受到迫害，也无异于信徒为宗教而殉难。自己的权利受到侵害，而乃坐听加害人的横行，不敢起来反抗，则法律将为之毁灭。故凡劝告被害人忍受侵害，无异于劝告被害人破坏法律。不法行为遇到权利人坚决反抗，往往会因之中止。是则法律的毁灭，责任不在于侵害法律的人，而在于被害人缺乏勇气。我敢大胆主张：‘勿为不法’固然可嘉，‘勿宽容不法’尤为可贵。盖不法行为不问是出之于个人，或是出于官署，被害人若能不屈不挠，与其抗争，则加害人有所顾忌，必不敢轻举妄动。由此可知我的权利受到侵犯，受到否认，就是人人权利受到侵犯，受到否认。反之，我能防护权利，主张权利，回复权利，就是人人权利均受防护，均有主张，均能回复。故凡为一己的权利而奋斗，乃有极崇高的意义。”

这是先辈为法律而斗争、为权利而斗争的呐喊。我长相温和，但生性好斗。易惹口舌、好招是非，是西方星相学给我的基本命论。为此，亲朋无不担心，怕我最终毁于这张臭嘴。但我从不相信所谓命中注定，因而，不管有多么渺小，有多么“忽略不计”，我必竭诚为权利而斗争、倾心为法律而斗争，所付代价的最大值无非是长短难料的生命。生命，相对于财产和身体，固然可贵，但相对于自由和权利，又不足为道。

只可惜，包里所装的《宪法》，也许只能永远藏于其中，而没有多少机会轻易出头。道理很简单，在《宪法》的尊严和法律的力量尚未被普遍认可时，事实和雄辩往往胜于法律文本。无数侵害他人权利的人，抱定《宪法》和法律只是一纸空文，任意践踏，随便破坏。当受害人当场摆出法律条文维权时，可能会遭遇侵害者更为夸张的耻笑或羞辱。此时，基于法律理念铸就起来的护法精神，在为权利而斗争的过程中，可能远比一纸法律条文更能奏效。内心深处要是缺乏一股为自由和权利而斗争的义气，即便包里塞满了“社会主义法律体系”“社会主义法治理念”，照样不可能逃脱被欺负的命。但更让人痛心的是，随着权利意识的逐步发育，即便在骨髓里、血液里，流淌着视死如归般的正义，只要权大于法的世道秩序不变，那么，再醒悟、再强悍的斗士，也扭不过法律规则之外的更多力量。

如果说，装字典是为了“说话”，那么，装法典就是为了“办事”。不幸的是，结果往往事与愿违。装了字典反而常被指认“说错话”，装了法典反而常被指认“办错事”。毕竟还处于过渡时期，这大概就不能怪字典和法典了。不管这年月如何过、这世道怎样转，我包里的两样东西，还是要装下去的。

《新华字典》第一版是1957年，第十版是2004年，五十年有十个修订版，平均每五年修订新版本。现行《宪法》第一版是1982年，至今已有四次修正，平均也是约每五年修订新的版本。我大学时养成出行带包的习惯，并且包里开始装“两典”。当时《新华字典》刚出第九版，中国《宪法》是第三版。直到今天，我依然坚持包里装“两典”，但版本变换的频率却不同。《新华字典》在2003年修订一次，我便更新了最新版本，而中国宪法则换了好几次。以后，不管宪法的稳定性被活推至何种程度，哪怕是每年修正一次，我也不厌其烦，照买不误，装包入袋。除非人人“五欲已销诸念息，世间无境可勾牵”。

听人说，妓女的包里也常装两样东西，一个是避孕套，一个是余秋雨先生的《文化苦旅》，前者是为肉体安全，后者是为精神愉悦。依我看，这些从事性工作的女性，该把包里的东西换换了，不说两样都换，但至少应像我一样，把避孕套换作《宪法》。因为，《宪法》尽管不能避孕，但以我单纯的观察，它应该比避孕套更能保证人身安全。可是，妓女们为何一直无动于衷？我想，职业需要固然是一个原因，但还有一种可能是，在她们眼里，《宪法》给予人的安全有时可能压根就比不上一个小小的避孕套。

二〇〇九年八月十二日

“链接”民意

通过网络与网民在线交流，已成为许多国家领导人“链接”民意的重要途径。据报道，俄总统普京数次和网民互动，最近一次是2006年7月与全球网民对话，解答各国网民最关心问题。近百万网民造访他的网聊网站，问题多达15.5万个；韩国总统卢武铉2006年3月参加韩国五大门户网站联办的“总统与网民网上对话”活动，与五平民“网聊”，内容均涉及国计民生，塑造了亲民形象；2007年2月9日上午，越南总理阮晋勇在互联网上回答网民提问，与网民进行了两个小时的“网聊”，对其中的113个问题进行了回答；美国地政府官员也很注重通过网络和市民交流，不时有在线的网络活动；德国总理也开了个人的视频博客。

人们注意到，这几年，已有一些领导干部选择通过网络在线交流的形式，了解社情民意。这是执政理念进步过程中可以圈点之处。因为，网络不仅承载着大量信息资源，而且也是民意民声的集散地。相对自由的网络空间，可以让广大网民表达心声，倾诉愿望。当局官员也可以借助这一平台了解网络舆情，针对有效建议及时促进各级党委政府完善执政理念、加强执政能力。

网络上有最真实的声音，有最朴素的民意。网络舆情流淌着改革与发展过程中值得倾听的不少宝贵意见，作为领导干部，保持一定的上网时间量，并且择时与网民保持在线交流，无疑是贴近群众的一种便捷方式。在网络媒体迅速发展的今天，拒绝上网、远离网络，甚至先入为主式地歪曲网络，应被视为落后愚昧的执政思路。

有些领导之所以对网络媒体存在偏见或者极少与网民在线交流，原因有很多。但归纳起来，不外乎这样几条基本的制约因素。一是“能力因素”，即官员自身缺乏网络基础知识，不具有利用网络媒介的起码能力。二是“认识因素”，即官员对网络媒介存在误区，将网络民众不加区分地混同于“刁民”，将网络言论不加区分地混同于“反动”，这样的片面认识难以使其产生对网络媒介的正确利用意识。三是领导“架子”太大，对官民关系认识不到位，以等级概念指导日常行踪，自己高高在上，脱离群众，不愿意与群众缔结平等的交流关系。四是公务繁忙，日理万机，根本就无暇顾及与民众“网聊”；或者担心公开的“网聊”可能会因为解答问题不到位而带来负面效应；或者是纯粹的习惯性认识，没有把网络当回事儿，以为网络的虚拟性交流方式，抵不上现实中以“不顾路途颠簸”的形式亲自考察。

如此等等，使官民关系难以通过网络形式的交流成为普遍的常规做法。于是，在我国的执政实践中，借助网络进行在线交流，快速而有效的完成“民意链接”，尚未成为一种被普遍认可和接受的官民沟通方式。在这种情况下，克服上文提到的“能力因素”障碍，应该在各级党政领导干部尤其是主要领导干部中，普及网络基础知识教育，让不会上网的领导干部学会上网，培养起码的网络运用能力。相比之下，要克服上文提到的诸多“认识因素”障碍，可能并非一时半会能够解决的。这恐怕需要有关领导干部尽快转变陈旧僵化的认识，像读书看报一样对待上网，像实地走访一样对待在线交流：破除等级观念，平等地与网民交流沟通；破除性恶认识，善良地对待广大网民，不能将网民等同于“刁民”，不能将网上民意视作“反动言论”，更不必担心回答网民提问的尴尬，等等。像这类预先定位的惯性思维，应该早日消除，重新树立科学的网络观、网民观、网言观。

如果更高层次的领导干部带好头，各级领导干部的认识就会有所改变，至少可以以上级领导的表率作为行为示范性指引，与当地或者本部门、本系统的有心网民展开轻松、真实和便捷的交流。因此，更高层次的领导如果能够择时保持与网民的在线交流，无疑有益于改善新时期的干群关系或者官民关系，并为树立领导干部的良好形象增色添彩。

网络舆情并非如洪水猛兽般凶狠，反映社会治理现实的信息、评论及其改进建议，无疑是网络舆情的最主要构成部分。在当前的网络监管环境下，那种在一些领导干部心目中的所谓“刁民”“反动言论”其实很容易在负责任的筛选中遭遇淘汰。对在线交流存有多余担心的领导干部，大可不必再有这种先入为主的判断。

当然，借助网络媒体进行“民意链接”，毕竟只是一种形式，或者只是了解社情民意的一种途径。解决群众反映强烈或者议论较多的具体问题，还必须要落到实际行动上，而不只是单纯地到网站上做客，象征性地显摆一下亲民样子，敷衍了事。如果是只有这种单纯追求花样的形式，没有实际内容和行动，那么，“民意链接”的自有功能就会丧失甚至压根就无法得以实现。到头来，还不如叫领导们干脆远离网络，将这片自由的消遣乐园留给“无所事事”的草根。

二〇〇八年六月二十日

假如

又是一年母亲节。去年的今天，我写过一篇网络散文《回忆煤油灯下的母爱》，抒发了对母亲养育之恩的真挚情感。重读这篇文章，心头仍然有阵阵酸楚。男人的眼泪其实不比女人来得慢，很多时候只是强忍罢了。要说爱哭，我可能比谁都更容易动情。此言可能有些吹牛，但母爱确实能叫人感动，却绝非夸张。

渐近属于天下妈妈的这个节日，回忆是少不了的，感恩也在所难免。可是，纵使花费多少个日夜，绞尽多少滴脑汁，写出多大部头的著作，也免不了刻画同一个主题。母爱的可歌之处，不在于别的，只在于这份真爱来自于母亲。于是，我想另辟蹊径。此时，有一个童话般的幻想，突然降临，着实让我有一种“高干子女”的感觉，它就是：假如妈妈是位女市长。

假如妈妈是位女市长，我的童年时光，可能会比别的孩子更缺少应有的母爱。因为妈妈作为市长或者为了任职前的升官之梦，日理万机，东奔西走，不可能天天给我喂奶，夜夜陪我睡觉。妈妈于我而言，只不过就是一个早出晚归或者夜不归宿的陌生女人。别的小朋友上学放学都有妈妈亲自接送，我可能就是什么叔叔、阿姨之类的用人接送；不过，我也有交通工具上的优势：有的小朋友妈妈骑着自行车或者摩托车接送，而我可能就会享受高级轿车待遇了，甚至还有可能为我安排护送人员，以保证我小命的绝对安全。我也因此从小就有优越感，每当看到妈妈在电视上频频露脸、在报纸上屡屡出现的时候，我和爸爸就会在家里抱作一团，喜笑颜开。

假如妈妈是位女市长，我可能生活无定点，读书的学校也随着妈妈的调动和升迁而变来换去。在学校里，老师会格外照顾我，座位安排会在教室内的最佳位置；不管我能力大小，不管我是否愿意，都会当上班干部，坐上学生会主席的位子；要是我成绩很差，也不会妨碍我考重点大学，凭妈妈的关系，哪个大学的校长都会优先考虑我的入学资格。我想去就读的大学，要是校长稍有不从，妈妈就会指使主管教育的副市长给其颜色；大学毕业要是再攻读研究生，也会轻而易举。但大学毕业之后，像我这种花花公子，是不乐意在国内再读什么研究生的，我会让妈妈想办法叫我出国留学，尽览异国风情，反正开销也不会动用父母的工资，聪明的妈妈自会有办法解决。逢年过节，妈妈就会带上爸爸，借出国考察名义来看我，顺便游遍我所在的周边所有国家。

假如妈妈是位女市长，我可能整天经受爸爸的责骂甚至抽打，因为妈妈工作忙碌，交际广泛，应酬频繁。一会儿开会讲话，一会儿洽谈项目；一会儿签约定律，一会儿题词剪彩；一会儿外地考察，一会儿出国访问；一会儿拜见高官；一会儿到上面请示汇报，一会儿去下面检查指导；一会儿公关“女市长协会”弄个位子，一会儿走访基层紧握困难群众的手；一会儿这里吃吃喝喝，一会儿那里玩玩转转……哪有空闲回来陪伴爸爸？爸爸有话不敢说，有气不敢出，只能忍气吞声，等妈妈上班之后，就把闷在心里的那股怨气或者恶气，狠狠地泼给无辜的我。但每当我遭遇如此不公正家庭待遇时，妈妈就会安慰我，拿我长大会之后会给我美好的前途来引诱我，诸如上最好的大学，去最好的国家，干最好的事业，娶最好的爱妻，过最好的日子，以保证叫我听话，哄我开心。

假如妈妈是位女市长，我可能会成为一名超级富商，巨额投资不用借，疯狂赚钱不用愁。事实上，果真如此的话，根本无需耗费多大经营头脑，大量的利润会像天上馅饼一样，纷纷降落于我的怀抱。“勤劳致富”的传统观念，会在我这里丧失效力，劳动创造财富的理论，我会更加持怀疑态度。要是认识低调一点，我也至少对此理论作出“保留看法”的谨慎评价。因为，在我的个体实践中，是妈妈叫我走上致富路的，是妈妈手中掌握的“致富瑰宝”使我富丽堂皇的。

假如妈妈是位女市长，我的恋爱婚姻根本就是小菜一碟。即便我长相再丑陋，人品再差劲，也会有不少美貌女子像苍蝇一样叮在我身上，紧追不放，难舍难分。我的婚姻庆典肯定也会格外隆重，前来祝贺的人层次也注定很高，那些想往上爬或者有什么需要妈妈解决的，都会争先恐后，生怕错过了这么一个千载难逢的好机会。当然，要是逢及我升学、就业、生日等其他重要喜事，那肯定也少不了讲一些排场，并且这些原本属于我私人的事情，就会像股市上的内幕信息一样，有人会灵通得很，总能提前知道，并且尽早做好交易准备。即便当我身体不适，妈妈很可能也会大惊小怪的，有病没病的就要我住院，那个时候，来医院看望、慰问我的，也会把医院走廊堵塞得水泄不通。而身陷幸福温泉中的我，彼时还可能会窃笑这些小哈巴：“本公子安然无恙呢”。

假如妈妈是位女市长，一些大学就会想方设法地巴结她。现在流行聘请高官做兼职，妈妈可能会被大学授予荣誉博士学位，聘为名誉教授、客座教授，并且还可能当上博士生导师。根据目前的行情，一般会安排妈妈做诸如政治学、行政管理、经济学等学科或者专业的学术带头人、导师组组长。这样一来，在大学里，妈妈是位高官，官员型学者；在机关里，妈妈又是位教授，学者型官员。如此身兼数职的复合型领导，对于妈妈这样的女性市长来说，虚荣心会得到极大的满足。平日里，肯定有无数“马屁精”说妈妈美丽漂亮。即便她长得再丑，在那些唯利是图的奉承高手口中，妈妈也轻松变为了大美女。这样妈妈就会更开心，没准会情不自禁地反复嘀咕“这才叫人生价值”。

假如妈妈是位女市长，房产商要千方百计“靠”上我妈妈，一旦拉上关系，就会三天两头去找她。女人心软，土地很快就能批下来。旧的厂房或者住宅拆迁后，下岗工人多了，要再就业；拆迁户多了，要合理补偿。而这些环节正是最容易出现上访的，妈妈还要三番五次开会强调控制上访率，严格禁止“越级访”“进京访”，要求各有关职能部门做好工作，保证万无一失、平安无事。一旦出现“钉子户”，要是闹大了，外地媒体介入了，影响遍及全国了，妈妈就会顶住压力，及时召开新闻发布会，对外一方面宣称“做法合法合理”，另一方面又保证“有能力处理好”。房产商感激不尽，会拿几套豪华装修好的新房子作为感恩礼物，名正言顺地送给妈妈，于是，我的爷爷奶奶、外公外婆、叔叔阿姨甚至拐了几道弯儿的远房亲戚，都会沾尽妈妈的大光，保证“家家有新房，户户有洋楼”，巨额财产来源十分明确。

假如妈妈是位女市长，在“官本位”的大气候下，总会有一些专家学者会公开撰文，为妈妈的施政方针以及城市出现的难题作辩护。当道路堵车严重时，会有学者出来说“交通拥堵是城市经济发达的表现”；当房价高居不下普通市民无法承受时，会有学者出来说“房价高，是因为供不应求，要继续批地开发”，甚至房产商也干脆站出来叫嚷什么“买不起房是活该”“房子是为买得起的人造的”等；当公众抱怨教育收费过高时，会有学者出来说“穷人上不起学，是因为教育收费太低了”；当百姓觉得看病贵、看病难时，会有学者站出来说“没钱就别生病，生病就别嫌贵”。妈妈看了这样的妙笔，听到这样的美言，肯定会暗自高兴。要是她心血来潮了，说不定会提拔这些学者进入政界，或者至少为他们搞个挂职什么的，以免荒废了那些学者一腔腔沸腾的热血与一首首动听的赞歌。

假如妈妈是位女市长，我所在市及辖区、县的法院、检察院可能就难以保证司法独立与公正。一些案件，只要当事人费尽九牛二虎之力，拐弯抹角找了我妈妈，只要合算，她肯定会打招呼、写条子，作出这样或那样的指示。法官检察官们领会了妈妈的意思，就会严格以妈妈的招呼为依据，以妈妈的条子为准绳，作出心领神会的裁定或判决。要是妈妈关照过的案子出了问题，对方当事人闹大了，也不关我妈妈的事，该怎么对法官错案追究的还是怎么追究。因为说起来，妈妈毕竟没有直接干预，相反她还像模像样地要求法官“依法办案”。但在立法和学理上，都强调司法独立与司法公正，人没有傻的，都会心知肚明妈妈的行为是行政干预司法，“权大于法”。于是，学者会呼吁司法独立，媒体也可能会就此推动，但绝不会去如实报道妈妈干预司法的行为，因为要是这么报道了，就会影响地方稳定，破坏政府想象。哪家媒体不识相，妈妈就会跟宣传部部长通气，以没有正面报道、破坏社会和谐为由，借机处分平时不太听话的社长、台长或者把具体负责的编辑开除。当然，妈妈是一个聪明女人，自己做了什么事，自己心里最清楚，我相信她会精妙绝伦地做到提前预防。只要以妈妈为行政首长的市里作出了指示，哪一家媒体都会恭恭敬敬，不然就会遭遇封杀令，因为“喉舌”是不应随便犯错的。

假如妈妈是位女市长，权力与物质的欲望可能会日夜烧身，时时盼望升官，刻刻梦想发财。妈妈从乡镇妇联基层干部做起，经历了乡长、县长、县委书记、副市长等职务，一路凯歌，步步高升，扶摇直上，官位越做越大。当了市长，就想进一步做省长。人的欲望越强，往往越容易相信风水、星相、命理什么的。于是，妈妈尽管大会小会的大谈唯物论、特谈无神论，弘扬马克思主义，但私底下有可能还会烧香拜佛、求签算卦，图一个平平安安、路路畅通。

当然，尽管我是高干子女，但我却很听话。相信世上清官多，贪官少。所以上述这些“假如”，都把妈妈装扮成腐败官员了。但“主流是好的”，所以，假如妈妈是位女市长，她也可能不贪污，不受贿，不侵占救济款，不挪用“社保基金”，不随便到大学做兼职教授，不以权谋私，不为亲属谋取不正当利益，不干预司法，不与上司关系暧昧欺负我老爸，也不去为我上学、经商、升迁甚至婚姻大事动用市长权力。可是，如果是这样，我就辛苦多了，只能老老实实地单打独斗，拼死拼活也未必光宗耀祖。到头来，不少人会笑我没本事，嫌我妈妈太本份，是位地地道道的傻市长。

然而，不管妈妈是清正廉洁的好官，还是腐败堕落的贪官，都不影响“我是高干子女”的客观事实。只可惜，世上没有假如。木已成舟的现实赤裸裸地摆在我面前：母亲不是一位荣耀而富贵的女市长，她是一个平凡而伟大的农家妇。

二〇〇七年五月十三日

民法在官场

一

许多官员缺少民法修养。既不懂民法理念，又不知民法规则，常常会闹出许多官场笑话。只求权力不重权利，为官员腐败和犯罪埋下了隐患，险象环生、一触即发。

有谁愿意站出来为这些官员们认认真真地上节民法课？数算下来，大概没有几个人会来管这闲事。究其原因，未必要责怪民法学者缺乏社会责任与正义理念，而主要是因为权力的威慑力在当下中国依然是大有振动空间的。权力，这一为许多人梦寐以求的神奇魔法，具有超强的穿透力和支配力。除非官方为了显摆对法治的重视，否则，真诚邀请学者给官员们讲民法的概率是微不足道的。如此形势下，还有谁敢于触犯这些潜规则，主动站出来给官员讲上一堂课？“力有余而心不足”，导致官员的民法教育一直处于空白。更有甚者，当权力被视为“特殊等价物”时，会有一批学者处心积虑地向权力靠拢。凭借对主流意识形态的心领神会功夫，再竭尽全力地发挥其骨子里那种原生态的“美术家”天分，笔尖上涂抹上几层蜂蜜，一时间就会开出鲜花一朵朵。于是，只要命运不差，时机成熟了，总也会捞到一个“位置”。

然而，我却很有自信地认为自己不是这样的人。既不会担心给官员讲民法带来的不测之患，更不会为一些缺漏过多的红头文本去刻意的粉饰和装扮。在这个感恩节之日，我想写点东西感谢一下党和政府带来的所有福祉，就发挥下专业特长，给官员免费讲讲民法吧。

说实在的，学习民法尽管已经有十年了，但面对博大精深的浩瀚民法海洋，我依然属于门外汉，绝对的嫩苗一根。别人来讲，可能“力有余而心不足”，我就显得“心有余而力不足”了。鉴于此，我这一讲也只能尽力而为，把长久以来憋在心里的一堆大实话，喷出来算了。

二

必须指出，官员中的绝大多数是安安稳稳地坐在位子上的，但那些不幸被抓出来的腐败官员总是源源不断。就拿矿难事故来说，由于个别官员对越层越界开采以及超人员、超能力非法生产的行为，不予制止和报告，发现违法违规行为也视而不见、置若罔闻。吃人的矿难事故接连不断地发生，一个个生命如井下煤灰，瞬间化为乌有。公开报道出来的类似事件，来的是如此频繁，叫人应接不暇。每当看到这些已经不是新闻的新闻，我不禁要捶胸顿足：官煤勾结竟然不要人命了！在现代民法中，生命权是自然人的最重要的人格权，属于作为民事权利两大支柱之一的人身权范畴。生命利益是自然人所享有的最高利益，是人之所以作为人的本源性元素。拥有生命，也是现代民法所普遍倡导的判断自然人具备民事权利能力的唯一标志，因而才有了我国《民法通则》“民事权利能力始于出生终于死亡”的规定。对生命利益的珍视、对生命权的尊重，也是现代法治国家的共同追求。生命利益高于财产利益，这是一种具有浓厚人文主义气息的现代民法观和人身权观。美国一患者服用世界医药巨头默克公司生产的镇痛药“万络”后，于2001年5月心脏病突发猝死，患者遗孀一纸诉状将其告上法庭，美国得克萨斯州一个陪审团去年8月就这起全美首例“万络”人身伤害诉讼案作出判决，由被告默克公司支付原告高达2.53亿美元的赔偿金。如此高额的赔偿金判决，直接表明了美国人对生命价值的严苛尊重。但对自然人生命权的尊重和保障，不应只成为经济发达国家的奢侈追求，而应当成为各个国家的基本法律需求。《宪法》第三十三条明确规定“国家尊重和保障人权”，这其中当然包括作为民事权利的生命权；作为民事基本法的《民法通则》第九十八条也规定“公民享有生命健康权”，可见，保障人的生命权已经成为最基本的法律常识或者民法常识。可是，还有多少官员在骨子里还在拿矿工生命开玩笑、把人的生命权当做鸿毛一样轻浮对待？

“生命诚可贵，爱情价更高”表达的仅仅是一种对爱情和自由的追求。但一旦把生命权放置于民法面前进行严肃审视，那就不能再随便把别人的生命抛在脑门之后了。而拥有矿井开采管理权力的官员们，也就更不能以“生命诚可贵，煤炭价更高”作为官煤勾结的指导思想了。不仅矿工生命权要尊重，每一个人的生命权都要受到平等的尊重和保障。生命利益属于人民利益的一部分，官员为政一日，就要造福一日，而不是怠惰甚至施害一日。人终有一死，不可能指望官员来杜绝一切非正常死亡，但对于那些本属官员恪守职责就能避免的死亡事件，还是牢记岗位使命别出常识性漏洞为好。单就生命权的保障意识来说，履行好岗位使命，其实就是要安分守己地贯彻《民法通则》第九十八条。

在人身权体系中，除了生命健康权之外，还有其他诸多权利类型。比如作为一般人格权的人格独立、人格自由与人格尊严，作为具体人格权的身体权、姓名权、名誉权、肖像权、荣誉权、隐私权、贞操权和信用权等，作为身份权的配偶权、监护权、亲权等。各项权利都闪耀着民法精神的光辉，诸位官员可以作为自学内容，在茶余饭后抽点时间加以补习。在此，我重点结合被查处的部分官员包养情人的腐败现象谈一谈配偶权意识的培养问题。官员借助手中的权力作为“特殊等价物”，公开或者秘密地包养情人，在官场不在少数。包括官方媒体在内的公众媒体也时常会报道此类生活腐化现象，有高官，也有小芝麻官。这里还是举最近的事发案例，据报道，四川省某县公安局副局长在任职期间经人介绍认识一女子，该女投其所好，很快就成了这位官员的情妇。人有旦夕祸福，情妇有一次开车发生交通事故撞死一人，怎么办？找靠山。于是，这位官员就千方百计地为其情妇开脱责任，由此使情妇逍遥法外两年之久。近日，这名官员因涉嫌徇私枉法被检察机关立案侦查；情妇也因涉嫌交通肇事被依法逮捕。类似包养情妇的报道并不鲜见，严重影响了官员在百姓心中的良好形象。尤其是一些大官、高官、要官的生活腐化行为，直接影响着群众对官员整体印象的合理评估结果趋于悲观。包养情妇不是一个法律术语，但在我国却可以找到法理依据。作为民法子部门法的《婚姻法》第四条规定：“夫妻应当互相忠实，互相尊重；家庭成员间应当敬老爱幼，互相帮助，维护平等、和睦、文明的婚姻家庭关系。”可见，作为夫妻之间“忠实、尊重”义务，是被法律所明确规范下来的倡导性法定义务。在民事法理上，忠实义务与尊重义务的履行请求权也是配偶权的一项具体权能。已婚官员不顾这一基本民法常识，无视爱妻合法权益，贪图享乐，包养情人（妇），甚至还和情人生下私生子，这是对官员配偶权的典型侵犯。如果被包养的情人也有配偶，那么，这种官员包养行为其实侵犯了两方主体的配偶权。同时，这种不正当关系的存在，还破坏了《婚姻法》所倡导的“平等、和睦、文明的婚姻家庭关系”。假如包养的数量不止一个，那侵犯的配偶权利也可能成束成群，恶性更大。假如这个情妇生个孩子，又疏于照顾和抚养，甚至以权力相威胁抛弃情妇，那又同时侵犯了非婚生子女的抚养请求权，是对妇女和儿童权益的侵犯，这又与《民法通则》第一百零四条“婚姻、家庭、老人、母亲和儿童受法律保护”的规定相背离了。这就是生活腐化官员的民法意识状况，实在令人堪忧。

三

官员不仅要在民法人身权领域认真修读，在民法财产权领域更要保持作风干净整洁。在此，我结合一些官员腐败现象以及民法通则的相关规定，谈谈自己的粗浅认识。《民法通则》第四条规定“当事人在民事活动中的地位平等”，我由此想到了招投标中的权力滥用和官员腐败问题。据悉，从1997年至今，全国已有新疆、贵州、四川、广东、广西、湖南、河南、安徽、北京等10个省(自治区)的15个交通厅厅长因“伸手”公路工程建设而被“捉”，厅以下干部则不计其数。调查表明，这些交通建设领域腐败症结几乎都源于公路建设工程的“招投标”。检察机关对重大项目建设等领域领导干部利用职权犯罪案件尤重视，而在重大建设项目中，领导干部犯罪的主要表现就是利用职权干预招投标，谋取私利。平等原则是民法的基本原则之一，这个原则不仅要求当事人之间要自觉做到平等，而且还要求国家要保障这种平等秩序的实现。我国《招标投标法》规定：“依法必须进行招标的项目，其招标投标活动不受地区或者部门的限制。任何单位和个人不得违法限制或者排斥本地区、本系统以外的法人或者其他组织参加投标，不得以任何方式非法干涉招标投标活动。”这其实也是民法平等原则在招标投标法中的贯彻，也就是说，作为涉及招投标的官员，要赋予每一个招投标当事人以平等的民商事交易机会，而不是滥用手中的权力，加以违法限制、非法干涉和排斥。

贪污贿赂也是官员腐败或者犯罪的一个重要表现，这种腐败依然涉及民法财产权的问题。《民法通则》第七十三条规定：“国家财产神圣不可侵犯，禁止任何组织或者个人侵占、哄抢、私分、截留、破坏”；第七十四条规定：“集体所有的财产受法律保护，禁止任何组织或者个人侵占、哄抢、私分、破坏或者非法查封、扣押、冻结、没收”；第七十五条规定：“公民的合法财产受法律保护，禁止任何组织或者个人侵占、哄抢、破坏或者非法查封、扣押、冻结、没收”。这些明文规定都是我国现行民事法律对财产所有权保护的基本规范，立法者的愿意并不仅仅是规范和约束普通百姓的，掌握国家权力的官员也同样要遵守。然而，不少涉嫌贪污贿赂或者已经被法院的生效判决认定犯有贪污贿赂罪的官员，却无视《民法通则》的这一规定，在不断侵吞着国有、集体和私人的财产权利。我国《刑法》明确规定了包括贪污、贿赂、挪用等涉罪情形，例如，国家工作人员利用职务上的便利，侵吞、窃取、骗取或者以其他手段非法占有公共财物的，被《刑法》确立为贪污罪；受国家机关、国有公司、企业、事业单位、人民团体委托管理、经营国有财产的人员，利用职务上的便利，侵吞、窃取、骗取或者以其他手段非法占有国有财物的，也以贪污论。但从民法学的角度来说，这些行为却构成了对财产权的侵权行为。这生动地说明，不少官员的民法财产权保护意识薄弱甚至空白，而财产的占有欲望却十分强烈：公有财产私有化、私有财产己有化，贪得无厌、欲望的沟壑难以填平。

《民法通则》第一百二十四条规定：“违反国家保护环境防止污染的规定，污染环境造成他人损害的，应当依法承担民事责任。”这一条规定要求中国官员要有环保意识，并且同时要有责任意识。根据新华网的最新信息，国务院日前对中国石油天然气股份有限公司吉林石化分公司双苯厂“11・13”爆炸事故及松花江水污染事件作出处理，对中国石油天然气集团公司及吉林石化分公司责任人员，对吉林省有关方面责任人员给予相应的党纪、行政处分。为什么会出现这样一个结果？从官员的角度来分析，调查的结果显示，吉化分公司及双苯厂对可能发生的事故会引发松花江水污染问题没有进行深入研究，有关应急预案有重大缺失；吉林市事故应急救援指挥部对水污染估计不足，重视不够，未提出防控措施和要求；中国石油天然气集团公司和股份公司对环境保护工作重视不够，对吉化分公司环保工作中存在的问题失察，对水污染估计不足，重视不够，未能及时督促采取措施；吉林市环保局没有及时向事故应急救援指挥部建议采取措施；吉林省环保局对水污染问题重视不够，没有按照有关规定全面、准确地报告水污染程度；环保总局在事件初期对可能产生的严重后果估计不足，重视不够，没有及时提出妥善处置意见。“资源节约型、环境友好型”社会的构建需要官员要培养、保持并提高环境保护意识，同时对所在单位造成的环境污染侵权行为，要自觉承担法律责任。我国《民法通则》尽管规定环境侵权只用了一个条文，但却彰显出了环境保护的民法地位。官员在学习民法时，不能不对此引起足够重视。

四

如此等等腐败甚至犯罪行为，其发生固然有着多元化的因素导致。对腐败的治理也必然是使用多元化的方法进行综合治理。但是，从官员的民法理念和民法规则意识角度来观察，腐败现象丛生不断，与官员欠缺起码的民法意识不无关系；单就官思想教育的改造内容来说，也不能一天到晚进行政治理论教育和领导干部的党性教育，还要进行法治教育和法制教育。而后者也不能把教育内容仅仅局限于《宪法》、《刑法》等涉及基本权利和犯罪的部门法，更要时不我待地进行民法教育，尤其是在掌握起码民法规则的基础之上，对官员进行民法精神的启蒙教育，让官员真正懂得民法的主体理念、平等理念、自由理念、权利理念、诚信理念、契约理念、程序理念等基本民法理念，并且通过潜移默化地启蒙培育做到深入官心，同时身体力行地在为官从政行为中加以贯彻，争取早日做到如细雨润物般地感化人民群众。这说到底，也是官员的以人为本的服务观的本质要求。

应该说，民法精神的培育要比民法规则的灌输更为重要和紧迫。民法精神在某种意义上说，也就是法治精神。因为法治精神的要义是保障私权、规范公权。而民法恰恰是确立私权与保障私权的权利大宪章，民法精神也就必然包涵私权空间的争取、私权环境的培育、私权主体的解放等最基本的精要。作为掌握公权力的官员，要为民法精神的培育、市民社会的生成，提供外部条件保障。一方面，要在《宪法》和法律的规则框架内正确行使权力，防止公权力违法渗透到私权领域，出现干涉私权、侵害私权甚至抹杀私权张扬的有背法治伦理与文明逻辑的不当行为；另一方面，也要采取积极的行为保证作为自然人个体的“市民”的私权得到顺利实现。公权的本质不是要让私权屈从于它，而是要为私权的行使与实现提供公力服务。在此，我也想就几个观念或者误区顺带提点个人看法。一是所谓的“限制公权论”，说实话我不太赞成这样的提法。公权和私权本来就是自有其权限，无论是公权还是私权都不能任意扩张或者有意限缩。因为我长期主张“权”的本质是自由，因而任何权利（力）都有被滥用和放大的可能性。只不过是公权因其本身固有的支配特性、管领特性、利益特性以及公共特性而与私权比较起来具备更大的威慑力，从而更容易被滥用，并且一旦滥用之后造成的危害也是私权滥用所不能企及。但不能由此就必然得出限制公权的判断结论，从权力的本身所涵盖的权能来看，“限制公权”的提法从字面解释上也就意味着把公权本应有的权能予以缩减，反而是对公权的一种迫害或者至少是干预，况且这种提法本身也很容易让掌权者产生反感，并不利于对公权行使的规范以及对私权行使与实现的服务。因此，尽管论者可能原意也是规范公权行使，但我更主张用“规范公权”或者“限制公权滥用”等类似的表述。同样，对私权的态度也应如此，即合理界定私权的范围即权限，但保护私权不等于任意扩张私权空间，而是也仅仅在于规范私权秩序。在中国提出树立社会主义法治理念、构建社会主义和谐社会的今天，要做的不是去有意地限制公权、扩张私权，而是把那些已经或者正在滥用的公权堵截回去，及时推到正确的轨道上，同时把那些已经或者正在被蚕食的私权通过斗争夺取回来，逐渐让私权发生还原反应，最终让公权和私权各行其道、齿轮对接、有条不紊。这种公权和私权的和谐运转才是法治社会的应有追求。

另一个是关于私权的内涵问题。什么是私权？私权不是私人权利，而是作为私法性质的民商法所规定的民商事权利。国家可以成为民法上的特殊主体，当国家参与民事关系时，它就是一个民事主体，它所享有的权利也同样是私权。不能因为国家所有权、集体所有权属于所有制上的公有性质，而否定两者在民法上的私权性质。在这个意义上，所谓“国家财产神圣不可侵犯”，其实也是在倡导国家所享有的“私权神圣不可侵犯”。因此，官员尽管掌握公权力，但不能把国有资产看做公权中的应得利益而任意侵吞，而是应该理顺国有资产的私权性质，并且依法保护国有资产不至流失、侵吞或者贪婪地据为官员自己所有。否则，就会构成违反甚至犯罪。

就中国民法而言，尽管许多民事法律制度甚至民法的基本原则是移植西方国家的先进法治文明而来，但在民事法律制度的完善或者民法典的编纂过程中，仍然不能忽视中国传统所固有的先进文化。甚至可以说，中国传统中的灿烂文明诸如仁、义、礼、智、信等价值观念，正是民法所本应有的追求，这些文化瑰宝，我们尤其是立法者应该有义务保持其生命力，以世代传播下去，不能因为法律移植而“西化”或者完全西化。所以，民法是为人处世的行动指南，是最关怀人的个性与发展的文明法。其人法性质要求民事立法及民事守法要讲求人性化，这也是人文主义民法观的内在要求。需要指出的是，人性化交际不应仅仅成为在民间呼吁的一种人际交际规范，也应该成为官方尤其是具体官员自身的一项服务要求。“官本位”的传统观念在中国不可能短时期内大幅减退和彻底消除，不必指望官员像伦敦市市长那样经常与市民一起乘坐地铁体验民情，但当注意到近日江苏省宿迁市 12 个部门“一把手”的实名博客正式开通的消息时，我却突发一个想法，博客这一现代化网络交流工具，已经在平民百姓中越来越受到青睐，而在西方一些法治文明程度较高的国家，政治博客、领导博客之类的博客用途也运作多时，那么，中国官员也能不能进一步解放思想，学点网络常识，亲自开个官员博客，本着诚实信用原则，有一说一，切实加强与百姓的沟通与交流？这看似与民法课堂没有多大牵涉，但“官员博客”的开设与推广建议，其实也包含着浓厚的民法精神，那就是民法所一直倡导的平等理念。端起官架子还是放下官架子，这本身就是一个洋溢着平等精神的民法问题。

总之，官员务必要尊重他人的私权、保障他人的私权，为私权环境之生成、市民社会之构建，发挥官员应有的表率作用。这就要求所有中国官员一方面要正确认识官员职责、依法行使官员权力，不能滥用权力，更不能把权力作为“特殊等价物”甚至混同于货币这一“一般等价物”，以手中掌握的来自于人民的权力胡作非为、我行我素，另一方面，也要认真地找点时间、找点空闲，常把民法看看。由于历史和现实的种种原因，我国目前还没有出台民法典，现行的民事基本法仍然是20年前颁布的《民法通则》，因此，我无法建议所有中国官员随身携带的手提包里都要放上一本中国民法典，也不必把现行各个单行民事法律规范文本都要塞入包内，但最起码的，你要放进一本《民法通则》，并且不会明显增加提包重量，因为这部法律只有一百五十六条，不信你去看。

二〇〇六年十一月二十三日

有罪推定

监督如何进行？或者说，应当以什么样的思维进行监督？答案是唯一的，那就是“有罪推定”。监督就是要采取“有罪推定”的监督逻辑和批评思路。

监督者将权力交给被监督者，手中便无寸铁，只有软弱的权利和无条件的义务。前者随时被阻拦、践踏、杀灭，后者则稍慢即生罪错，不敢懈怠。监督者尽管数以无数计，常以“大众”“群众”代称，而被监督者则不过几座，屈指可点，论数量远不及监督者之磅礴。但若比力量，则全然相反，一个被监督者之威即可盖过举国民众。如此上下，被监督者可如杀鸡宰鸭一般轻松对付监督者，但监督者若求诸甚至对抗被监督者，则难于上青天，易于上西天。

情势不变更，此局往永恒。监督者在被监督者面前，将久为弱势，又常以“小卒”“草民”代称。草民监督强势团体，为宪定法权，亦为天赋本职。话虽如此轻吹轻放，但付诸行动，则败事有余。举例说明：被监督者有乱权之嫌，监督者欲行监督之责，不必曰调查取证、占有资讯，即便知情权利亦常难兑现，缺席冷场者为绝大多数。易言之，被监督者之天机，压根就不会让你知道，倘若万一被你看出来，也会想方设法，诱你、劝你、逼你“别把底揭开”。于是，传统思维中所谓真正的完美的监督，即成事不足甚至彻底不能。所以然者，皆在于“无罪推定”逻辑的不当扩张。“无罪推定”的逻辑可用于刑事世界，广义引申亦可适于衡平主体之间的利、义较量，但万不可用于监督。监督一旦沾染了“无罪推定”的逻辑，遭殃的必是监督者，侥幸的定是被监督者，因为在上述力量对比格局下，“无罪推定”的无罪结果必是高概率的，有罪结果才是百年一遇甚至千年等一回。结果便是：监督者惹一身诬陷、造谣之罪，监禁、入狱、丧命，被监督者反而脱身清洁，一宫净白，满园风光。

因此，被监督者欲真心实意许可监督者监督，就必须摒弃“无罪推定”“有功推定”的监督逻辑和批评思维，改之为“有罪推定”“无功推定”。监督者之所以为监督者，不是因为其可为被监督者歌功，而是因为其可为被监督者找罪。在所谓“过渡时代”“转型时期”，被监督者之种种不端、不当、不法，尚不能完全被其功绩、政绩所遮盖或替代，加之媒体多样化之舆情资源增多，可疑、可窥、可曝之事较之以往更易捅露，被监督者大量罪错中之少量渐已呈现于监督者。此种情势，实乃被监督者反省、进步之绝佳契机，监督者当应顺乎并拓展，以形成燎原之势，资助被监督者走向规范、正义。是故，歌功并非监督者之主要职责，为被监督者找罪、定罪才是监督者之宪政义务。歌功者、颂德者不是监督者，也不应是监督者，至少不是当代今世之人；找罪、定罪者则是监督者，也应是监督者。当代今世之人更有义务、有责任以“有罪推定”的监督思路为被监督者找罪、定罪。

针对“有罪推定”式监督，被监督者若以为监督不当、批评违法，可公开辟谣、澄清事实，追究造谣者法律责任。被监督者不应对监督者的“有罪推定”式监督抱有任何指责、怨恨甚至打击报复。监督者愿意对被监督者实施“有罪推定”式监督，从原因力角度观察，自有监督机理之内部要求，也有被监督者执政实践之外部要求。前者意义在于，任何科学的、纯粹的、理性的监督，皆是由被监督者权力资源的占有关系及滥用之必然性所导致的监督者对被监督者的不信任秩序被假设于监督者和被监督者关系之中，并时刻成为激发监督者对被监督者实施监督行为的永久性催化剂。后者意义在于，被监督者之执政实践因无法完全履行以监督者权力支付为对价的契约义务所导致的强势权害于弱势和公益之客观现实被以监督者为主要构成的监督者所敏感捕捉并积极行动。另一方面，从客观效果角度观察，监督者对被监督者的“有罪推定”式监督，不是阻滞被监督者依法行政、为民服务，更不是诬陷、诽谤被监督者而制造秩序紊乱，而是善意提醒和帮助被监督者自觉剔除不端、不当和不法，本质上是监督者对被监督者之大恩巨惠。所以，被监督者没有权力也没有资格对监督者的“有罪推定”式监督怀有反感情绪或报复念想，更不应付诸行动，否则即是侵犯人权。何况在法理上，诽谤作为机关法人的被监督者之说永不成立。即便监督者以悲愤之粗言糙语臭卷被监督者，为机关法人的被监督者亦无权控告监督者诽谤，而只能尊重监督者之言论自由。若监督者制造或传播谣言，被监督者可在职权范围内依法追究肇事者责任，如前所述，自不待言。

如按照“无罪推定”逻辑，任何没有证据直接表明被监督者有罪错者，均无资格对被监督者作出“有罪推定”式监督批评，甚至无资格相信媒体报道和网络披露。结果自是“无罪推定”，甚至无动于衷，宁信其无不信其有。若按照“有罪推定”逻辑，凡是有证据直接或间接表明被监督者有罪错者，或者，虽无证据但有包括传言在内的线索资讯直接或间接表明被监督者有罪错者，均有资格对被监督者作出“有罪推定”式监督批评。在被监督者澄清事实之前，监督者有权持续质问、追问当事被监督者，并完全作出“有罪推定”。被监督者若以为作出“有罪推定”式监督的媒体或监督者之行为不当、材料失真，应当及时公开澄清事实，有效辟谣。在事实真相前和信任格局下，此后若再有监督者无确凿证据继续“有罪推定”，则可能流于不当监督，不仅被监督者厌恶，监督者亦感不喜。同理，被监督者若以为作出“有罪推定”式监督的媒体或监督者之行为得当、材料确凿，应当及时公开道歉，并按照权限和程序追究、惩治责任者。良好的监督秩序即按如此循环关系形成并运作，此种情势之下，沉默的监督者是不仗义，该批；沉默的被监督者是不作为，更该批。

质言之，“有罪推定”式监督就是要求，监督者应不惮以最坏的恶意推测被监督者。此“最坏的恶意”的本质就是“最好的善意”，因为前者只是一种监督逻辑，后者才是真正的监督动机。若监督的逻辑不是“有罪推定”而是“有功推定”，那不叫监督，而叫“舔腚”。对待被监督者，就应当“有罪推定”。媒体和民众已经对有关监督事项报道关注，传播批评，被监督者若觉失实，应及时辟谣、澄清，并依法追究造谣者和传谣者的责任。这才是有责任、讲信用、见阳光的被监督者。被监督者隐瞒监督者或者同监督者作对甚至侵犯人权，监督者有权依法联合起来反对。对一切漠视人权、侵犯人权、与监督者为敌的被监督者，监督者有义务根据《宪法》反对。

在“万恶的旧社会”，极端专制主义奉行“天下之事，无大小皆决于上”；特权等级观念制造出“天有十日，人有十等”“名位不同，礼亦相异”等铁礼，自古即有“尊尊”之礼制，下级必须尊重和服从上级，不得僭越，不得犯上作乱。平民百姓无权利，“礼不下庶人”，而高官贪腐得不到严惩，“刑不上大夫”。于是，拥有富足舔腚思维的舔腚者，见不跪不屈膝者，即叹“生此膝盖何用”；不满腐朽统治和加厉剥削者，则“无视君臣上下”，揭竿而起，“纷纷世上潮，谁负谁胜天知晓”。

今天，和谐社会确保万无一失，稳定压倒一切。农民无起义，工人少暴动，学生不运动，监督者情商渐高，罕有多事者、找事者。不说行动单提言论，亦少有替被监督者着想而反对者。想反对者在做梦，不想反对者，看似为被监督者御用、代言、鼓吹，其实是通过对被监督者的舔腚式追捧完成对监督者的真正背叛。于是，“抗上”思维与行动统统消失，所谓“有罪推定”式监督就更无生存空间了。面对被监督者的侵权事件，只当战战兢兢的哆嗦看客，甚至躲都来不及，声声重复“我没看见”“我不知道”，还怎指望去监督批评甚至“有罪推定”式监督？原因很多，但被监督者供应的人权环境则是当列头条的。宪定基本权利一箩筐，别不多言，单是言论自由的实现气候即复杂恶劣，宣传部明令，上级文件，敏感词、删除、锁闭、封杀、跨省追捕、入狱……

“有恒产者有恒心，无恒产者无恒心。苟无恒心，放僻邪侈，无不为已”，说的是使劳动监督者衣食无着，是引起“抗上”和“造反”的主要原因。如今已“基本实现了由温饱到小康的历史性跨越”，按照孟轲的上述造反定律，似已无抗上诱因和造反导火索。然而，监督者若无精神食粮，法律文本上写就的权利体系丰盈富足，但现实中的权利却随时遭遇公权蹂躏，如此生存状况，被监督者不可有眼无珠，任其蔓延。孟氏定律再应加一款，“有恒权者有恒心，无恒权者无恒心。苟无恒权，放僻邪侈，无不为已”。

二〇一一年十月二十一日

公家本无权

通说认为，权力在公，权利在私。但公家、府上，是万万不该有权力的，它们所有的，只能是义务。说得冠冕一点，叫“职权”，其实就是职责、义务——对人民的义务，“为人民服务”的义务。官府及其职员没有任何权力可言，唯一有的就是义务。要说是权力，也是“来自人民”，但人民一旦将权力移交，权力已不再是权力，而是转化为了义务。在这一意义上，所谓权力、公权力、公权，是不存在的，也不应该存在，一切公权力就是公义务，公权就是公义、公务。执行公义公务的人称为公务员，而不是公权员。他们所能做的，也是唯一所能做的，就是履行公职、公务，“服好务”。

按理说，一个国家，能够有资格代理国家、代表官府履行公职、公务的，是极少数人，且应当是社会的精英群体。他们必须是道德高尚的、品行优秀的，智商和能力都是过硬的，按官方说法就是“德才兼备”。唯如此，才能跨入这一担当人民重托的阶层。这部分人应当为有此机会服务于人民感到骄傲和自豪，所谓“神圣职责”“光荣使命”就是此意。试忆，哪个新任干部、新入职的公仆不会说“我深感肩上的担子重大，绝不辜负组织的信任和人民的期望”云云？单是从摆在台面上的这些饰品来看，权力也是不应该存在于现代官府的，至少不可能（按照官场惯例也不允许）挂在嘴边、写在脸上、讲在发言台上。被表态出来的，净是义务和职责。

若真如此，把那些冠冕的动听、动人的一串串，付诸实施，那么，政府就是真正的人民政府，职责就是真正的职责，公务员就是真正的公务员，权力也就不会存在于公家、官府甚至官员身上，法律词典里也真的无需收录“权力”一词。可是，反观现实，却又发现，权力无时不在官府，官府无处没有权力。但只要稍加留意，又会发现，谈得上权力的，一定是被滥用了的，易言之，是违背了公职、公务、职责或义务的。不滥用则不叫权力，那叫义务；叫权力，那一定是被滥用的，权力就等于滥用了的权力，权力和滥用权力其实是一回事。依传统观点，滥用权力就是腐败；依我看，动用权力就是腐败，简言之，权力就是腐败。“反腐败”就是反权力；“反腐败斗争”就是反权力斗争。

官府没有权力只有义务。所谓“立法权、行政权、司法权”等，本质上是立法义务、行政义务、司法义务。以司法权为例，司法机关和司法官员按照司法程序依法受理、公正审理或处理司法案件，是其司法义务，不是其司法权力。本应受理的案件，却百般阻挠，设置障碍，堵截、封杀人民的诉权而不去受理，这才是权力，是滥用权力，是腐败，具体说就是司法腐败；本应公正审理的案件，却偏离正道，歪门邪道，戕害、践踏法律的正义而胡乱裁判，这才是权力，是滥用权力，是腐败，具体说就是司法腐败。立法腐败和行政腐败亦然。因此，权力就是不履行义务，只有官府及其职员不履行义务时，才可有权力或权力现象、腐败现象发生。

官府和官员只要本本分分履行职责，老老实实为民服务，就无权力可言，手中仅有的，肩上仅背的，就是义务、职责。官方话语中那句很时髦的“心系百姓”，说的就是这个道理。“心系百姓”蕴含平等理念和博爱精神，即把人民群众视为平等的服务对象，谁也没有不当特殊待遇。所谓“有事找我”“这事我尽量给你办”等权力性对话，已脱离了自觉的义务观和普遍的责任感，实质上已产生了权力之意、腐败之意、作案之意甚至犯罪之意。一旦抛弃了义务和职责，那就必然是滥用了权力，或者说动用了权力。权力是官府、官员、公务的禁区，是万万不得动用的，一用必是滥用，对人民百害而无一益。对属于禁区的事物，最好不要过度渲染。一言以蔽之，权力这种肮脏之物，少提为好，不提最好。

而实际上，权力的思维、官本位的思想却深入人心。之所以有如此文化氛围，多是与没有真正界清官府和官员的义务本质有关。别看那些新官上任动辄就说“担子重”，但坊间还不是在议论说哪个哪个部门“油水大”、哪个哪个部门是“清水衙门”、谁谁谁有实权、谁谁谁无实权吗？这是一种再典型不过的权力思维。权力思维和对权力学问的热衷，还影响了一些哲学家、法学家、政治学家，他们费劲了头脑写出了卷卷权力学著作，有关权力的名人名言也一搜一大堆：权力应该被用来限制权力（孟德斯鸠）、权力是在他人反抗时下达的一个他所服从的命令的可能性（韦帕）、最大限度地行使权力总是令人反感；权力不易确定之处始终存在着危险（塞·约翰逊）、切世俗的权力都会使人成为无赖（肖伯纳）、虽然权力是一头固执的熊，可是金子可以拉着它的鼻子走（莎士比亚）、不强迫某些人接受别人的意志，也就是说没有权威，就不可能有任何的一致行动（恩格斯）、权力把受害者的百般苦恼看做忘恩负义（泰戈尔），等等，不一而足。

原本，权力来自人民，听从于人民，掌权者、为官者是人民的公仆，“为人民服务”。可是，在中国现实世界，却偏偏反其道而行之，公务员成了公权员，义务、责任、使命几乎丧尽，权力、官位、仕途则完全占领了公仆们的全部身心。如此，在官民之间不仅形成了强势和弱势之两级，官强民弱、民被官欺，而且还产生了显著的敌对格局，官视民为敌，民也渐渐失去了对官对府的信任，起初还可怨声载道，“骂骂娘解解气”，但随着舆情控制的逐步戒严，有怨声，也只好活生生地吞下去，甚至失望至连怨声也挤不出来了。

学界有一流行说法，叫做“限制公权”。这一观点的认识前提，还是承认官府和官员的权力的。其实，在我看来，“限制公权”是一种暧昧十足的娘娘腔，怎么限制？谁来限制？限制谁？限制哪部分？限制到何等程度算限制、算合理？没被限制或者不被限制的那部分公权，又如何运行？再滥用了又怎么办？……追上一百问，也不见得“百问百答”，道理很简单：权力就是腐败，只有去打击腐败、反对腐败、禁止腐败，怎可慷慨大方地去限制腐败呢？正如前文所述，权力是万万不可能被官府和官员所占有或掌控的，因为权力是义务的天敌，是职责的对立，是责任和公务的反面。承认了权力，就淡化甚至否定了义务。所以，“限制公权”一说当立即休矣，“禁止公权”更为妥当。公权绝不是个好东西，当禁！

可是我依然没有失去信心，就像湖南的“上访妈妈”唐慧所言，“虽然这个世界很黑暗，但还是有光明”，“还相信政府”。唯盼公权秩序越来越亮堂，愿祖国明天越来越晴朗。

二〇一二年八月十六日

昵称

近日，学者余秋雨先生在强国博客里发表了一篇文章，题目叫《我说的就是这个名字》。余秋雨在文章中说他已经有很多年没有参加上海文化艺术界的活动了，但“前年下半年被一位朋友硬拉，到衡山宾馆的一个大会议厅参加了一次，上海不少大学和研究院所的一批人文学科专家都在。他们在发言中频频提到一个名字，不带姓，只说后面两个字，显得十分亲切和熟悉，我一听，肯定不是康德和罗素，也不是孔子和朱熹，但我却不知道，这是怎么回事？我连忙问旁座的一位先生，这位先生很惊讶地看着我，说，这是这座城市的最高领导啊！”这才使余秋雨先生恍然大悟，原来这些学者搞得都像那位领导的亲朋好友似的，口甜如蜜。那位领导当时并不在场，学者们却争相亲密称之呼之，以至于余先生甚至在文章中不无讽刺地说，这叫“缺席跪拜”。

我也以为然。有些官员甚至学者谄媚之心很重，仿佛与当地高官有多亲热，仿佛“去姓昵称”就可以得到提拔重用。于是，本来一个好端端的全名却在不少场合去了姓，这种称呼很不严肃。如果确实是一位干净清廉的好干部、好党员、好公仆、好保姆，那么，作为主人翁的人民群众这么称呼一下，也没什么可以挑剔的。可是，反客为主，完全颠倒了自己的身份，把仆人的身份变为了主人，若再被中纪委查有“严重违纪行为”，那些善良可爱的人们还怎么好意思叫其昵称呢？

其实，问题的关键不只在于有没有违纪或者犯罪行为。此时此刻，我想到的却是一个党风问题。对党的领导干部的称谓，或者说对党员之间的称谓问题，可以作为评价党风的一个重要指标。我党历来提倡要互称同志，不称职衔，这是我们党的优良传统。毛泽东同志早在1959年就提出要大家互称同志，改变以职务相称的旧习惯。为此，党中央于1965年12月专门就这个问题发出了通报，党的十一届三中全会又一次重申了毛泽东同志的这一主张，要求党内一律互称同志，不要称职衔。近年来，中央以及包括上海市在内的地方党委也纷纷提倡党内互称同志。

可是，无论党内怎么强调，还是有人宁愿去称呼职衔。光称职衔显然不过瘾，还要把这些有头有脸的官员的姓名拆分截留，过去一般流行“去名保姓”，外加职衔，如“王局长”“张主任”“孙书记”等。党内还流行一种提法，即职衔也不再叫全称了，而是“去衔保职”，前面冠以“姓”，例如，把“王局长”称为“王局”，把“张处长”称为“张处”等。现在又开始流行“去姓保名”，外加职衔，并且在一段话中频繁出现多次，也不嫌麻烦。也不管被昵称的领导在场还是不在场，照称不误、照叫不脸红。特别是在召开会议这种公开场合，那种争先恐后“去姓昵称”的风气，尤其盛行。像我这种本来就反对在党内对领导干部“去姓昵称”的人，要是违心地说出一个领导的昵称来，还真不如叫一个外科医生在嘴巴上缝上几针，且不必进行术前麻醉。

我以为，党内流行的对党员领导干部尤其是高级领导干部“去姓昵称”这种风气，是一种典型的不正之风。在某种意义上可以说，这有个人崇拜之嫌。把本来是人民公仆的官员高高地托到头顶、捧向蓝天，像供佛一样卑躬屈膝、顶礼膜拜，这实在不是我党的活动原则，也不符合党章的宗旨。恰恰相反，党章第10条第（六）项还特别规定“党禁止任何形式的个人崇拜”。显而易见，党内流行的“去姓昵称”之风，与党章的这一规定是相悖的。事实上，根据党章的规定，党的干部有两个身份，一是公仆，二是学生。在前者，第 33 条规定得很清楚，即“党的干部是党的事业的骨干，是人民的公仆”；在后者，第 35 条也有明确规定，即“党员干部要善于同非党干部合作共事，尊重他们，虚心学习他们的长处”。由是观之，党员领导干部应该首先打心里把自己定位于公仆，为人民服务，把自己定位于学生，向群众学习；同时，普通党员和广大群众也要切实认识党员干部的这种身份，不要反主为客，出卖身份，或者拿自己的主人身份与官员的公仆身份交换，拿自己的老师身份与官员的学生身份交换。一旦有了主仆关系和师生关系的次序颠倒，那必然会殃及交际之身份秩序，从而像奴仆一样不遗余力地拉拢感情、靠紧关系，千方百计地阿谀奉承、大献殷勤。

“去姓昵称”不是一概不能存在，我并不是要千篇一律地反对“去姓昵称”。在普通党员群众之间，在日常交际行为中恰如其分地来一个“去姓昵称”，反而有利于交流沟通和增进感情，比如同事或者领导称呼我为“绍章”或者“阿耿”，我不仅不反对，反而觉得很亲切。同时，假如一个为民办实事、办好事的清官、好官，在拥有了来自人民群众的普遍感情之后，人们产生了尊重与敬佩之意，发自内心地对其公仆来一个“去姓昵称”，也无伤大雅，反而觉得官民关系处理得好、主仆关系维持得好。但在党内对党员领导干部不管三七二十一就动辄“去姓昵称”，我是持有不同意见的。万一称呼了多年之后，这位被捧得高高在上的官员却被中纪委带走，或者被法院宣告有罪，那么，心怀尴尬的不只是被昵来昵去的那个官员，还包括那些昵来昵去的奴仆。试想，当初像对待亲生父母那样称呼自己的主子，现在东窗事发了，“爹不是爹娘不是娘”“碾子不是碾子缸不是缸了”，能不生别扭才怪呢。

如果说，党政系统的党员干部这么热衷于“去姓昵称”，可能是在下意识地遵循一种官场交际规则还有情可原的话，那么，一些学者、教授们也紧跟这股风，挣扎着混身的气力，也在张口闭口地对一些高级领导干部不加区别地“去姓昵称”，那就有些说不过去了。就像余秋雨先生在其博客文章中所说的“失去人格的吹捧习惯，助长了某些领导人的自以为是，目空一切”。值得玩味的是，有学者不仅要不厌其烦地“去姓昵称”，还要顺着领导干部文过饰非的癖好，对这些高级官员的哪怕是随口说出的一句话加以粉饰，极尽吹捧之能事。某某大学一位教授在余秋雨先生参加的那次会议上发言道：“良宇上个月所说的这句话，虽然德国启蒙主义哲学家也说过，但更有新意。”你看看，你看看，这嘴巴要多甜有多甜，舌头还要不失时机地舔一舔。

《中国共产党章程》第3条第（六）项规定，党员要“切实开展批评和自我批评，勇于揭露和纠正工作中的缺点、错误，坚决同消极腐败现象作斗争”。这是党员的义务之一，作为一名中共党员，在平时的言行中，我要自觉遵守，认真履行。为了切实负担起“坚决同消极腐败现象作斗争”的义务，我在前几天结合自己的职业和写作特长，根据中央对原上海市委书记陈良宇的处理决定，连续撰写了十篇《论陈良宇的倒掉》，深切地表达了对党内腐败的痛恨。今天，为了继续履行党章规定的“切实开展批评和自我批评”的义务，我又就党的组织生活中对有些党员尤其是党员领导干部不称“同志”反而流行“去姓昵称+职务”的风气，进行严肃的批评，并且自由地提出了个人的独立看法。

简要总结一下，我是不主张“去姓昵称”的风气在党内流行的，如果这种风气不赶快杀一杀，那么，将会污染一些具有奴性思维的亲官者，尤其是以学术研究为己任的学者，要是骨子里再有“学优则仕”的从政思想、为官意识，那么，这些学者将会在各种场合，无视自由思想与独立精神，以牺牲学术独立为代价，以政治口号为研究方向，与政界同流合污，向高官亲密靠拢，有意省去那些“公仆”的姓氏，这不仅有辱官员姓名权，有失学者的人格尊严，而且还有损于听众与观众的健康之肠胃，叫得让人恶心，拍得叫人呕吐。这种风气，实在要不得！

其实，抛开党内风气不谈，单是从“去姓昵称”的实践技术上来看，也并不是在所有场合都能顺畅操作的。尤其是在有些官员姓名只有两个字的情况下，去姓还是不去姓，这是个问题。要是不去姓，那就只能叫姓名全称，在相当重视昵称的主子和随从心里，可能觉得有“大不敬”之嫌；而对这些姓名只有两个字的政界巨头仍然按照“去姓昵称”的谄媚惯例操作的话，那么市长“亚当”就只能称为“当”，书记“夏娃”也就只能称为“娃”了。这样的称呼，要是在党内流行起来的话，其滑稽的场面可以搬到央视春晚上演经典小品了。

二〇〇六年十月四日

后记

十几年前，我取笔名“土生阿耿”，开始乱涂乱画。现选取其中部分文字，凑齐这套“三戒”文丛。

拙作成书，得益于知识产权出版社崔玲编辑，她很早就联系出版事宜，我至今才交稿，感激又愧疚。

本书在架构设计过程中，曾与工友高志刚博士和张进德博士多次讨论。交稿之初，想请人作序推介，但作品不高，再好的序言也无法替代读者的真实感受。所以本书无序。

即便这篇后记，也没打算写长，尽管要说的话和想谢的人太多太多。

李绍章

二〇一二年十二月十二日于上海·野马浜